SISTEMA PRISIONAL: O LABIRINTO DA PUNIÇÃO

O PRESENTE LIVRO nos ajuda a pensar o fracasso da prisão a partir da nossa realidade. No Brasil, é comum atribuir aos estabelecimentos prisionais nomes de catedráticos de Direito. Em Pernambuco, a título de exemplo, temos o Presídio Professor Aníbal Bruno, a Penitenciária Professor Barreto Campelo e o Centro de Triagem Professor Everardo Luna, todos professores Catedráticos da Faculdade de Direito do Recife (UFPE). Porém, para a geração atual de estudantes dessa instituição, os nomes não correspondem à história desses professores, mas sim a lugares que só lembramos em momentos de tragédias. Mais pelas "menores" tragédias que acontecem fora dos estabelecimentos e que por vezes levam os seus "protagonistas" para esses lugares e menos pelas "maiores" tragédias, que são diárias, mas normalizadas, quando não desejadas, por parte da população. O tamanho da normalização dessas tragédias pelo estado de Pernambuco, com relação ao Presídio Professor Aníbal Bruno, levou o Brasil a uma condenação na Corte Interamericana de Direitos Humanos.

Marília Montenegro
Professora da UFPE

Marco Mondaini (org.)

SISTEMA PRISIONAL: O LABIRINTO DA PUNIÇÃO

Reeducação Falha e Controle Social da Pobreza

Alameda

Grafia atualizada segundo o Acordo Ortográfico da Língua Portuguesa de 1990, que entrou em vigor no Brasil em 2009.

Edição: Haroldo Ceravolo Sereza & Joana Monteleone
Projeto gráfico, diagramação e capa: Ana Júlia Ribeiro
Assistente acadêmica: Tamara Santos
Revisão: Alexandra Colontini
Imagem da capa: rawpixel.com

CIP-BRASIL. CATALOGAÇÃO NA PUBLICAÇÃO
SINDICATO NACIONAL DOS EDITORES DE LIVROS, RJ

S636

Sistema prisional : o labirinto da punição / organização Marco Mondaini. - 1. ed. - São Paulo : Alameda, 2024.
298 p. ; 21 cm.

Inclui bibliografia
ISBN 978-65-5966-243-2

1. Direito penal - Brasil. 2. Direitos fundamentais - Brasil. 3. Criminosos - Reabilitação. 4. Ressocialização - Brasil. 5. Responsabilidade do Estado. I. Mondaini, Marco.

24-88374 CDU: 343.848(81)

Meri Gleice Rodrigues de Souza - Bibliotecária - CRB-7/6439

ALAMEDA CASA EDITORIAL
Rua Treze de Maio, 353 – Bela Vista
CEP: 01327-000 – São Paulo – SP
Tel.: (11) 3012-2403
www.alamedaeditorial.com.br

SUMÁRIO

PARTE III
UMA RADIOGRAFIA DO PATRONATO PENITENCIÁRIO DE PERNAMBUCO

PREFÁCIO

Igor Mendes[1]

Dante, na descida ao inferno, alertava: "*A trilha pela qual descíamos era tão rude, tão desprovida de encantos, que a todo olhar causaria assombro*". Falar do sistema prisional é ousar descer por tais trilhas desditosas, em cujos labirintos de punições (e solidões) penam milhões de brasileiros, pertencentes ao penúltimo degrau de nossa perversa escala social – penúltimo, sim, pois ao menos ainda vivos.

Pode-se discutir as prisões isoladamente, sem dúvida, e isso tem sido feito, não apenas no âmbito acadêmico, mas também no *mainstream*, em séries e filmes de apelo crescente, com diferentes níveis de comprometimento com a realidade. Sua gestão, prenhe de negociações e conflitos; os rituais de despersonalização que as caracterizam; a superlotação; o isolamento solitário, que é uma espécie de prisão ao quadrado; as agruras; a solidariedade e a falta dela; as rebeliões, são mesmo um inesgotável material a ser decifrado. Pode-se discutir a prisionização, fenômeno verificado (e sentido) por todos aqueles que mantém

1 Professor e escritor. É autor de *A pequena prisão* (2017), *Esta indescritível liberdade* (2020) e *Junho febril* (2023).

contato com o cárcere, e que refuta o âmago da ideia liberal de "ressocialização" através do cativeiro; longe de educar o interno para a vida em sociedade, enreda-o cada vez mais nas teias da sociedade carcerária, uma vez que:

> A estrutura penitenciária e os processos sociais nela inseridos atuam reciprocamente, criando uma força social determinante, capaz de alterar os aspectos sócio psicológicos de seus membros, condicionando suas atitudes conforme os valores da vida carcerária.[2]

Em suma, pretender ressocializar alguém (sem entrar no mérito de quais são os valores tidos como inerentes a toda a sociedade, eles próprios historicamente determinados) por meio da privação da liberdade é o mesmo que um corredor se preparar para a maratona, deitado. Retira-se alguém do convívio em sociedade, com o discurso de que esse é o meio pelo qual este sujeito pode ser reinserido. Convenhamos, isto não é ridículo? Mas este discurso ridículo ainda é, adentrado o século XXI, a única justificativa do encarceramento em massa. Uma espécie de pinguela argumentativa, na qual não acreditam nem mesmo (diria até que muito menos) os seus agentes diretos. Ideologia, aqui, conta, e muito: em plena pandemia, mesmo com a queda dos registros de ocorrências policiais, a população carcerária aumentou cerca de 7,6%, segundo o Conselho Nacional de Justiça (de 885.195 pessoas encarceradas em 2020, saltamos para 919.651 em 2022).[3]

---

2 LOBOSCO, Fábio. "Prisionização: múltiplos aspectos da assimilação prisional". Disponível em: https://aplicacao.mpmg.mp.br/xmlui/bitstream/handle/123456789/985/R%20DJ%20Pris

3 Conferir o capítulo 5 do presente volume, intitulado "Pernambuco na onda punitiva: a contribuição do Programa Pacto Pela Vida na ampliação do encarceramento em massa no estado e na piora das condições do sistema prisional e socioeducativo", de autoria de Glauciene Farias Rocha.

Nem mesmo a instituição das audiências de custódia foi capaz de reverter a tendência geral de expansão do punitivismo penal. E como poderia, se os juízes (isto é, a sua concepção de mundo) são os mesmos, se a sanha persecutória é a mesma, se o inimigo público – preto, pobre, favelado – é o mesmo? Aqui, mais do que os códigos, trata-se de uma verdadeira cultura de segregação, que têm já profundas raízes, infensas a reformas pontuais.[4]

Mas o fato é que o *sistema* prisional é algo mais amplo do que discutir a prisão. Porque o sistema prisional abrange as condições econômico-sociais que empurram milhões de brasileiras e brasileiros para o trabalho precário e informal, que tem na economia marginal um dos seus tentáculos mais lucrativos; a cultura do bangue bangue e da violência cega, importada do vizinho do Norte tanto quanto o *Twitter*, os massacres nas escolas e a nova extrema-direita ultraneoliberal; o ciclo vicioso de abandono e esfacelamento familiar que atinge as crianças cujos pais e mães cumprem pena; a falida guerra às drogas, uma espécie de história sem fim macabra, cuja ferocidade assassina não é crise, mas método; as filas diante dos presídios masculinos; a sua ausência diante dos presídios femininos. Lista que não acabaria, uma vez que discutir o sistema prisional é discutir, enfim, a própria sociedade que constrói as prisões.

---

4 Terry Eagleton, ao discutir o velho tema da dialética de natureza e cultura, bem assinala: "É mais fácil extirpar ervas daninhas do que o sexismo. Transformar toda uma cultura seria muito mais trabalhoso do que represar um rio ou arrasar uma montanha. Nesse sentido, pelo menos, a natureza é uma matéria bem mais tratável do que a cultura". (EAGLETON, Terry. *A ideia de cultura*, ed. Unesp, p. 136). Por isso, só podemos encarar com ceticismo a recente revisão da lei de drogas votada no Supremo Tribunal Federal, que guarda à autoridade policial a interpretação sobre uma situação em que se configura tráfico ou porte de maconha para consumo próprio. Oras, com qual olhar (ideologia, cultura) ela o fará? Nesse caso, vale menos o código, do que o sujeito ao qual ele será aplicado – como, de resto, em tudo que diz respeito ao Direito.

Sem dúvida, o livro *Sistema prisional*: o labirinto da punição. Reeducação falha e controle social da pobreza, organizado pelo professor Marco Mondaini, que o leitor tem em mãos, apresenta uma grande contribuição para esta discussão cada vez mais (tragicamente) relevante para a compreensão do mundo e do Brasil contemporâneo. A realidade pernambucana – cujo programa "Pacto pela Vida" foi em certa época apresentado como modelo de segurança pública, diga-se de passagem, como também as malfadadas Unidades de Polícia Pacificadora cariocas – é destrinchada a partir de uma análise minuciosa, de fatos e de dados, sem perder de vista a sua inserção no quadro histórico-universal. Longe de uma colcha de retalhos, inofensiva descrição fenomenológica a que não raro se vê reduzido o que se pretende o pensamento crítico de nossos dias, temos uma sólida visão de conjunto, que integra as problemáticas relativas ao cárcere pernambucano no contexto mundial, latino-americano e brasileiro.

Um exemplo. Somos informados, por exemplo, no capítulo 7, intitulado "Acesso ao trabalho pelos egressos do sistema prisional de Pernambuco: embates entre direito social e exploração do capital", de Glauciene Farias Rocha e Fabíola Araújo, que dos quase 15 mil egressos atendidos no Patronato Penitenciário de Pernambuco (PPP), instituição que deveria zelar, dentre outras coisas, pela sua reinserção no mercado de trabalho (como estratégia crucial para diminuir a reincidência criminal), apenas 1.485 exercem alguma atividade laboral, isto é, menos de 10% do total de pessoas cadastradas. Quanto ao pessoal responsável pelo acompanhamento de milhares de egressos, descobrimos, no capítulo 8, intitulado "Um estudo sobre o trabalho dos setores psicossocial e educacional do Patronato Penitenciário de Pernambuco", de autoria de Clécia Pereira da Silva, Daiana Ferreira de Almeida, Jayane Estefany da Silva Lima, Vanessa Vitória da Silva Pina e Sara Helen de Almeida Lima, que na unidade do PPP de Petrolina há apenas dois funcionários (um advogado e um policial penal, este na condição de gestor), e, na de Caruaru, três (uma coordenadora formada em Recursos Humanos e dois assistentes administrativos). Esses números explicitam que não há qualquer interesse do Estado brasileiro (nada nos faz crer que Pernambuco seja uma exceção) na efetiva recuperação dessa população carcerária dos abismos da marginalização. Independentemente do empenho de funcionários singulares - eles existem, assim como advogados, defensores públicos, magistrados, assistentes sociais, psicólogos, professores, e seu trabalho é digno de apreço, pois cada pessoa resgatada de um calabouço vale o empenho - constata-se que a engrenagem é feita para não funcionar. O papel da prisão é tirar de circulação os sujeitos indesejáveis, a "escória", o "povo do abismo" - como dizia Jack London no seu belo livro sobre os "dejetos sociais" da industrialização de Londres, no início do século passado - e ponto. O problema, insolúvel para essa perspectiva, é que esses "excedentes" são cada vez mais numerosos (e ameaçadores). Daí que seja necessário aumentar mais e mais o aparato de vigilância, ao ponto de já não ser mais tão nítida como outrora a fronteira de presos e não-presos, como provocam Negri e Hardt.[5]

Ao fim e ao cabo, como "reinserir", e onde, os que sempre estiveram à margem? Mais realistas parecem os próprios presos, num dos cujos provérbios, desses que são repassados de galeria em galeria, sintetizam a sua sina: "Cadeia é igual ímã, atrai mais cadeia".

5 "Há certo tempo, a prisão, separada da sociedade, era a instituição de vigilância total, na qual os reclusos eram constantemente observados e suas atividades eram registradas; atualmente, no entanto, a vigilância total é cada vez mais a condição geral da sociedade". (NEGRI, Antônio; HARDT, Michael. "Declaração - Isto não é um manifesto". N-1 edições, p. 33).

Na verdade, uma das reflexões mais importantes a que o estudo do cárcere nos obriga é sobre o caráter de continuidade das arcaicas estruturas de opressão brasileiras. Nascemos, de fato, como uma prisão de proporções continentais, fundada sobre os cascos dos navios negreiros, e também sobre a escravização e holocausto dos povos originários. O latifúndio foi o primeiro cárcere do Brasil, local onde a autoridade do donatário não tinha limites, onde se verificavam lado a lado, mutuamente condicionados, a disciplina para o trabalho e o suplício. Finda a escravidão legal, permaneceram as amarras econômicas e culturais, a fome de terras de um lado, a fome de braços de outro, num cabo de guerra que desembocou no inchaço das grandes cidades, com o seu cortejo de iniquidades, e na brutal concentração fundiária de nossos dias. Falando da Europa e dos Estados Unidos do final do século passado, Loïc Wacquant dizia que:

> À atrofia deliberada do Estado social corresponde a hipertrofia distópica do Estado penal: a miséria e a extinção de um tem como contrapartida direta e necessária a grandeza e prosperidade insolente do outro.[6]

É certo que, nos países capitalistas centrais, o momento do grande confinamento coincide com o desmanche do Estado de bem-estar social, mas esta fórmula – como, de resto, todas as outras – não pode ser aplicada a uma realidade periférica como a nossa sem as devidas mediações: afinal, quando foi que houve no Brasil o tal Estado de bem-estar social? Foi durante o regime militar – Estado de bem estar com generais no comando, torturas, censura prévia, ausência de liberdade sindical e direito de greve, Doi-Codi? Foi a partir da *Constituição de 1988* – logo marcada pela eleição de sucessivos governos comprometidos com a "desestatização", "desregulamentação", "livre comércio" e, no âmbito

---

6 WACQUANT, Loic. As prisões da miséria.Rio de Janeiro: Zahar, p. 53.

penal, com a criminalização constante da pobreza, de que exemplos característicos são a nova lei de drogas, o uso indiscriminado das Forças Armadas em funções de polícia, a progressão geométrica de encarcerados, a manutenção do infame instituto dos autos de resistência? Sem dúvida, há uma tendência mundial a ser analisada, mas há algo muito brasileiro – *perversamente* brasileiro – quanto à cor da pele, localização geográfica e condições sociais dos nossos encarcerados. Se o princípio de *less elegibility*, consagrado na "Lei dos Pobres" inglesa de 1834, estabelecia que as condições nas casas de trabalho deveriam ser piores do que as piores condições do trabalho livre, devemos olhar com cuidado em que situação vivem os trabalhadores brasileiros dos quais se recrutam os condenados – e também os desaparecidos e assassinados – de daqui a pouco. Há, ainda entre nós, um sistema penal subterrâneo, que não acabou com a redemocratização, que segue produzindo julgamentos e interrogatórios, bem como cemitérios, clandestinos, atrelados a diferentes facções do tráfico e das "milícias", com envolvimento sistemático de agentes públicos.[7]

Verificaremos que, para nós, talvez a fórmula analítica não seja a de uma integração subalterna ora perdida, mas o aprofundamento radical de uma constante (e estrutural) espoliação. Situação essa que reclama como resposta não a recolocação de um pacto que nunca houve, mas a quebra de seculares cadeias, em sentido metafórico e efetivo.

---

7 Referindo-se aos regimes militares latino-americanos, em seu clássico estudo *O inimigo no direito penal*, E. Raúl Zaffaroni diferencia sistema penal paralelo e clandestino: "Quanto aos dissidentes, foram implementadas duas formas de exercício do poder punitivo, traduzidas num desdobramento do sistema penal: um sistema penal paralelo que os eliminava mediante detenções administrativas ilimitadas (invocando estados de sítio, de emergência ou de guerra que duravam anos) e um sistema penal subterrâneo, que procedia à eliminação direta por morte e ao desaparecimento forçado, sem nenhum processo legal". Rio de Janeiro: Revan, págs.50-51.

APRESENTAÇÃO

Marco Mondaini[1]

Sistema Prisional: o labirinto da punição é um dos resultados do projeto de pesquisa intitulado "Direitos Humanos e Sistema Prisional em Pernambuco: estratégias de prevenção à reincidência e combate à pobreza", por mim coordenado, e financiado pela Fundação de Amparo à Ciência e Tecnologia de Pernambuco (FACEPE), nos marcos do Edital 11/2021 - Contribuição da Ciência & Tecnologia na Redução da Pobreza Extrema em Pernambuco.

Realizada durante os anos de 2022 e 2023, a pesquisa em questão teve como *locus* o Patronato Penitenciário de Pernambuco (PPP), instituição criada no dia 7 de dezembro de 2011, por meio da Lei 14.522, que, no seu artigo 1º, estabelece como seu objetivo:

Ademais, o PPP encontra-se estranhamente localizado na esfera da Secretaria Executiva de Justiça e Promoção dos Direitos do Consumidor (SEJPDC),[2] conforme o organograma abaixo:

---

1 Professor Titular do Departamento de Serviço Social da Universidade Federal de Pernambuco - UFPE.

2 Em 10 de janeiro de 2024, quando este livro já se encontrava em trabalho de diagramação, foi publicada no Diário Oficial do Estado uma lei que

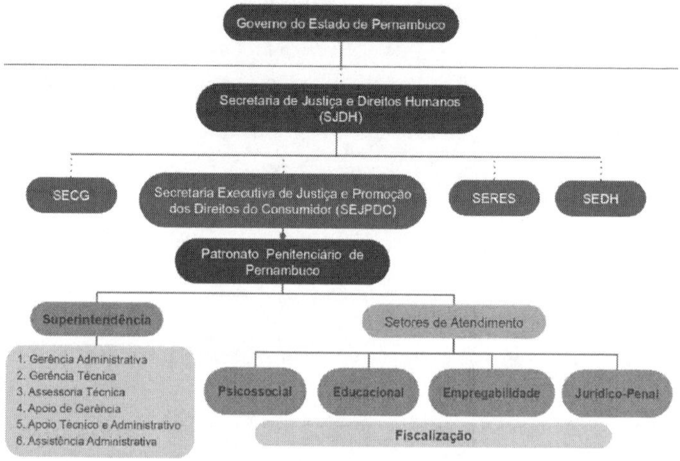

Fonte: Patronato Penitenciário de Pernambuco (2022)

Sua origem remonta à criação da Lei de Execuções Penais (LEP) de 1984, que amplia as funções das instituições voltadas ao acompanhamento de egressos[3] do sistema prisional, estabelecendo as seguintes atribuições aos Patronatos Penitenciários:

> I. orientar os condenados à pena restritiva de direitos;

altera a estrutura e o funcionamento do Poder Executivo do estado de Pernambuco. Entre as alterações contidas na lei apresentada pela governadora Raquel Lyra (PSDB), encontra-se a instalação da Secretaria de Administração Penitenciária e Ressocialização, que passará a gerir o sistema prisional, inclusive o Patronato Penitenciário de Pernambuco.

3 No seu artigo 26, a LEP define como egresso: "I - o liberado definitivo, pelo prazo de 1 (um) ano a contar da saída do estabelecimento; II - o liberado condicional, durante o período de prova". No Brasil, os serviços de atendimento aos egressos do sistema prisional surgiram na primeira metade do século XX em consonância com as discussões internacionais sobre o tema. No entanto, foi verificada a criação de poucos patronatos no país, com destaque para os estados da Bahia e Rio Grande do Sul.

> II. fiscalizar o cumprimento das penas de prestação de serviço à comunidade e de limitação de fim de semana;
>
> III. colaborar na fiscalização do cumprimento das condições da suspensão e do livramento condicional.

Sediado nas cidades do Recife (Região Metropolitana), Caruaru (Agreste) e Petrolina (Vale do São Francisco), o Patronato Penitenciário de Pernambuco atende uma população egressa de quase 15 mil pessoas, de acordo com os dados institucionais.

Na sua sede central, localizada no bairro de São José, no Recife, em frente à antiga Casa de Detenção da cidade, inaugurada em 1855, o PPP desenvolve ações relativas aos cinco eixos previstos na sua lei de criação (psicossocial, empregabilidade, educacional, jurídico e de fiscalização), o que não acontece nas duas outras sedes situadas nos municípios do interior do estado, Caruaru e Petrolina, fazendo com que, fora da Região Metropolitana do Recife, só sejam realizadas ações exclusivamente vinculadas à função de fiscalização dos egressos.

XXX

A fim de construir um olhar crítico sobre a experiência do Patronato Penitenciário de Pernambuco, na primeira parte do livro, foi necessário realizar uma discussão acerca das relações existentes entre o sistema prisional e o modo de produção capitalista - da recente entrada na Era do Encarceramento em Massa, no capítulo 1, escrito por Marco Mondaini ("O novo fim da prisão"); retrocedendo até a sua gênese histórica, no capítulo 2, escrito por Antônio de Albuquerque Gonçalves Júnior ("O lugar da prisão no capitalismo"); com a multiplicidade interseccionalizada de dimensões de classe, raça e gênero que lhe é peculiar, no capítulo 3, escrito por Priscila Serafim de Andrade ("Os imperativos do sistema prisional na contemporaneidade").

Na segunda parte, o sistema prisional é abordado na particularidade histórica do estado de Pernambuco – no capítulo 4, de autoria de Amanda Claudino de Souza ("A Casa de Detenção: uma análise sobre a história e a função do cárcere em Pernambuco"), num estudo sobre a história da sua mais importante cadeia nos séculos XIX e XX; e, no capítulo 5, de autoria de Glauciene Farias Rocha ("Pernambuco na onda punitiva"), com uma investigação sobre como o programa de segurança pública implementado no estado nas duas primeiras décadas do século XXI resultou na ampliação massiva da sua população prisional.

Na terceira parte, busca-se bater uma radiografia do Patronato Penitenciário de Pernambuco com o propósito de esclarecer a contradição existente entre as funções de reeducação e controle que atravessam a instituição – no capítulo 6, redigido por Thaís de Aguiar Leal Domingues, Nayane Raíssa Ramos de Lima, César Augusto Lins de Oliveira e Francisco Jatobá de Andrade ("Perfil descritivo e indicadores quantitativos do Patronato Penitenciário de Pernambuco"), por meio de uma análise quantitativa dos dados disponibilizados pelo PPP; no capítulo 7, redigido por Glauciene Farias Rocha e Fabíola Araújo ("Acesso ao trabalho pelos egressos do sistema prisional de Pernambuco"), numa investigação sobre as ações implementadas pelo setor de empregabilidade do PPP; e, no capítulo 8, redigido por Clécia Pereira da Silva, Daiana Ferreira de Almeida, Jayane Estefany da Silva Lima, Vanessa Vitória da Silva Pina e Sara Helen de Almeida Lima ("Um estudo sobre o trabalho dos setores psicossocial e educacional do Patronato Penitenciário de Pernambuco"), numa pesquisa sobre as ações levadas a cabo pelos setores psicossocial e educacional do PPP.

XXX

Finalizo a apresentação desse livro deixando claro que as suas páginas expressam uma realidade distópica, mais próxima da barbárie social do que de um Estado e uma sociedade orientados pelos valores da democracia e dos direitos humanos.

Uma realidade atravessada por um sistema de valores que leva indivíduos e grupos de indivíduos a verem na punição do outro a melhor (para muitos, a única) maneira de enfrentar os seus medos sociais, como se a penalização fosse a área de escape dessa rua (ou labirinto) sem saída.

Para empregar a terminologia gramsciana, estamos a falar de uma hegemonia punitivista que vem se impondo com cada vez maior potência como instrumento de controle social da pobreza, trazendo como resultado o inchamento sem precedentes do sistema prisional e a explicitação do caráter falho (ontologicamente falho) de toda e qualquer iniciativa de reeducação que seja levada a cabo por instituições que façam parte desse sistema, como o próprio Patronato Penitenciário de Pernambuco[4], à medida em que seu propósito acaba se reduzindo em termos práticos à fiscalização dos egressos, não obstante o que é previsto em lei.

Entretanto, ao dar o ponto final num livro que trata de um problema que vem destruindo centenas de milhares de vidas de jovens, negros e negras, das periferias brasileiras, enxergo o feixe de luz da esperança de um horizonte diferente, utópico e em construção, no fato de a metade dos capítulos desse livro ter sido escrita por jovens, negros e negras, das periferias de Pernambuco, que tiveram a oportunidade de ingressar e concluir seus estudos e pesquisas numa universidade pública e gratuita.

Que o exemplo desses filhos e filhas da juventude negra periférica ilumine a descoberta dos tortuosos caminhos que um dia possam nos levar até a saída do *Labirinto da Punição.*

---

4 Apesar de não se encontrar localizada na alçada da Secretaria Executiva de Ressocialização (SERES), que é responsável por controlar e manter em funcionamento o sistema penitenciário do estado, consideramos o PPP como parte constitutiva, *lato sensu*, do sistema prisional e do braço penal do Estado.

PARTE I

SISTEMA PRISIONAL E CAPITALISMO: DA GÊNESE DA PRISÃO AO ENCARCERAMENTO EM MASSA

1. O NOVO FIM DA PRISÃO

Marco Mondaini[1]

A prisão, consequentemente, em vez de devolver à liberdade indivíduos corrigidos, espalha na população delinquentes perigosos.

Michel Foucault[2]

Introdução

O Capítulo 2 ("Ilegalidade e Delinquência") da Quarta Parte ("Prisão") do *Vigiar e Punir* de Michel Foucault - de onde foi extraída a epígrafe acima - procurava indicar, quando da sua publicação em 1975, que o nascimento da prisão já veio acompanhado de uma série de críticas acerca de sua eficácia, na primeira metade do século XIX, quando a prática do suplício já havia se tornado completamente ultrapassada.

Voltarei à questão da ineficácia precoce (e, também, duradoura até o início do último quartel do século XX) da prisão na terceira seção do presente capítulo, junto ao próprio questionamento sobre se tal ineficácia, na atualidade, não teria sofrido uma "virada de eficácia" junto ao avanço de uma "nova ação racional com respeito a fins" de cariz punitivista, concomitantemente à

1 Professor Titular do Departamento de Serviço Social da Universidade Federal de Pernambuco - UFPE.

2 FOUCAULT, Michel. *Vigiar e punir.* Nascimento da prisão. Petrópolis: Vozes, p. 260.

ofensiva necropolítica que vem assolando o mundo com potência cada vez mais crescente desde a crise do capitalismo dos anos 1970 e, de maneira mais aguda ainda, em decorrência do avanço político global da extrema-direita neofascista, no século XXI.

Se a hipótese aqui defendida estiver correta, foi exatamente dentro desse contexto que o "mito fundador" do pensamento liberal sobre a "eficácia ressocializadora de delinquentes socialmente desviantes do sistema prisional" cada vez mais foi se revelando uma retórica vazia com intuito de encobrir uma realidade – a da "eficácia armazenadora de dejetos sociais produzidos pelo capitalismo pós-fordista do sistema prisional" –, que chegou ao seu paroxismo no curso dos últimos cinquenta anos, quando da entrada em cena da "onda punitivista" que propulsionou a "era do encarceramento em massa" através da edificação de um Estado Penal, tema a ser abordado na primeira seção desse capítulo.

Encarceramento em massa umbilicalmente vinculado ao desemprego igualmente em massa, de caráter estrutural, do período pós-fordista e à transformação da força de trabalho excedente em um agregado de dejetos humanos a serem descartados pelo modo de produção capitalista na sua atual fase neoliberal, por meio do encarceramento (assunto central da passagem da primeira para a terceira seção do capítulo ora apresentado), mas também de chacinas, no atacado e no varejo, levados a cabo por mecanismos estatais e/ou paraestatais, tema que foge aos objetivos aqui propostos e que, por conseguinte, não será tratado.

Quanto ao seu título, cabe esclarecer que, inobstante o fato de me alinhar em termos gerais "às vozes antipunitivistas" e às diversas perspectivas do "campo abolicionista penal" (PIRES, 2020), não se faz referência aqui ao "fim da prisão" como sua "abolição" ou "extinção", mas sim enquanto "finalidade", um *thelos* assumido junto à afirmação e hegemonia do Estado Penal Neoliberal, na passagem dos anos 1970 aos anos 1980, ou seja, como o novo propósito corporificado na explosão do número de pessoas encarceradas no mundo, pessoas que, na experiência social brasileira abordada nas considerações finais, possuem marcadores sociais bastante precisos quanto à cor, classe, gênero, faixa etária e local de moradia – isto é: negros, trabalhadores, homens, jovens e favelados.

Estado penal e encarceramento em massa

Cabe ao sociólogo francês Loïc Wacquant o mérito de ter identificado a formação de um novo senso comum penal direcionado à criminalização da miséria no último quartel do século XX.[3]

Oriundo dos Estados Unidos da América e disseminado por todos os cantos do planeta após a travessia do Atlântico Norte e ancoragem no continente europeu, a nova forma de administrar a miséria por intermédio da sua criminalização acabou por gerar uma "onda punitivista" responsável por recolocar a prisão no centro das preocupações relativas à reprodução do modo de produção capitalista, à medida em que as suas grades foram convocadas a solucionar o problema estrutural da normatização do trabalho assalariado precário.

Para que isso se tornasse possível, o Estado capitalista foi obrigado a regredir da condição emergida no pós-Segunda Guerra Mundial, seja nos países de capitalismo avançado, com o Estado de Bem-estar Social, seja nos países de capitalismo dependente, com o Estado Assistencial, ainda que em níveis de regressão e com impactos sociais diferenciados em função dos

---

3 Na "Apresentação" de *Loïc Wacquant e a questão penal no capitalismo neoliberal* (Rio de Janeiro: Revan, 2012, p. 5), a socióloga Vera Malaguti Batista afirmou que: "Foi Loïc Wacquant quem sistematizou, através de pesquisa sociológica de verdade, o eixo central desse novo movimento do capital que tratava de desmantelar o estado previdenciário para instituir o estado penal: punir os pobres, a nova gestão da miséria".

patamares de direitos e garantias sociais alcançados nos dois tipos de Estado capitalista, no centro e na periferia do sistema.

Tal regressão tem nome e sobrenome e passou a caracterizar a forma pela qual o modo de produção capitalista reconfigurou as dimensões do seu Estado, desde a virada dos anos 1970 aos anos 1980, até os dias de hoje, de maneira praticamente ininterrupta: "Supressão do Estado econômico, enfraquecimento do Estado social, fortalecimento e glorificação do Estado penal" (WACQUANT, 2001, p. 18).

Um Estado Penal Neoliberal – um Estado-Centauro (WACQUANT, 2012, p. 36-8), na alegoria criada pelo discípulo de Pierre Bourdieu –, que, para as classes sociais de baixa e baixíssima renda, mostra a sua perversa e assustadora face da coação legal, da coerção física e, no seu limite de altruísmo, das políticas assistencialistas focalizadas, em substituição às políticas sociais públicas de caráter universal, e que, para as classes médias e altas, oferece o simpático rosto da preservação dos seus bens e riquezas materiais, por meio de políticas econômicas monetaristas e de políticas de segurança pública que colocam atrás das grades do sistema carcerário uma multidão de seres humanos descartados pela lógica violentamente excludente do capitalismo pós-Welfare State.

Em poucas palavras, sob a justificativa da urgente necessidade de combater a crescente insegurança criminal, propagandeada pelos meios de comunicação de massa e políticos de direita, o Estado capitalista robusteceu o seu "braço direito", responsável pela coerção, na exata proporção em que fazia minguar o seu "braço esquerdo", dedicado à efetivação de direitos e garantias sociais por intermédio de políticas sociais públicas.

Porém, como o próprio Loïc Wacquant afirmou acerca da sua obra seminal:

> Em *Onda Punitiva*, mostro que o retorno da prisão à linha de frente institucional das sociedades avançadas nos últimos 25 anos é uma resposta política não à ascensão da insegurança criminal, mas à difusa insegurança social moldada pela fragmentação do trabalho assalariado e pela reestruturação da hierarquia étnica (...) A marca punitiva das mudanças recentes tanto nas políticas assistenciais quanto nas políticas judiciais aponta para uma reconstrução mais ampla do Estado, agrupando o trabalho social restritivo e o regime prisional expansivo sob uma filosofia do behaviorismo moral. A penalização paternalista da pobreza almeja conter as desordens urbanas alimentadas pela desregulamentação econômica e disciplinar as frações precarizadas da classe trabalhadora pós-industrial (...) (WACQUANT, 2012, p. 12-3).

Ou seja, antes de mais nada, a relação causal estabelecida entre a necessidade de elevação dos níveis de coerção (leia-se, encarceramento) e o crescimento dos índices de criminalidade não passa de uma invenção construída com o intuito de legitimar a "onda punitivista", desviando a atenção da sociedade do objetivo central a ser alcançado com o recurso à ideia de combate à criminalidade – a gestão penalizadora da pobreza.

De fato, a hiperinflação carcerária gestada nos Estados Unidos da América, que acabou acarretando a criação de uma superpopulação de prisioneiros, teve seu início num período em que as taxas de criminalidade se encontravam estagnadas, o que leva à formulação da pergunta sobre quais teriam sido os mecanismos utilizados a fim de que isso acontecesse num intervalo de tempo de apenas duas décadas.

Eis a resposta apresentada por Loïc Wacquant no seu *Punir os pobres*, no capítulo intitulado significativamente "O 'grande confinamento' do final do século":

> A quadruplicação, em 20 anos, da população carcerária dos Estados Unidos explica-se não pela escalada da criminalidade violenta, mas sim pela *extensão do recurso ao aprisionamento* de uma gama de delitos e crimes *de rua* que, até então, não acarretava, como condenação, a privação da liberdade, notadamente as infrações menores à legislação relativa aos entorpecentes e os comportamentos qualificados de atentado à ordem pública, e também pelo *contínuo aumento das penas atribuídas*. A partir de meados da década de 1970, e mais ainda após 1983, ano em que o governo federal declarou a "guerra às drogas", o encarceramento foi aplicado com uma frequência e uma severidade cada vez maiores ao conjunto dos contraventores, quer fossem eles criminosos profissionais ou infratores de ocasião, grandes bandidos ou pequenos ladrões, violentos ou não-violentos (...) (WAQUANT, 2019, p. 222-3).

Com a perseguição aos "pequenos delinquentes de direito comum", inaugurou-se nos Estados Unidos da América uma lógica de aprisionamento direcionada às "camadas inferiores do proletariado", particularmente negros e hispânicos – uma classe social extremamente precarizada que passa a ser encarada pelo Estado e pelas classes médias e altas como classes perigosas a serem reprimidas.

Dessa maneira, a gestão da pobreza e da miséria, a partir da experiência pioneira da "maior democracia do mundo" (*sic*), passa a se dar por intermédio do aprisionamento das massas, deixando no passado as iniciativas inauguradas pelo New Deal rooseveltiano, no pós-1929, e ampliadas com o encerramento vitorioso da Segunda Guerra Mundial para amplas camadas das classes trabalhadoras.

Com isso, tendo na sua proa a política de Guerra às Drogas, criada pelos republicanos e continuada pelos democratas sem nenhuma espécie de questionamento, a embarcação carcerária estadunidense vem navegando a "onda punitivista", com o escopo de solucionar o duplo problema étnico-racial e de classe que aflige os Estados Unidos da América com um Estado Penal complementar às políticas econômicas neoliberais.

No entanto, ao fazer isso, a própria função inicial do sistema prisional inventado pelo modo de produção capitalista - nos Estados Unidos da América, diga-se de passagem - sofre uma modificação drástica, que será analisada a seguir.

Do paradigma carcerário disciplinar-correcional ao modelo de prisão como espaço de contenção da população sobrante do pós-fordismo[4]

Desde a publicação de *Punição e Estrutura Social* - de autoria dos pesquisadores do Instituto de Pesquisas Sociais de Frankfurt, Georg Rusche e Otto Kirchheimer, no ano de 1939 –, tem-se conhecimento vigorosamente fundamentado de que a tese defendida pelos penalistas liberais de que o propósito da pena seria a proteção da sociedade não passa de uma ideologia voltada ao encobrimento da realidade construída pelo modo de produção capitalista, em que, de fato, "o objetivo de cada pena é a defesa daqueles valores que o grupo social dominante de um Estado vê como bons para a 'sociedade'" (RUSCHE e KIRCHHEIMER, 2004, p. 8).

Seguindo o caminho aberto por Marx e Engels na *Ideologia Alemã*, o que os dois pesquisadores da Escola de Frankfurt quiseram demonstrar, ao criticarem os penalistas liberais, é que "o caráter das penas (...) está intimamente associado aos e dependente dos valores culturais do Estado que as emprega" (*Ibid).*

---

4 Algumas das questões abordadas nesse item serão retomadas no capítulo 2 do presente livro.

No caso em questão da forma burguesa de punição nos marcos do capitalismo – isto é, a pena de prisão –, Rusche e Kirchheimer identificaram a sua estreita relação com a situação do mercado de trabalho, pois "todo sistema de produção tende a descobrir formas punitivas que correspondem às suas relações de produção" (*Ibid*, p. 20).

Quarenta e dois anos após a publicação de *Punição e Estrutura Social*, os italianos Dario Melossi e Massimo Pavarini retomariam as trilhas inauguradas por Rusche e Kirchheimer (bem como as reflexões de Foucault no então recém-lançado *Vigiar e* punir, de 1975) naquilo que já pode ser considerado como o campo teórico da criminologia crítica.[5]

Em *Cárcere e Fábrica*, Melossi e Pavarini procuram realizar uma análise marxista do cárcere ao "estabelecer uma conexão entre o surgimento do modo de produção capitalista e a origem da instituição carcerária moderna", apontando que, desde as suas protoformas com as casas de correção ou casas de trabalho, o seu objetivo central consistia na "imposição da disciplina do trabalho" aos "ociosos e vagabundos" que chegavam às cidades expulsos dos campos pela política estatal inglesa do cercamento dos campos.

Então, era de fundamental importância forçar os trabalhadores expulsos dos campos a se submeterem à disciplina do novo mundo da fábrica e da máquina.

Em poucas palavras:

> (...) O trabalho forçado nas *houses of correction* ou *workhouses* era direcionado, portanto, para dobrar a resistência da força de trabalho e fazê-la aceitar as condições que

5 Sobre a criminologia crítica, ver: BARATTA, Alessandro. *Criminologia crítica e crítica do direito penal.* Introdução à sociologia do direito penal. Rio de Janeiro: Revan, 2022; BATISTA, Vera Malaguti. *Introdução crítica à criminologia brasileira.* Rio de Janeiro: Revan, 2011.

> permitissem o máximo grau de extração de mais-valia (MELOSSI e PAVARINI, 2017, p. 38).

Da sua protoforma inglesa, no século XVII, ao nascimento da penitenciária nos Estados Unidos da América – que acabara de conquistar a sua independência da própria Inglaterra –, na passagem do século XVIII ao século XIX, a prisão manteve o seu objetivo central inalterado: impor a disciplina fabril aos trabalhadores insubmissos.

Seja pelo *"solitary confinement" do* modelo da Filadélfia ou pelo *"silent system"* do modelo de Auburn, a penitenciária tornou-se uma "fábrica de proletários" – um espaço integralmente dedicado à educação para a disciplina do trabalho assalariado:

> (...) O cárcere – em sua dimensão de instrumento coercitivo – tem um objetivo muito preciso: a reafirmação da ordem social burguesa (a distinção nítida entre o universo dos proprietários e o universo dos não-proprietários) deve educar (ou reeducar) o criminoso (não-proprietário) a ser *proletário socialmente não perigoso*, isto é, ser não-proprietário sem ameaçar a propriedade (*Ibid.* p. 216).

Via de regra, o sistema penitenciário inventado como tal nos Estados Unidos da América permaneceria seguindo o mesmo objetivo central de impor a disciplina fabril aos trabalhadores em todas as partes do planeta até o momento em que, em meados dos anos 1970, a dupla crise do modelo fordista de produção e do Estado de Bem-estar Social traz novas exigências ao modo de produção capitalista, as quais, como vimos na seção anterior, resultaram na edificação do Estado Penal Neoliberal, com sua "onda punitivista" e a política de "encarceramento em massa".

Diante de uma tal conjuntura, a prisão teve que se readequar a fim de preservar a sua funcionalidade orgânica à reprodução do modo de produção capitalista, isto é, uma nova finalidade deveria ser estabelecida para a prisão nos novos tempos do pós-fordismo.

O sociólogo polonês Zygmunt Bauman captou o deslocamento ocorrido na forma como "os estranhos da era do consumo" passaram a ser tratados pelo Estado no curso da explosão dos índices de desemprego que acompanhou a crise do modelo fordista de produção nos Estados Unidos da América e na Europa.

Fazendo uma analogia entre mercado e cassino, no contexto histórico em questão, Bauman identifica um conjunto de jogadores incapazes, que devem ser mantidos fora do jogo na condição de refugo – seres humanos nada mais que descartáveis:

> Dada a natureza do jogo agora disputado, as agruras e tormentos dos que dele são excluídos, outrora encarados como um malogro *coletivamente* causado e que precisava ser tratado com *meios coletivos*, só podem ser redefinidos como um *crime individual*. As "classes perigosas" são assim redefinidas como *classe de criminosos*. E, desse modo, as prisões agora, completa e verdadeiramente, fazem as vezes das definhantes instituições de bem-estar (BAUMAN, 1998, p. 57).

E no cassino/mercado da sociedade de consumo pós-fordista, "cada vez mais, *ser pobre* é encarado como um crime; *empobrecer*, como o produto de predisposições ou intenções criminosas – abuso de álcool, jogos de azar, drogas, vadiagem e vagabundagem" (*Ibid.*, p. 59).

Em *A Miséria Governada Através do Sistema Penal*, o jurista italiano Alessandro De Giorgi buscou apontar a inflexão ocorrida na própria finalidade do sistema prisional quando do início do período pós-fordista da produção capitalista.

De acordo com a leitura de De Giorgi, o *Vigiar e Punir* de Michel Foucault tem a sua importância vinculada à revelação do início do "primeiro grande internamento" ocorrido nos séculos XVII e XVIII, quando, ao invés de aniquilar os pobres e mendigos, o sistema capitalista optou pela sua disciplinarização, a fim de transformá-los em força de trabalho apta a servir como mão-de-obra disponível ao universo fabril.

Então, tinha início um processo de gestão racional das forças produtivas (o nascimento da "biopolítica", na terminologia foucaultiana), em que a expansão da sociedade urbana-industrial dar-se-á concomitantemente à adoção de um modelo de controle social disciplinar – o "paradigma do cárcere correcional" (DE GIORGI, 2017, p. 28-9).

No "segundo grande internamento", não vivido pelo filósofo francês, que se seguiu à crise do fordismo, o projeto disciplinar da modernidade capitalista é abandonado, passando o cárcere a assumir a tarefa de separar as "classes perigosas" das "classes laboriosas" e não mais a de corrigi-las nos termos da utopia disciplinar.

Assim, segundo o jurista italiano, desde o último quartel do século XX até o primeiro quartel do século XXI – isto é, há exatamente meio século –, o sistema prisional foi se transformado aceleradamente em "espaço de contenção" (*Ibid.*, p. 29-30).

Com a crise do fordismo e a substituição do Welfare State pelo Estado Neoliberal, a população excedente decorrente da disparada das taxas desemprego precisou ser contida e as prisões passaram a desempenhar um papel fundamental no seu "estocamento".

Dito de outra maneira, o fim do pleno emprego que marcou os trinta anos dourados do capitalismo, no pós-Segunda Guerra Mundial, precisou ser absorvido pelo recém-criado Estado Penal por meio do aprisionamento da população sobrante, do encarceramento em massa da força de trabalho excedente do pós-fordismo.

Segundo De Giorgi, as reflexões foucaultianas acerca do caráter disciplinar da prisão teriam a sua validade circunscrita à existência da sociedade industrial fordista, tendo elas sofrido um deslocamento na sua capacidade de compreensão do real concomitantemente ao esgotamento do fordismo, conforme explicitação abaixo:

> (...) Termos como "sociedade de controle" e "sociedade da vigilância" parecem indicar o epílogo e a superação do regime disciplinar, uma transição que se consumiria a partir do esgotamento da estrutura produtiva fordista (*Ibid*, p. 32).

Fazendo uso do controverso conceito de "multidão" cunhado pelos filósofos italiano Antonio Negri e estadunidense Michael Hardt, Alessandro De Giorgi formula a hipótese de que estaria em vias de implementação "a construção de um modelo de *governo do excesso expressa pela multidão produtiva pós-fordista* (a qual) torna-se uma das prioridades das atuais estratégias de controle" (*Ibid*., p. 33).

Nas palavras de Dario Melossi, De Giorgi teria inaugurado a tentativa de a "economia política da pena" analisar a fase em que o modo de produção capitalista entra "numa situação de expulsão permanente e estrutural da força de trabalho do processo produtivo" – o "desemprego estrutural" resultante dos processos de "reestruturação produtiva". Em tal fase, as instituições de controle social, a exemplo da prisão, não teriam mais nenhum "ensinamento disciplinar" a oferecer, mas apenas e tão somente servir como espaço de "armazenamento" e "neutralização" "de sujeitos que não são mais úteis" (MELOSSI, 2017, p. 17-18).

Frente a tal mudança de caráter estrutural, em que termos deve ser feita, pois, a discussão acerca da eficácia, ou não, do sistema prisional? É o que veremos na sequência desse capítulo.

Eficácia do sistema prisional e necropolítica

Quando da publicação de *Vigiar e Punir*, em 1975, como foi indicado logo na introdução desse capítulo, Michel Foucault já assinalava que, desde muito cedo, ainda na primeira metade do século XIX, pairava uma sucessão de críticas acerca da ineficácia da prisão, críticas essas, citadas a seguir, que se fariam presentes no momento mesmo da elaboração do livro do filósofo francês sobre o nascimento da prisão, na primeira metade da década de 1970:

> 1. As prisões não diminuem as taxas de criminalidade: pode-se aumentá-las, multiplicá-las ou transformá-las, a quantidade de crimes e de criminosos permanece estável, ou, ainda pior, aumenta. (...)
> 2. A detenção provoca a reincidência; depois de sair da prisão, têm-se mais chance que antes de voltar para ela, os condenados são, em proporção considerável, antigos detentos. (...)
> 3. A prisão não pode deixar de fabricar delinquentes. Fabrica-os pelo tipo de existência que faz os detentos levarem: que fiquem isolados nas celas, ou que lhes seja imposto um trabalho inútil, para o qual não encontrarão utilidade, é de qualquer maneira não "pensar no homem em sociedade; é criar uma existência contra a natureza inútil e perigosa". (...)
> 4. A prisão torna possível, ou melhor, favorece a organização de um meio de delinquentes, solidários entre si, hierarquizados, prontos para todas as cumplicidades futuras. (...)
> 5. As condições dadas aos detentos libertados nos condenam fatalmente à reincidência: porque estão sob a vigilância da polícia; porque têm designação de domicílio, ou proibição de permanência. (...)

6. Enfim, a prisão fabrica indiretamente delinquentes, ao fazer cair na miséria a família do detento (FOUCAULT, 2014, p. 259-63).

A tais críticas, os defensores das prisões responderiam da mesma maneira. Os problemas relativos à ineficácia das prisões seriam resolvidos com mais prisões:

> (...) Há um século e meio que a prisão vem sempre sendo dada como seu próprio remédio; a reativação das técnicas penitenciárias como a única maneira de reparar seu fracasso permanente; a realização do projeto corretivo como o único método para superar a impossibilidade de torná-lo realidade (FOUCAULT, 2014, p, 264).

Se partíssemos do princípio de que o escopo da prisão é fazer o bem à sociedade como um todo, à medida em que retiraria do convívio social criminosos e delinquentes que, após o cumprimento de suas penas em regime fechado, sairiam socialmente reajustados – isto é, se compartilhássemos da visão de que, realmente, a prisão exerce uma função de ressocialização ou de reeducação – tal parâmetro de eficácia ainda se prestaria ao debate de um ponto de vista crítico.

Porém, como a ideia de ressocialização demonstrou-se nada mais que um mito no curso da história do sistema prisional, mito esse que se revelou na sua inteireza no pós-fordismo, quando a prisão se transformou num espaço de contenção voltado ao estocamento de grupos sociais descartados pelo capitalismo em sua fase neoliberal, faz mais sentido se perguntar qual racionalidade política estaria por detrás desse projeto prisional mais assemelhado a campos de concentração.

Há sim uma "nova racionalidade com respeito a fins", um novo *thelos* inscrito na forma como o sistema prisional se tornou um espaço de contenção de massas das frações precarizadas das classes subalternas, no último meio século de história do modo de produção capitalista.

Nesse sentido, a prisão se tornou eficaz, pois vem conseguindo alcançar os seus propósitos, ainda que o seja de maneira não declarada em Estados governados pela direita liberal moderada.

No entanto, com o avanço mundial da extrema-direita, sentimentos como timidez e vergonha já não se fazem mais necessários para o encobrimento do abjeto desejo de "armazenamento" (e extermínio) de populações que se tornaram excedentes.

Fato é que – implícita ou explicitamente, disfarçada ou abertamente – o "encarceramento em massa" é guiado for uma força soberana que tem "a capacidade de definir quem importa e quem não importa, quem é 'descartável' e quem não é" (MBEMBE, 2021, p. 41) – uma força soberana chamada política que tem o poder e a capacidade "de ditar quem pode viver e quem deve morrer" (*Ibid.*, p. 5) – a "necropolítica".

Assim, muito resumidamente, a prisão hodierna tem o seu parâmetro de eficácia localizado não na capacidade de ressocialização, mas sim no fato de possuir como fim a realização da necropolítica.

A facilitar a legitimação do novo fim da prisão, no sentido que estamos a desenvolver desde o início do capítulo, encontra-se a naturalização da instituição carcerária, "como se a prisão fosse um fato inevitável da vida, como o nascimento e a morte" – naturalização envolvida por uma ideologia que "nos livra da responsabilidade de nos envolver seriamente com os problemas de nossa sociedade, especialmente com aqueles produzidos pelo racismo e, cada vez mais, pelo capitalismo global", tendo a prisão se tornado "um buraco negro no qual são depositados os detritos do capitalismo contemporâneo" (DAVIS, 2021, p. 16-7).

Dessa forma, nas palavras da Professora Emérita da Universidade da Califórina, Angela Davis:

> (...) as prisões tornaram-se uma maneira de dar sumiço nas pessoas com a falsa esperança de dar sumiço nos problemas sociais latentes que elas representam (DAVIS, 2019, p. 39).

À guisa de conclusão, dedicaremos algumas poucas linhas do presente capítulo à condição do "encarceramento em massa" na realidade brasileira, no primeiro quartel do século XXI, que está próximo de se encerrar com um cenário nada promissor.

Considerações finais

O século XXI assinala a entrada do Brasil na "era do encarceramento em massa" e os números oficiais sobre o crescimento exponencial de pessoas presas no país não deixam margem a qualquer espécie de dúvida quanto a isso. No intervalo de duas décadas, a população carcerária nacional saltou de 232.755 (no ano de 2000) para 832.295 (no ano de 2022), ou seja, um crescimento de mais de 350%.

O fato de termos tido à frente do Poder Executivo Federal, nesse intervalo de tempo de quase um quarto de século, governantes das mais diversas colorações político-ideológicas e agremiações partidárias - Fernando Henrique Cardoso (PSDB), no centro; Luiz Inácio Lula da Silva (PT) e Dilma Rousseff (PT), no centro-esquerda; Michel Temer (MDB), na direita; Jair Messias Bolsonaro (PL), na extrema-direita - parece demonstrar que a "onda punitivista" que se abateu sobre a Nação traz em si elementos de determinação que, a fim de serem devidamente compreendidos, necessitam ir além de conjunturas políticas específicas.

O nosso Estado Penal Neoliberal – que engole, governo após governo, em meio a múltiplas tensões, o Estado Democrático de Direito saído da Constituição Federal de 1988 – segue uma tendência global originada dos Estados Unidos da América, mas finca suas raízes num terreno profundo e receptivo aos seus ideais e práticas: o terreno das estruturas sociais econômicas de um país que formou o seu capitalismo dependente e periférico a partir da violência do escravismo colonial e de uma modalidade de desenvolvimento desigual.[6]

Circunscrevendo-se, no entanto, à conjuntura vivida no primeiro quartel do século XXI, o que se constata é que a gigantesca inflação carcerária brasileira é fruto de uma realidade resultante do perverso encontro entre a política proibicionista de "guerra às drogas" e a detenção permanente de presos sem condenação definitiva – o que acaba fazendo com que a prisão provisória deixe de ser um recurso excepcional, passando a se constituir mais enquanto uma regra.

Tornado um fenômeno massivo, o encarceramento não apenas agrava as condições desumanas do sistema prisional, em função da superlotação, como também contribui sobremaneira para a naturalização do fato de que a prisão é um espaço de imposição do sofrimento a indivíduos e grupos de indivíduos selecionados pelo Estado, pois que:

> (...) Sofrimento e danos são inerentes a qualquer prisão. A produção da dor é inseparável da atuação do poder do Estado de punir. A própria ideia de pena é a ideia de sofri-

---

6 Ver, a respeito: MONDAINI, Marco. "'Equilíbrio de antagonismos' *versus* 'desenvolvimento desigual': o lugar do Nordeste na formação social brasileira" *in* MOTA, Ana Elizabete; VIEIRA, Ana Cristina; AMARAL, Angela (orgs.). *Serviço Social no Nordeste*. Das origens à renovação. São Paulo: Cortez, 2021, p. 48-60.

> mento. O poder dado ao Estado de punir é, em última análise, o poder de infligir sofrimento (KARAM, 2020, p. 35).

Assim, a hiperinflação carcerária imposta pelo Estado Penal Neoliberal potencializa aquilo que caracteriza a prisão desde a sua gênese histórica, em virtude do fato de que:

> Além de produzir sofrimento e violência, o poder do Estado de punir promove estigmatização, marginalização, desigualdade e discriminações, tendo como alvo primordial grupos já em desvantagem social (*Ibid.*, p. 37).

Dessa forma, defendida como um dos instrumentos mais importantes para o combate à criminalidade que estaria assolando o país desde a sua redemocratização nos anos 1980, as prisões brasileiras tornaram-se um ingrediente – poderoso, diga-se de passagem – a mais na construção de uma sociedade que vive o medo de viver sob a democracia, tendo optado pelo "desejo de vida segura em espaços isolados, segregados da desordem social e diferenciados em relação aos perigos de contágio com os desiguais" (ADORNO & LAMIN, p. 164).

Na condição de limite extremo de afastamento dos "perigos de contágio com os desiguais", as superlotadas prisões brasileiras da "era do encarceramento em massa" representam não apenas um problema a ser solucionado no campo do Direito Penal, mas, também e principalmente, uma questão a ser enfrentada, por intermédio da sua retração, para que a democracia brasileira sobreviva e seja democratizada com a integração dos/das que padecem, dentro e fora das suas grades, devido à cor da sua pele e à sua classe social.

Referências

ADORNO, Sergio & LAMIN, Cristiane. "Medo, violência e insegurança" *in* LIMA, Renato Sérgio de & PAULA, Liana de (orgs.). *Segurança pública e violência. O Estado está cumprindo o seu papel?* São Paulo: Contexto, 2021, p. 151-171.

BARATTA, Alessandro. *Criminologia crítica e crítica do direito penal.* Introdução à sociologia do direito penal. Rio de Janeiro: Revan, 2022.

BATISTA, Vera Malaguti. *Introdução crítica à criminologia brasileira.* Rio de Janeiro: Revan, 2011.

BATISTA, Vera Malaguti (org.). *Loïc Wacquant e a questão penal no capitalismo neoliberal.* Rio de Janeiro: Revan, 2012.

BAUMAN, Zygmunt. *O mal-estar da pós-modernidade.* Rio de Janeiro: Jorge Zahar, 1998.

DAVIS, Angela. *A democracia da abolição.* Para além do império, das prisões e da tortura. Rio de Janeiro: Difel, 2019.

DAVIS, Angela. *Estarão as prisões obsoletas?* Rio de Janeiro: Difel, 2021.

DE GIORGI, Alessandro. *A miséria governada através do sistema penal.* Rio de Janeiro: Revan: 2017.

FOUCAULT, Michel. *Vigiar e punir.* Nascimento da prisão. Petrópolis: Vozes, 2014.

KARAM, Maria Lucia. "Abolir as prisões: por um mundo sem grades" *in* PIRES, Guilherme Moreira (org.). *Abolicionismos.* Vozes antipunitivistas no Brasil e contribuições libertárias. Florianópolis: Habitus, 2020, p. 33-40.

LIMA, Renato Sérgio de & PAULA, Liana de (orgs.). *Segurança pública e violência.* O Estado está cumprindo o seu papel? São Paulo: Contexto, 2021.

MBEMBE, Achille. *Necropolítica.* São Paulo: N-1 edições, 2021.

MELOSSI, Dario. "Discussão à guisa de prefácio. Cárcere, pós-fordismo e ciclo de produção da 'canalha'" *in* DE GIORGI, Alessandro. *A miséria governada através do sistema penal.* Rio de Janeiro: Revan: 2017, p. 11-26.

MELOSSI, Dario & PAVARINI, Massimo. *Cárcere e fábrica.* As origens do sistema penitenciário (séculos XVI – XIX). Rio de Janeiro: Revan, 2017.

MONDAINI, Marco. "'Equilíbrio de antagonismos' *versus* 'desenvolvimento desigual': o lugar do Nordeste na formação social brasileira" *in* MOTA, Ana Elizabete; VIEIRA, Ana Cristina; AMARAL, Angela (orgs.). *Serviço Social no Nordeste.* Das origens à renovação. São Paulo: Cortez, 2021, p. 48-60.

PIRES, Guilherme Moreira (org.). Abolicionismos. Vozes antipunitivistas no Brasil e contribuições libertárias. Florianópolis: Habitus, 2020.

RUSCHE, Georg & KIRCHHEIMER, Otto. *Punição e estrutura social.* Rio de Janeiro: Revan, 2019.

WACQUANT, Loïc. *As prisões da miséria.* Rio de Janeiro: Jorge Zahar, 2001.

WACQUANT, Loïc. "Forjando o estado neoliberal: trabalho social, regime prisional e insegurança social" *in* BATISTA, Vera Malaguti (org.). *Loïc Wacquant e a questão penal no capitalismo neoliberal.* Rio de Janeiro: Revan, 2012, p. 11-42.

WACQUANT, Loïc. *Punir os pobres.* A nova gestão da miséria nos Estados Unidos. Rio de Janeiro: Revan, 2019.

2. O LUGAR DA PRISÃO NO CAPITALISMO

Antônio de Albuquerque Gonçalves Júnior[1]

O presente contém todo o passado

Antonio Gramsci

Há um tempo atrás se falava de bandidos
Há um tempo atrás se falava em solução
Há um tempo atrás se falava em progresso
Há um tempo atrás que eu via televisão

Chico Science & Nação Zumbi

Introdução

O Brasil conta atualmente, segundo dados do Banco Nacional de Monitoramento de Prisões do Conselho Nacional de Justiça (BNMP-CNJ), com 775.722 pessoas privadas de liberdade,[2] sendo a 3ª população carcerária do mundo, separados em 736.270 homens e 37.205 mulheres.

1 Bacharel em Serviço Social- UFPE. Mestrando em Serviço Social- UFRJ. Assistente Social lotado na Secretaria de Desenvolvimento Social, Direitos Humanos, Juventude e Políticas sobre Drogas (SDSDHJPD) da Prefeitura do Recife.

2 Esse dado confere números de adultos cumprindo pena e adolescentes em regime de internação. Destrinchando esse cenário, no que se refere à população adulta, temos 270.014 mil provisórios, 179.033 em execução provisória, 322.527 em execução definitiva e 1.901 com prisão civil, com a divisão de gênero bem demarcada: 736.270 homens e 37.205 mulheres.

Esse cenário compreende uma realidade, ainda que não exclusiva à ela, de formação econômico social capitalista dependente, calcada no racismo como um dos elementos estruturantes da sociabilidade e pautada na violência estatal e paraestatal como resposta às expressões da questão social, especialmente, as lutas da classe trabalhadora. E para compreender esse elemento particular da realidade brasileira e do papel do sistema carcerário nesse contexto, é necessário que possamos compreender o universal, que também está composto nesse particular, ou seja, o lugar da prisão no capitalismo.

Se na atualidade já nos aparece a prisão como um lugar comum,[3] como espaço de punição e de segregação dos "*males*" *sociais*, é necessário pontuar que essa configuração é uma construção própria da modernidade burguesa (FOUCALT, 1987; RUSCHE; KIRCHHEIMER, 2004).

Há, grosso modo, duas formas de naturalização da vida social: a primeira forma se dá numa equalização direta e imediata desta com a natureza, ou seja, as relações sociais humanas são entendidas e lidas como se leem os fenômenos naturais, traçando paralelos através das leis das ciências naturais, desconsiderando o essencialmente humano e a sua condição de ser social, tal qual foi pensado nos principais autores do positivismo clássico ou de vertentes do *darwinismo social*[4] (NETTO, 2006).

---

3 Angela Davis no seu livro *Estarão as prisões obsoletas?* na introdução do capítulo 1, sintetiza bem essa sensação quando fala "já a prisão, por outro lado, é encarada como um aspecto inevitável e permanente de nossa vida social" (p. 9).

4 Por darwinismo social se compreende as teorias que no século XIX – especialmente a partir de 1870 – partindo dos estudos e noções biológicas de Charles Darwin sobre a evolução das espécies, portanto, estudos da seara da biologia, traçaram um paralelo imediato entre os estudos do cientista e os fenômenos sociais (BOLSANELLO, 1996). A partir disso, o *darwinismo social* surge com a ideia de que algumas sociedades e civiliza-

Na segunda forma de naturalização, ocorre um processo de desistoricização das relações de produção e reprodução da vida social. Tal procedimento é implementado através de um mecanismo de *"eternização"* da dinâmica social.

Nesta vertente, diferente do que ocorre na primeira forma, distingue-se aquilo que é tipicamente humano e o que é particularmente natural. Contudo, desconsidera-se que as relações humanas e suas instituições são construídas, destruídas e reconstruídas, num processo dialético e histórico, ou seja, que são fruto de transformações históricas e humanas, constituídas dentro do processo da luta de classes[5] (NETTO, 2006).

É a partir do debate crítico dessa segunda forma que tentaremos construir esse capítulo, visto que há uma banalização do pensamento social acerca do papel da punição e do encarceramento. A sociabilidade burguesa disciplinou ideologicamente as nossas concepções para a compreensão de que a prisão sempre existiu e que sempre existirá, sendo uma instituição permanente, não importando o tipo de formação social que tenha se desenhado nas diferentes regiões do mundo.

Tem-se, pois, como objetivo trazer e tratar elementos que conformam o debate em relação ao papel histórico que a prisão cumpre na formação e consolidação da sociabilidade burguesa, partindo de uma análise teórica fundamentada na tradição mar-

---

ções são superiores a outras, apoiando-se na falácia de que nas sociedades vale a lei do mais forte. Tal teoria suportou as ocupações imperialistas e neocoloniais, especialmente contra as populações de África e Ásia.

5 Os ideólogos burgueses desconsideram aquilo que Marx (2011) já nos traz acerca da determinação material e da ação dos seres humanos na história, que "os homens fazem sua própria história", ainda que não a façam "[...] de livre e espontânea vontade, pois não são eles quem escolhem as circunstâncias sob as quais ela é feita, mas estas lhes foram transmitidas assim como se encontram" (p. 25).

xista. Para isso, na primeira parte, intitulada *Gênese do modo de produção capitalista e o cárcere como elemento de dominação*, nos encarregaremos de apresentar aspectos iniciais que compõem a vinculação entre o nascimento do capitalismo e o papel das casas de trabalho (*workhouses*) para criação de uma classe trabalhadora funcional ao nascente capitalismo, especialmente no período da chamada acumulação primitiva.

Num segundo momento, com o título *de A consolidação do capitalismo e as reformas do século XIX*, buscaremos tratar das vinculações entre as transformações ocorridas no âmbito da produção e reprodução capitalista, com a dominância da grande indústria como método particular de transformação da natureza e com a expansão da classe trabalhadora. Tais mudanças acarretaram uma nova sistematização dos processos de punição, ultrapassando as intenções de geração de uma classe, como ocorrera nos séculos anteriores, para o controle social e político desta.

Gênese do modo de produção capitalista e o cárcere como elemento de dominação

Tomando emprestada a expressão de Antonio Gramsci (1999), que enfatiza que "o presente contém todo o passado" (Gramsci, 1999, p. 240) e observando a atualidade das relações de repressão e punição na sociedade capitalista neoliberal, podemos iniciar o debate acerca do histórico papel da prisão na reprodução burguesa elencando aspectos que nos ajudem a refletir sobre as atribuições que esta instituição cumpriu e cumpre ao modo de produção capitalista.

Há um processo cada vez mais eloquente de debates acerca da prisão e seu papel na sociedade de classes. Na sociedade burguesa, essa instituição nos parece ter um papel muito bem determinado, qual seja, conter a classe trabalhadora e adequá-la a um padrão de sociabilidade, conformando-a de acordo com as reconfigurações do modo de produção capitalista (MPC) em seus diferentes tempos históricos.

Não nos deteremos nesse capítulo sobre as transformações da punição antes do capitalismo, mas cumpre-nos pontuar que havia uma forma social de condenação e penalidade antes da sociedade burguesa e que em alguns traços e fatores terão continuidade na nova sociabilidade, num processo dialético de abandonos e assimilação.[6]

Como aquilo que nos interessa é compreender o ordenamento da sociedade do capital e sua relação com as formas de punir, citemos Foucault na parte final do capítulo 1 de *Vigiar e Punir*:

> (...), mas como o sistema industrial exigia um mercado de mão-de-obra livre, a parte do trabalho obrigatório diminuiria no século XIX nos mecanismos de punição, e seria substituída por uma detenção com fim corretivo. Há sem dúvida muitas observações a fazer sobre essa correlação estrita (FOUCAULT, 1987, p. 28-29).

É a partir desse ponto que iniciamos nossas considerações, visto que ele nos possibilita apresentar elementos que determinam o nascimento da sociedade burguesa e as maneiras com as quais a punição e o cárcere lhes serão úteis.

O momento de conformação do capitalismo se fez dentro de aspectos históricos muito particulares. Há elementos estruturais, ou características básicas, que podemos afirmar que diferenciam o MPC das demais formas históricas de reprodução da

6 Para uma melhor compreensão das transformações das formas de punir, especialmente nas sociedades europeias, conferir a obra de Foucault (1987), onde o autor retrata de forma mais completa e competente as passagens e mudanças nas formas de *Vigar e Punir*.

vida social, quais sejam: 1) a propriedade privada dos meios de produção; 2) a força de trabalho livre, que necessita vender-se por um período determinado de tempo para garantir sua sobrevivência; e 3) a apropriação privada da riqueza socialmente produzida.

Esse processo de "criação" do capital foi sendo constituído por meio da assim chamada *acumulação primitiva,* momento essencial na transformação da sociabilidade feudal em uma nova configuração social de produção. Marx (2017) descreve esse instante como o momento fundante da relação entre capital e trabalho, vide que é nesse período que os meios de vida são transladados em propriedade privada e que os produtores diretos são expulsos do campo em direção à cidade, com o processo de cercamento das terras. Desta maneira,

> o processo que cria a relação capitalista não pode ser senão o processo de separação entre o trabalhador e a propriedade das condições de realização de seu trabalho, processo que, por um lado, transforma em capital os meios sociais de subsistência e de produção, e, por outro, transforma os produtores diretos em trabalhadores assalariados (MARX, 2017, p. 786).

Esse processo de expropriação da população do campo, por meio da apropriação das terras e meios de vida, causa efeitos novos na então forma de vida nas cidades. Há um aumento do número de pessoas em situação de rua, em abandono, de famintos, da massa de seres humanos que ficou sendo caracterizada de "*vagabundos*". As cidades nesse momento,[7] séculos XVI e

7 Pensamos, aqui, nos centros europeus, como Inglaterra, Holanda e França, visto que esses países representam o início do processo de transformação de relações burguesas de produção social.

XVII, representam um espaço de atração dessa população por conta do inicial processo de desenvolvimento. Contudo, há uma contradição entre o processo de expulsão dos trabalhadores do campo e o processo de absorção dessa força de trabalho nesse momento nos centros urbanos.

> Os campos, mas sobretudo as cidades, que já representavam, com o desenvolvimento da atividade econômica e, em particular, do comércio, um polo de atração notável, começaram a provar-se com milhares de trabalhadores expropriados, convertidos em mendigos, vagabundos, às vezes bandidos, porém, em geral, numa multidão de desempregados" (MELOSSI, PAVARINI, 2006, p. 34).

Portanto, nesse momento, o que se criou foi uma superpopulação de desempregados, sem meios de subsistência e que viram suas vidas cotidianas, suas relações de trabalho e contato com a natureza transfiguradas. É nesse contexto histórico que surgem formas e iniciativas de controle e subsunção dessa classe ao novo modelo de trabalho: a lei dos pobres (Poor Law) e as Casas de Trabalho (Workhouses), na Inglaterra, bem como as Rasp-huits, na Holanda, são exemplos desse movimento.[8]

O principal intuito dessas ações, a exemplo das leis Elisabetanas na Inglaterra, era estabelecer um recorte entre incapacitados para o trabalho daqueles que, partícipes da população apta, negavam o aceite para as novas formas de labor. Então, tem-se o exemplo inglês, no qual:

---

8 Importante pontuar os diferentes momentos históricos que cada formação econômico social tem, com suas distintas particularidades, mas também observar as semelhanças que envolvem as formas de punir com o intuito de conformar a nascente classe trabalhadora para a exploração da manufatura e, posteriormente, na edificação da grande fábrica industrial.

> por solicitação de alguns expoentes do clero inglês, alarmados com as proporções alcançadas pela mendicância em Londres, o rei autorizou o uso do castelo de Bridewell para acolher os vagabundos, os ociosos, os ladrões e os autores de delitos de menor importância. O objetivo da instituição, que era dirigida com mão de ferro, era reformar os internos através do trabalho obrigatório e da disciplina. Além disso deveria desencorajar outras pessoas a seguirem o caminho da vagabundagem e do ócio, e assegurar o próprio sustento através do trabalho, a sua principal meta (MELOSSI, PAVARINI, 2006, p. 36).

Destarte, à medida em que as relações capitalistas vão se estabelecendo e se espraiando, as casas de trabalho funcionam para a nascente classe trabalhadora como um espaço de "*domesticação*" para o trabalho, introjetando os ditames da nova forma de produzir e reproduzir-se na vida social burguesa, tentando dirimir os efeitos da luta de classes, além de atuar como ponto estratégico de quebra das leis de mercado em relação ao valor da força de trabalho, ampliando a oferta de mão de obra, em busca da ampliação da extração de mais-valia.

Outro efeito exercido por esses espaços é assegurar por meio da repressão preventiva – repressão direta daqueles que estão inseridos nos espaços e indireta nos que estão fora – a assimilação da dinâmica dessa nova sociedade, incutindo um impulso que obrigue a força de trabalho disponível a aceitar qualquer forma de trabalho no "mundo livre", uma vez que esse seria menos sofrível que aqueles ofertados nas casas de trabalho.

Fica claro que a sociedade burguesa tenta criar uma forma de consenso pela força – que se pretende não mais ser exclusivamente física, mas também ideológica, por meio do poder econômico: "neste sentido, os baixos salários são muito úteis porque tornam o processo de trabalho particularmente opressivo e preparam o trabalhador para a obediência fora da instituição" (MELOSSI, PAVARINI, 2006, p. 46).

É dessa forma que o capitalismo, especialmente no seu momento inicial em países como Inglaterra, França e Holanda, por meio da atuação de um Estado repressivo, além de consolidar e condicionar as formas de produção tipicamente burguesas, molda a classe[9] que venderá sua força de trabalho.

O direito e as construções jurídicas, entendidas como expressões das contradições de classe e do desenvolvimento histórico real, nesse contexto, atuam de forma a configurar um ambiente propício para o fortalecimento da prisão como elemento de formação e amadurecimento da sociedade burguesa.

Portanto, podemos conceber o direito e a prisão "[...] não como acessório de uma sociedade humana abstrata, mas como categoria histórica que corresponde a um ambiente social definido, construído pela contradição de interesses privados" (PACHUKANIS,1988, p. 36).

Nesse quesito, Marx (2017) nos dá uma análise clara e sintética sobre esse processo de construção de uma relação social objetiva:

> Não basta que as condições de trabalho apareçam num polo como capital e no outro como pessoas que não têm nada para vender, a não ser sua força de trabalho. Tampouco basta obrigá-las a se venderem voluntariamente. No evolver da produção capitalista desenvolve-se uma

9 Importante ressaltar que não é o simples aglutinamento de pessoas com aspectos comuns de vida, como posição na esfera de produção e reprodução da vida, que conformam uma classe. É necessário, além de comungar de elementos comuns, "sua capacidade de agir como uma classe na defesa de seus interesses específicos" (IASI, 2015, p. 12). Para uma maior compreensão do conceito de classe conferir em IASI (2011) o capítulo V: *o conceito e o "não conceito" de classes sociais em Marx.*

> classe de trabalhadores que, por educação, tradição e hábito, reconhece as exigências desse modo de produção como leis naturais e evidentes por si mesmas. A organização do processo capitalista de produção desenvolvido quebra toda a resistência; a constante geração de uma superpopulação relativa mantém a lei da oferta e da demanda de trabalho, e, portanto, o salário, nos trilhos convenientes às necessidades de valorização do capital; a coerção muda exercida pelas relações econômicas sela o domínio do capitalista sobre o trabalhador. A violência extraeconômica, direta, continua, é claro, a ser empregada, mas apenas excepcionalmente. Para o curso usual das coisas, é possível confiar o trabalhador às "leis naturais da produção", isto é, à dependência em que ele mesmo se encontra em relação ao capital, dependência que tem origem nas próprias condições de produção e que por elas é garantida e perpetuada (p. 808).

Esse movimento histórico compõe essa transição a um momento no qual a burguesia vai se tornando hegemônica como classe dominante e o modo de produção capitalista vai se espraiando nos territórios, da mesma forma que as casas de trabalho exercem um papel nos modos pelos quais a recém-constituída classe trabalhadora vai sendo subsumida a uma nova forma de transformação da natureza.

Esses aspectos iniciais expostos nos apresentam os pontos principais das circunstâncias históricas através das quais, até a metade do século XVIII, as relações de punição no capitalismo vão se moldando às necessidades históricas de produção e reprodução dessa nova sociabilidade.

É por meio de instituições de trabalho forçado e da instituição do direito burguês que, objetiva e subjetivamente, a classe trabalhadora vai sendo moldada nos principais centros do desenvolvimento do capitalismo.

A partir desse ponto, nos deteremos à tarefa de trazer elementos que nos ajudem a compreender a transformação do modelo da prisão na sociedade de classes e de seu papel no assentamento da grande indústria, a função da prisão e seu papel na esfera produtiva como um dos espaços primordiais para controle da força de trabalho.

A consolidação do capitalismo e as reformas do cárcere

Cremos que só seja possível analisar coerentemente as funções do sistema penal em determinada sociedade, em determinado tempo histórico, ao relacioná-lo com a ordem sócio metabólica como um conjunto, pois, como afirma Castro (2005, p. 106), "não tem sentido analisar o controle jurídico-penal se não somos capazes de entender sua função frente ao controle social geral, através das várias interações que se produzem".

Com o presente tópico, tentaremos trazer, portanto, as reformas que foram feitas durante o século dezenove no sistema carcerário, as inovações e conflitos envolvidos nos modelos de encarceramento e quais os objetivos que esses novos traços almejaram.

As condições de transformação pelas quais as relações de trabalho passaram no final do século XVIII e que se consolidaram no século XIX são de fundamental importância para compreensão das mudanças do papel da instituição punitiva e do encarceramento.

Há nesta passagem a constituição majoritária da grande indústria em substituição ao processo da cooperação e da manufatura[10] como maneiras de exploração e transformação da natu-

10 Importante ressaltar que não há uma evolução linear nesse processo, mas sim uma processualidade histórica constituída de continuidades e rup-

reza no modo de produção capitalista, especialmente nos países do capitalismo central. Nesta complexa transformação social, o cárcere, que já cumpriu seu papel no nascimento do capitalismo, no processo da acumulação primitiva, exercerá também sua função nesse período histórico.

Cabe assinalar que o momento da grande indústria se caracteriza como "[...] uma fase historicamente distinta da produção capitalista, que a diferencia de suas fases anteriores: a cooperação e a manufatura" (TEIXEIRA, 1995, p. 160), visto que há uma subsunção maior do trabalho ao capital, sendo a grande indústria o momento específico da produção capitalista, posto que "se apresenta como a base mais adequada ao processo de valorização do capital" (*Idem*, p. 154).

O século XIX demarca um espraiamento das fronteiras físicas do capitalismo para além dos centros europeus e inicia seu processo de desenvolvimento em outras partes do globo, como os Estados Unidos (que vai alcançar a sua maturidade no século XX) – um desenvolvimento que se expressa de maneira desigual e combinada, manifestando-se nos diferentes territórios com particularidades histórico-sociais e envolvido na forma de dominação imperialista, evidenciando a sua tendência expansionista.

Dito isso, é preciso reafirmar que a análise da maneira pela qual a sociedade produz a vida material nos oferece elementos concretos para o entendimento do modo pelo qual se deram as transformações nas formas de punição, conforme é indicado por Pachukanis (1988):

> (...) o desenvolvimento dialético dos conceitos jurídicos fundamentais não nos oferece somente a forma jurídica no seu completo desenvolvimento e em todas a suas arti-

---

turas, com transformações relativas ao modo de exploração da força de trabalho e da produção de mercadorias e mais-valor.

> culações, mas reflete igualmente o processo de evolução histórico real, que é justamente o processo de evolução da sociedade burguesa (PACHUKANIS, 1988, p. 25).

Antes de elencar elementos próprios das mudanças que foram tentadas e levadas a cabo no século XIX, vale ressaltar que algumas formas distintas de pena são elaboradas por reformadores, antes da grande reforma do século XIX, com o intuito de promover o uso da força de trabalho de acordo com as condições históricas postas, seja para punição nos próprios territórios ou para importação de mão de obra para países de capitalismo nascente em colônias ou ex-colônias como Estados Unidos e Austrália.

Neste contexto, podemos citar algumas das tentativas mais proeminentes que estiveram presentes na transição do século XVIII para o século seguinte, que tiveram muitos defensores entre os reformadores daquele período. São as penas de uso das galés,[11] as deportações e os sistemas de modelo celular, importados dos Estados Unidos: o modelo Auburn e o Filadelfia.[12]

À diferença do que ocorria nos séculos XVII e XVIII, que testemunha uma escassez de mão de obra que levava à emergência de uma instituição na qual se disciplinava a força de trabalho em construção (MELOSSI; PAVARINI, 2006), o século XIX presencia o crescimento dos espaços de trabalho da produção industrial, que acompanha o desenvolvimento das forças produtivas, em compasso com uma expansão numérica da classe trabalhadora.

Nesta conjuntura, o cárcere assume um outro papel, no qual "o encarceramento irracional de indivíduos tornou-se indesejável e descompassado em relação à época" (RUSHE; KIR-

---

11 Embarcações nas quais os prisioneiros eram acorrentados e forçados a remar.

12 Conferir Melossi; Pavarini (2006); Rushe; Kirchheimer (2004) e Foucault (1987).

CHHEIMER, 2004, p. 194-195) e "o trabalho no cárcere tende, assim, a desaparecer ou a se tornar um trabalho completamente improdutivo, com finalidades puramente disciplinares e terroristas" (MELOSSI; PAVARINI, 2006, p. 83).

Os reformadores, então, enxergam que a prisão deve ter uma nova configuração em face do funcionamento da vida naquele momento e da nova fase da revolução burguesa:

> eles colocam em destaque as consequências sociais da revolução industrial, que, criando pouco a pouco em toda Europa um enorme exército de reserva de desempregados, torna o trabalho forçado (sub-remunerado) nos cárceres obsoletos e inútil e explicitada cada vez mais a exigência de intimidação e controle político social (MELOSSI; PAVARINI, 2006, p. 80)

Os avanços nos graus de exploração da classe trabalhadora, as condições de trabalho em suas extensas jornadas de trabalho e os antagonismos entre a burguesia e o proletariado estendem-se para o cárcere e para o direito penal.

A movimentação de organização política dos proletários no século XIX - através da formação dos partidos políticos e da movimentação de greves - e o movimento de consolidação do poder da burguesia como classe dominante, pondo-se em posições antagônicas, ditam uma efervescência no processo de transformação do cárcere.

É visto que:

> A emergência de um incipiente potencial político das classes subalternas impede, a partir da Restauração, que a questão criminal e a carcerária em particular sejam desligadas dos conflitos de classe mais gerais. O que até aquele momento fora uma relação inconsciente entre as novas

> classes do regime capitalista na sua gênese torna-se cada vez mais uma relação consciente, uma hostilidade *política* (MELOSSI; PAVARINI, 2006, p. 93).

A constituição do direito e da punição visa neste momento – mais que assegurar o nascimento da classe trabalhadora – a proteção da propriedade privada dos meios de produção e o apassivamento das lutas políticas da classe trabalhadora. Então, a elevação de um padrão jurídico busca fazer com que:

> a propriedade burguesa capitalista deixa de ser uma posse frágil, instável, puramente factual, que a qualquer momento pode ser alvo de disputa e que deve ser protegida de arma em punho. Ela se transforma em um direito absoluto, inalienável, que cerca a coisa por todos os lados e que, enquanto a civilização burguesa conservar seu domínio do globo terrestre, será protegido no mundo inteiro pela lei, pela polícia e pelos tribunais (PACHUKANIS,1988, p. 73).

O cárcere neste momento transfigura-se diante da realidade de desigualdade que está posta para a maior parte da classe trabalhadora: más condições de vida, extensas jornadas de trabalho e ampliação da população subutilizada pelo capital.

As formas de reprodução social que os ditos miseráveis e a classe trabalhadora pauperizada encontram para manterem-se vivos vão desde a sujeição aos mais diversos tipos de trabalho, passando pela vinculação às formas de organização coletivas visando a contestação da ordem vigente, indo até a violação da propriedade, por vias de roubos e furtos, por exemplo, que se ampliam em períodos de maior desigualdade.

Sendo assim, o cárcere se transforma em suas funções principais, tendo por fim dar um trato aos novos ditames dominantes da realidade do século XIX nas principais cidades do capitalismo central, seja na Europa ou na América do Norte, sendo um espaço de intimidação à contestação da ordem:

> (...) dado que o que está em jogo para o desocupado, para o pobre destas primeiras décadas do século XIX, é exatamente a sobrevivência, a possibilidade de matar a fome de si mesmo e da sua família, e não a aceitação ou a recusa de ser contratado em condições de exploração, o efeito intimidador torna-se extremamente difícil de ser alcançado, já que basta que o cárcere assegure o mínimo vital para que a situação de detenção se torne melhor do que viver em liberdade (MELOSSI; PAVARINI, 2006, p. 95).

O cárcere funciona como fábrica de produção de trabalhadores orientados e disciplinados ideologicamente para o respeito à propriedade privada, também operando como um espaço condicionante de pavor da população sobrante e dos trabalhadores organizados. Nas palavras de Melossi e Pavarini:

> O cárcere – em sua dimensão de instrumento coercitivo – tem um objetivo muito preciso: a reafirmação da ordem social burguesa (a distinção nítida entre o universo dos proprietários e o universo dos não-proprietários) deve educar (ou reeducar) o criminoso (não proprietário) a ser proletário socialmente não perigoso, isto é, ser não-proprietário sem ameaçar a propriedade (MELOSSI; PAVARINI, 2006, p. 216).

A disciplina que se deseja do trabalhador é a disciplina orientada para a subsunção da força de trabalho ao mundo do trabalho capitalista. Melossi e Pavarini (2006) em outra passagem ainda vão mais adiante tratando da pedagogia para o trabalho, nas prisões neste século XIX, para a classe trabalhadora encarcerada, quando afirmam que:

> (...) Isso significa, em outras palavras, que o não-proprietário-preso deve existir *apenas* como proletário, como quem aceitou o estado de subordinação, como quem se reconhece apenas na disciplina do salário. As práticas deste *caos disciplinado* que é o cárcere são, portanto, teleologicamente orientadas: educação para o trabalho expropriado, educação para o trabalho assalariado como único meio para satisfazer as próprias necessidades, educação-aceitação do próprio não-ser proprietário (MELOSSI; PAVARINI, 2006, p. 232).

Diante de todas as transmutações que a sociedade burguesa passou na instauração do capitalismo industrial, podemos afirmar que o cárcere, a partir da reforma realizada no século XIX, funcionou, portanto, na realidade objetiva, como uma fábrica de consensos por meio da coerção para a efetivação do mundo burguês e o seu modo de produção e reprodução.

Considerações finais

A relação da prisão com o capitalismo é mediatizada por um conjunto de processos sócio-históricos e teórico-metodológicos constitutivos de seu processo de construção. Portanto, pensar historicamente e concretamente o cárcere e a funcionabilidade deste para a nossa sociedade é um passo importante para compreensão da sua estrutura na atualidade.

A prisão emerge num momento histórico da elevação da sociedade burguesa, quando do processo de expulsão da população do campo em direção às cidades, naquilo que Marx (2017) concebe como processo de acumulação primitiva, surgindo daí a necessidade da constituição de espaços que contribuam para a construção objetiva e subjetiva da classe que será fundamental para a produção de mercadorias, o nascente proletariado, especialmente entre os séculos XVII e XVIII, através dos trabalhos compulsórios nas detenções.

É esse solo histórico movente que atribui novos contornos ao cárcere, diversificando os espaços e fazendo emergir inéditas requisições e demandas a esse universo.

As alterações que o século XIX introduz no capitalismo e em sua forma de transformar a natureza, com a implantação da grande indústria como forma típica deste modo de produção (TEIXEIRA,1995), denotam mudanças no processo de organização do cárcere, implicando novas formas de punição, abolindo, total ou parcialmente, o trabalho forçado e elevando o seu papel social de disciplinamento ideológico, tanto para aqueles que estão presos quanto para os que estão em liberdade.

Esses apontamentos da funcionalidade histórica que perpassa a construção do cárcere e do modo de produção capitalista nos subsidiam para a reflexão do papel na atualidade dessa instituição, sendo necessário, partindo desse horizonte estrutural/universal, buscar as particularidades que conformam as diversas formações sociais, traçando seus determinantes nas disputas de classes, raças, gêneros e etnias que perfazem a história no seu movimento dialético em busca de novas formas de sociabilidade.

Referências

BOLSANELLO, Maria Augusta. Darwinismo social, eugenia e racismo "científico": sua repercussão na sociedade e na educação brasileiras. Curitiba, *Educar,* n.12, 1996, p. 153-13. Disponível em <https://www.scielo.br/j/er/a/sNH6RP4vvMk6wtPSZztN-Dyt/abstract/?lang=pt> Acesso em: 12 out. 2022.

CASTRO, Lola Aniyar de. *Criminologia da libertação.* Tradução de Sylvia Moretzsohn. Rio de Janeiro: Revan, ICC, 2005.

CONSELHO NACIONAL DE JUSTIÇA. Portal do Banco Nacional de Monitoramento de prisões. Disponível em: <https://portalbnmp.cnj.jus.br/#/estatisticas>. Acesso em: 8 ago. 2022.

DAVIS, Angela. *Estarão as prisões obsoletas?* Tradução de Marina Vargas. 1 ed. Rio de Janeiro: Difel, 2018.

FOUCAULT, Michel. *Vigiar e punir*: Nascimento da prisão, Tradução de Raquel Ramalhete. Petrópolis: Vozes, 1987.

GRAMSCI, Antonio. *Cadernos do cárcere, volume1*: introdução ao estudo da filosofia. A filosofia de Benedetto Croce. Edição e Tradução de Carlos Nelson Coutinho. Coedição de Luiz Sérgio Henriques e Mauro Aurélio Nogueira. Rio de Janeiro: Civilização Brasileira, 1999.

IASI, Mauro Luis. As revoluções do século XIX e a poesia do futuro. In: MARX, Karl. *A revolução antes da revolução:* Karl Marx. 2 ed. São Paulo: Expressão Popular, p. 7-34, 2017.

IASI, Mauro Luis. *Ensaio sobre a consciência e emancipação.* 2 ed. São Paulo: Expressão Popular, 2011.

MARX, Karl. *O 18 de Brumário de Luís Bonaparte.* Tradução e notas de Nélio Schneider. São Paulo: Boitempo, 2011.

MARX, Karl. *O Capital*: crítica da economia política, livro I: o processo de produção do capital. Tradução de Rubens Enderle. 2 ed. São Paulo, Boitempo, 2017.

MARX, Karl; ENGELS, Friedrich. *Manifesto Comunista.* 1 ed. São Paulo: Boitempo, 2017.

MELOSSI, Dario; PAVARINI, Massimo. *Cárcere e fábrica:* As origens do sistema penitenciário (séculos XVI-XIX), Tradução de Sérgio Lamarão. Rio de Janeiro: Revan, 2006.

NETTO, J. P. *Desnaturalizando o fenômeno psicológico: desafios para uma construção teórica.* São Paulo: PUCSP, videoteca, 2006 (21/06/2006). 90 min. Série Conversando sobre Psicologia Sócio-histórica. Disponível em: <https://www.youtube.com/watch?v=lzOC-3vL5CA&t=1532s > Acesso em: 12 out. 2022.

PACHUKANIS, E.B. *Teoria Geral do Direito.* Tradução de Silvio Donizete Chagas. São Paulo: Editora Acadêmica, 1988.

RUSCHE, Georg; KIRCHHEIMER, Otto. *Punição e estrutura social,* Tradução, revisão técnica e nota introdutória de Gizlene Neder, 2 ed. Rio de Janeiro: Editora Revan, 2004.

TEIXEIRA, Francisco. *Pensando com Marx.* São Paulo: Ensaio, 1995.

WACQUANT, Loïc. *Punir os pobres:* A nova gestão da miséria nos Estados Unidos. Tradução de Eliana Aguiar, Rio de Janeiro: Editora Revan, 2003.

3. OS IMPERATIVOS DO SISTEMA PRISIONAL NA CONTEMPORANEIDADE: UMA ANÁLISE SOB A PERSPECTIVA INTERSECCIONAL DE GÊNERO

Priscila Serafim de Andrade[1]

Mãe! Aqui crescemos subnutridos de amor
A distância de ti, o doloroso chicote do feitor... Nos
tornou algo nunca imaginável, imprevisível E isso nos
trouxe um desconforto horrível
As trancas, as correntes, a prisão do corpo outrora...
Evoluíram para a prisão da mente agora.

Carta A Mãe África
(Gog)

Introdução

A reflexão aqui colocada traz à pauta a perspectiva de gênero para pensar a mulher na realidade do sistema prisional por meio de uma análise interseccional, ou seja, considerando os demarcadores de raça, classe, gênero e sexualidade. A necessidade de se utilizar dessa metodologia de análise diz respeito a um segmento cada vez mais encarcerado nas instituições prisionais: a mulher negra.

Existe um processo sócio-histórico de inferiorização da mulher nas relações sociais que faz com que a dinâmica prisional seja ainda mais violenta e violadora de direitos. Esse processo revela como as construções de papéis sociais determinam uma hierarquia sexual pela dominação masculina.[2]

---

1 Turismóloga, Bacharel em Serviço Social e discente do Programa de Pós-Graduação em Serviço Social (PPGSS) da UFPE.

2 Pierre Bourdieu é o autor que analisa os comportamentos masculinos em nossa sociedade atual na obra *Dominação masculina*.

Os homens são aqueles que detêm a autoridade do *pater – da figura paterna* – ocupando espaços de decisão na vida pública e ditando a dinâmica familiar na vida privada. As mulheres ficam restritas às funções destinadas ao âmbito privado. Essas relações se modificaram na contemporaneidade, mas continuam estruturadas pelo estabelecimento de condutas sociais pelo sexo biológico, no que denominados de patriarcado.

Categorias-chave como gênero, relações sociais de sexo, patriarcado, dominação masculina e violência são utilizadas para compor a discussão, abrangendo as múltiplas determinações que se afunilam nas expressões do cárcere diante da condição feminina.

A primeira seção se desdobra para compreender como os modos de comportamento a partir do sexo biológico são construídos e como o gênero passou a ser debatido a partir de determinantes históricos, econômicos, políticos e sociais. Elementos como o sexismo e o racismo surgem apresentando novas perspectivas sobre opressões que as mulheres sofrem nas esferas da vida social.

A segunda seção traz a discussão da violência como fundante e estruturante do cárcere feminino quando se entende que existe uma dinâmica de inferiorização da mulher e a sua vitimização de forma ainda mais acirrada quando esta é transgressora das leis e das normas sociais postas ao feminino.

A terceira seção debruça-se sobre como o sistema prisional é construído na contemporaneidade e se apresenta na dinâmica para com o público feminino (mulheres cis, transgêneras, mães etc), bem como sobre a imposição da pena a partir da privação de liberdade, que invoca implicações ainda mais aprofundadas da opressão por gênero e raça, através da violência sexual, física, simbólica e psicológica.

Que lugar social é esse? A mulher pela ótica do sexismo e racismo

As mulheres são historicamente vitimizadas pela *estrutura patriarcal heteronormativa*. Isso quer dizer que papéis são impostos nas relações sociais e culturais a partir do que se entende como homem e como mulher. Não é à toa que essas determinações surgem com o modo de produção capitalista, por ser essa forma de estruturação da sociedade que define as funções sociais a partir da biologia dos corpos sob um processo pelo qual:

> [...] deriva-se que a primeira base sobre a qual se assenta o sistema sexo/gênero – nosso corpo – é tal que possibilita a construção de uma sociedade fundamentada na divisão de posições de fêmeas e machos na sociedade, mas faz também com que esta construção não seja inevitável. Se faz possível, sobretudo, por nossa plasticidade, em boa medida, devida à nossa imaturidade ao nascer. Uma vez detectado o sexo de uma pessoa e certificado em seu registro de nascimento, pode conseguir-se que a mesma se ajuste a um certo modelo, tanto por seu aspecto físico como pelos interesses que desenvolve, a forma como vê o mundo, o tipo de relações que estabelece etc (IZQUIERDO, 1992, p. 4).

O que ocorre a partir dessa definição é a desigualdade, imposta pelo poder que o homem exerce nessa sociabilidade, limitando à mulher aquele papel de cuidadora dos filhos, da casa, ao trabalho reprodutivo de modo geral, retirando dela qualquer poder político e decisório.

Inicialmente, para a investigação dos fenômenos que tivessem como recorte científico o lugar da mulher em sociedade, foi construído o *gênero* como elemento a ser analisado. Tal categoria se expressa pela construção do feminino, a partir das normatizações e funções destinadas a quem fosse reconhecida como mulher em seu aspecto biológico. Scott (1995) evidencia que 'gênero é sinônimo de mulheres', podendo entender essa perspectiva como aquela que busca legitimidade acadêmica no campo dos estudos feministas.

O conceito de *rapports sociaux de sexe* – relações sociais de sexo – foi outra contribuição importante para compreender o papel social da mulher, assim como práticas e atitudes no que é tido como feminino, destacando a exploração, opressão e subalternização numa estrutura organizacional de dominação masculina.

Nessa perspectiva, as relações entre homens e mulheres são relações sociais e o gênero adentra nessa perspectiva como um partícipe dessa relação, sendo o sexo o elemento norteador dessa diferenciação. A operacionalização da hierarquia de sexos se dá sob três expressões: divisão sexual do trabalho, divisão sexual do poder e a categorização do sexo (DEVREUX, 2005).

Com isso, compreende-se que as divisões se dão no nível do trabalho, da diferenciação dos sexos e na categorização que cria e reproduz valores sob os quais as funções sociais são estabelecidas pelas referências culturais para homens e mulheres, tornando explícito uma lógica dicotômica dos sexos.[3]

3 As correntes teóricas que abordam 'Gênero' e 'Relações sociais de sexo' apresentam divergências, segundo Mirla Cisne no artigo *Relações sociais de sexo, "raça" /etnia e classe: uma análise feminista-materialista*. A autora ainda evidencia o recorte de 'raça' a partir da perspectiva francesa de relações de sexo, tendo por base o materialismo histórico, realizando o desdobramento das críticas da concepção de gênero que inicialmente adentra nos estudos das ciências sociais.

Porém, os corpos racializados[4] negros não detêm as mesmas regras que os corpos brancos na sociabilidade cotidiana, o que faz com que novas discussões surjam inserindo o debate racial nas relações de gênero/sexo. A partir dessas engrenagens, algumas correntes teóricas esforçam-se para compreender a realidade das diferentes mulheres nas suas particularidades, na medida em que vários outros elementos se desdobram dessa hierarquia abrangendo as dimensões de classe, raça, gênero e sexualidade.

Diante disso, interseccionalidade[5] foi o termo cunhado por Kimberlé Crenshaw para identificar as diversas opressões que atingem a mulher negra simultaneamente. Esta perspectiva teórico-metodológica tem a finalidade de dar visibilidade a esses corpos nas mais variadas dimensões da vida social, surgindo como uma importante ferramenta desenvolvida pelo feminismo negro para combater o racismo epistemológico.[6] Outras possibilidades foram incorporadas ao debate com o intuito de explicitar a reali-

---

4 Aqui se traz o processo de racialização dos corpos como o modo como se é visto, alocado em sociedade no espaço-tempo, e marcado nas relações sociais, sobretudo, pela diferenciação da cor da pele e características negroides.

5 Para um maior aprofundamento dessa ferramenta teórico-metodológica, ler *Interseccionalidade* da autora Carla Akotirene da coleção Feminismos Plurais.

6 Refere-se, aqui, à invisibilidade e desconsideração dada às produções e metodologias científicas cientificas advindas de países periféricos e de povos não - brancos estruturalmente, no qual a ciência é considerada a partir dos moldes da centralidade europeia. Outras questões aparecem no que também é denominado de epistemicídio, definido como "fenômeno que ocorre pelo rebaixamento da autoestima que o racismo e a discriminação provocam no cotidiano escolar; pela negação aos negros da condição de sujeitos de conhecimento, por meio da desvalorização, negação ou ocultamento das contribuições do Continente Africano e da diáspora africana ao patrimônio cultural da humanidade; pela imposição do embranquecimento cultural e pela produção do fracasso e evasão escolar" (CARNEIRO, 2005).

dade de estigmatização, violência e invisibilidade que determina os lugares subalternos atribuídos às mulheres negras e periféricas.

As mulheres negras, nessa conjuntura, acabam sofrendo ainda mais opressões pelo racismo que fomenta as dinâmicas institucionais, mantendo essa mulher sob as mais variadas opressões operantes da dinâmica de classe e sob as revelias estatais. Pensar os corpos negros femininos, além disso, implica pensar nos processos sociais da escravidão que possuem reflexos até os dias de hoje.

Por consequência, quando se iniciaram a publicização e os debates mais explícitos das correntes que tratavam da escravidão na era moderna, as experiências das mulheres negras não foram consideradas mesmo quando sofriam os castigos mais densos, ocorrendo uma invisibilidade de sua existência.

Dessa forma, a condicionalidade de existência da mulher negra não conseguia ser explicada apenas pela divisão sexual do trabalho e das funcionalidades sociais que explicam o papel da mulher branca, já que aquela, por diversos anos da história, era definida como propriedade mercantil e não sujeito de direitos com reivindicações sobre seu lugar social.

Nesse sentido, por exemplo, enquanto o movimento de mulheres feministas brancas abarcou, nas suas primeiras ondas de reivindicações básicas, o direito ao trabalho, a mulher negra, que já fora elencada como *unidade de trabalho* no sistema escravocrata,[7] estava à disposição nos espaços de trabalho 'livre' após a abolição da escravidão.

A mulher negra sendo mercadoria no processo de escravização não era considerada nem mesmo mãe, mas reprodutora

7 Angela Davis trata da mulher negra como *unidade de trabalho* no processo de colonização pela escravidão em *Mulheres, raça e classe,* revisitando como os corpos de mulheres negras escravizadas eram tratadas pela tecnologia do racismo.

de corpos escravizados. A divergência de realidades entre mulheres brancas e negras estava no desvio de padrão dos papéis sociais construídos socialmente para as últimas.

A relação do homem branco com a mulher negra também tinha suas particularidades, visto que:

> [...] as mulheres também sofriam de forma diferente, porque eram vítimas de abuso sexual e outros maus-tratos bárbaros que só poderiam ser infligidos a elas. A postura dos senhores em relação às escravas era regida pela conveniência: quando era lucrativo explorá-las como se fossem homens, eram vistas como desprovidas de gênero; mas, quando podiam ser exploradas, punidas e reprimidas de modos cabíveis apenas às mulheres, elas eram reduzidas exclusivamente à sua condição de fêmeas (DAVIS, 2016, n.p.).

É nessa perspectiva que esse arranjo societário hierarquiza corpos pela cor da pele, diferenciando as mulheres brancas das negras, apesar de serem corpos já situados no campo da opressão pelo patriarcado e capitalismo. Essa relação de elementos - sexo, cor, raça - e a construção sócio-histórica das relações sociais pelos parâmetros do modo de produção e organização da sociedade capitalista é importante para a compreensão da dinâmica do sistema prisional e das medidas punitivas destinadas às mulheres.

Na prisão: a violência como fundante da dinâmica do encarceramento feminino

A violência é fundamental para compreender a dinâmica prisional feminina enquanto suscita como os corpos devem ser controlados, punidos, e organizados perante o sistema carcerário.

A hiperssexualização e o abuso sexual, principalmente de mulheres negras, revelam como o encarceramento feminino é estruturado na violência. Além disso, podemos observar outras expressões e contextos sociais em que essas mulheres são inseridas na condição de privação de liberdade, a exemplo do abandono familiar, da revista íntima, da falta de acesso a itens de higiene para pessoas com útero, da falta de acesso a uma estrutura diante de uma maternidade, entre outras inúmeras violações de direitos.

Para Cury e Menegaz (2017, p. 2):

> A pena imposta aos homens tinha a função de despertar a necessidade de trabalho, torná-lo funcional aos meios de produção, e, no que concerne às mulheres, seu papel era para reenquadrá-la socialmente aos paradigmas exigidos na sociedade.

É importante sinalizar que a violência perpetrada nos corpos femininos não está desviada do componente racial, sendo exatamente os corpos de mulheres negras aqueles que passam pelo rito da coisificação e desumanização, sendo exploradas violentamente, principalmente através da agressão sexual. Há nas instituições em geral e na prisão em particular:

> A combinação destrutiva de racismo e misoginia, por mais que tenha sido combatida pelos movimentos sociais, pelas bolsas de estudo e pela arte nas últimas três décadas, mantém todas as suas terríveis consequências nas prisões femininas. A presença relativamente incontestada do abuso sexual nessas instituições é apenas um dos muitos exemplos dessa natureza. A crescente evidência, nos Estados Unidos, de um complexo industrial prisional com ressonâncias globais nos leva a pensar sobre até que ponto as muitas empresas que investiram na expansão do sistema prisional, assim como o estado, diretamente implicadas em uma instituição que perpetua a violência contra a mulher (DAVIS, 2019, p. 89).

Nesse sentido, é importante trazer uma perspectiva que compreenda de que mulher tratamos quando a situamos na institucionalização pelo cárcere: "A ideia de que os desvios femininos sempre têm uma dimensão sexual persiste em nossa época, e essa interseção de criminalidade e sexualidade continua a ser racializada" (DAVIS, 2019, n. p.).

A violência simbólica, categoria estudada por Pierre Bourdieu, pode complementar a investigação dos formatos de violências que a mulher sofre, pois, não somente se trata de uma violência corporal, mas também de cunho cultural, acabando por se tornar "invisível":

> Exemplos do exercício da violência simbólica incluem relações de gênero nas quais homens e mulheres concordam que as mulheres são mais fracas, menos inteligentes, menos confiáveis, e assim por diante (e para Bourdieu as relações de gênero são o caso paradigmático da operação da violência simbólica), ou relações de classe em que tanto a classe operária quanto a classe média concordam que as classes médias são mais inteligentes, mais capazes de administrar o país, mais merecedoras de salários mais altos (SILVA; OLIVEIRA, 2017, p. 162).

Assim, torna-se cada vez mais complexa a inserção das mulheres negras no cárcere, havendo desdobramentos via criminalização dos corpos racializados, e, enquanto tal, de sua cultura, de seu território, e até mesmo de suas subjetividades e identidades.

No desvelamento desse contexto, a seletividade do Estado Penal recai com intensidade sobre essas mulheres, indicando como as categorias raça, classe e gênero, agregadas, determinam a violência estrutural destinada a esse grupo. Destarte, [...] "o racismo, em realidade, é o elemento estruturador das dinâmicas de exclusão e etiquetamento do sistema de justiça penal" (ARAUJO; PIMENTEL, 2021, p. 129).

Dessa forma, se compreende que as relações sociais situam a mulher aquém da figura soberana masculina, através também de intersecções de classe e raça, desenvolvendo dinâmicas de controle dos corpos femininos nas mais variadas dimensões da vida social, sendo um deles no controle penal.

É pertinente acrescentar que o Direito positivista, que detém a finalidade de preservar a humanidade pela apreensão de transgressores e de suas condutas, falha na proteção à mulher e, mais que isso, projeta violência nesses mesmos corpos: "o sistema penal também transforma os problemas com que se defronta, no seu específico microcosmo de violência e poder" (ANDRADE, 1997, p. 47).

> A perspectiva positivista do "indivíduo", do "elemento", não distinguia homens e mulheres no oceano de indesejáveis sociais. A construção imagética das mulheres como seres fracos de corpo e de mente veio a ser apropriada e aprofundada pela nascente criminologia, e a mulher criminosa passou a carregar, duplamente, a infâmia do crime e a fraqueza biológica (KLANOVICZ; BUGAI, 2019, p. 82).

Laragnoit (2021) afirma que a criminologia crítica, teoria que estuda o crime a partir da crítica marxista, demonstrou insuficiência em perceber e analisar as violências que atravessam a mulher ainda demonstrando uma lógica androcêntrica,[8] na qual as condições das mulheres não eram pautadas, tendo a experiência masculina sido a única passível de ser considerada.

Borges (2020, p. 99) ainda enfatiza que: "Negligência médica, negação de acesso ao controle reprodutivo e a remédios são

8 Significa pelo dicionário online de português: adepto do androcentrismo ou que busca desvalorizar os pensamentos e ideias associados ao sexo feminino, às mulheres.

alguns dos desrespeitos e das violências a que são submetidas as mulheres encarceradas". A estruturação do sistema prisional e das acomodações são tipicamente masculinas, deixando a maioria das mulheres em um ambiente que não considera suas condições femininas, e quando existem, são muito poucas para a demanda atual que vêm crescendo, acompanhando o movimento de encarceramento em massa masculino.

O estupro, por exemplo, vem sendo ao longo da história da humanidade um instrumento de coerção, causador de variadas formas de violência e desproteção da mulher na sociedade, que no cárcere é utilizado recorrentemente. É uma tentativa de controle da mulher a partir da dominação pelo abuso sexual utilizado com frequência no período escravocrata como fórmula também de desmoralizar os companheiros das mulheres escravizadas:

> O estupro, na verdade, era uma expressão ostensiva do domínio econômico do proprietário e do controle do feitor sobre as mulheres negras na condição de trabalhadoras. Os abusos especialmente infligidos a elas facilitavam a cruel exploração econômica do seu trabalho (DAVIS, 2016, n.p).

A revista íntima é outra prática presente que se insere no complexo punitivo, realizada tanto nos indivíduos inseridos no cárcere, quanto nos familiares que realizam a visita aos encarcerados, o que vale dizer que são majoritariamente mulheres que dão o suporte aos familiares presos e passam pelo constrangimento da revista.

Vale salientar que existe uma realidade distinta em relação à rede de apoio quando a mulher é privada de liberdade, quando esta acaba perdendo o suporte da família e de seus companheiros. Assim como também muitas são mães e acabam afastadas de seus filhos, resultando em processos de desfiliação, ou seja, o desmantelamento da rede de suporte primária de um indivíduo, evidenciado um processo de exclusão diante de circunstâncias instáveis, resultando em vulnerabilidade social (CASTEL, 2010).

Os imperativos do sistema prisional diante da categoria interseccional de gênero na contemporaneidade

Davis (2019) salienta como a organicidade do sistema prisional da atualidade acende uma ideia de complexo industrial-prisional, isto é, o surgimento do cárcere se vincula à iniciativa de mão de obra prisional e à articulação com a indústria e setores como o de construção, em um contexto que acaba sendo pertinente à economia capitalista.

O termo se propõe a dissolver a conexão de causa e efeito entre crime e punição, na medida em que as prisões têm papel fundamental na busca incessante por lucro pelo capital, compreendendo toda uma estrutura econômica, política e ideológica e não se vale de um simples combate à criminalidade. É necessário nos atermos às estratégias da construção do Estado Penal em prol da manutenção do modo de produção capitalista que se beneficia do enfrentamento da pobreza com uma necropolítica.[9]

Outros contextos também são insurgentes e importantes na relação com o crescimento do encarceramento feminino, como um índice de pobreza alarmante em famílias monoparentais, dinâmica familiar que sobrecarrega a mulher mãe economicamente, a atribuição de cuidados dos filhos, da casa, e muitas vezes sob a condição de desemprego, escolaridade baixa, falta de apoio familiar, ainda se agravando com o desmantelamento de políticas sociais no neoliberalismo.

---

9 Termo cunhado por Achille Mbembe, para presumir uma política de morte na contemporaneidade pelos Estados Modernos como estratégias consolidadas do capitalismo, tendo o racismo como instrumento preponderante para descartar os corpos racializados.

A exploração/apropriação dos recursos no tocante à escravidão foi uma das estratégias de acumulação de capital que também definiu desigualdades baseadas na raça. A relação colonial foi violenta, tanto pela discriminação racial quanto pela discriminação de gênero, sendo esses importantes marcadores de hierarquização e exploração em favor do capital.

Ocorrem modificações nas instituições sociais devido às necessidades do capital, transformando os espaços e a dinâmica social da mulher em sociedade, principalmente a mulher negra, alocada no cárcere, garantindo ainda mais a penalidade como tecnologia de controle e manutenção das desigualdades.

É explícito como a opressão, o silenciamento e a constante vigilância pela força estatal através do cárcere podem demonstrar como este se torna uma ferramenta de dominação. A mulher é historicamente violada pela composição de seu corpo e de seu lugar social, tendo no cárcere as mais variadas formas de abuso/agressão sexual, física e psicológica, pela caracterização generificada também presente nessa instituição.

O gênero e a penalização a partir das prisões demonstram como a punição antecede os muros do sistema carcerário e ainda "consolida ainda mais a estrutura de gênero da sociedade como um todo" (DAVIS, 2019, p. 66). Uma realidade ainda não distante é demonstrada em como as mulheres transgressoras eram tratadas quando a privação de liberdade ainda não era massivamente a opção de controle para o sexo feminino:

> Ao tentar compreender essa diferença de gênero na percepção dos prisioneiros, deve se ter em mente que, enquanto a prisão surgiu e evoluiu como principal forma de punição pública, as mulheres continuaram a ser submetidas rotineiramente a formas de punição que não eram reconhecidas como tal. Por exemplo: as mulheres eram encarceradas em instituições psiquiátricas em proporções maiores do que em prisões (DAVIS, 2019, p. 71).

O lugar social da construção do gênero historicamente funcionaliza a mulher como reprodutora, cuidadora do lar, longe dos processos decisórios da vida pública, e quando essa mulher descumpre esse papel é duplamente punida pela imposição do imaginário social da mulher que deve ser amorosa, mãe, cuidadora e que não pode ser caracterizada como delinquente.

O movimento feminista acende o debate sobre a questão penal a partir da vitimização sexual da mulher e da impunidade masculina (ANDRADE, 1997), e, só recententemente, pauta a privação de liberdade da mulher no cárcere, de forma ainda muito sutil. É o movimento negro e o feminismo negro que abrem uma agenda sobre a criminalização e seletividade penal, visto o movimento latente de encarceramento em massa mundial e de um sistema prisional cada vez mais punitivo para determinados segmentos da população, incluindo-se as mulheres.

A teoria feminista do Direito e as teorias feministas, de acordo com Laragnoit (2021), também adentram na perspectiva do gênero de modo mais recente considerando as engrenagens de opressão consolidadas na construção social do que é feminino, trazendo questões que antes não eram consideradas pautas relevantes no debate sobre o cárcere, como a maternidade, menstruação, amamentação, processo de medicalização controlada e até a vulnerabilidade de corpos que fogem à dicotomia mulher/homem.

O perfil de mulheres que ocupam as instituições prisionais é evidente: mulheres negras e latinas majoritariamente. A discussão sobre a criminalização do gênero necessita, dessa forma, ser pautada numa condição de classe e raça que determinam a seletividade penal.

Então, é inevitável pensar uma visão macroscópica de condições sociais históricas destinadas às mulheres que, a partir das determinações políticas e econômicas, revelam expressões que caracterizam essa estrutura: a pauperização de famílias e uma particularidade que acresce o encarceramento em massa feminino – grande captação de mulheres pelo tráfico de drogas.

Um adendo à questão do tráfico: com a implantação do sistema antidrogas global pela potência estadunidense, em consonância à existência de condições cada vez mais precarizadas de trabalho que se estabelecem com novas dinâmicas capitalistas, se articulam redes de tráfico de drogas que vêm inserindo de forma mais ativa as mulheres e vêm promovendo o aumento de aprisionamentos destas. Dessa maneira, percebe-se que a pobreza é o elemento preponderante para criar condições de subalternidade.

Quando no cárcere, a realidade da mulher no sistema prisional se depara com a difícil dinâmica de convivência familiar diante da privação da liberdade, violações pela objetificação dos seus corpos e práticas desumanizadoras constantes.

> As prisões se caracterizam como teias de relações sociais que promovem violência e despersonalização das pessoas, sua arquitetura e as rotinas a que são submetidas demonstram, por sua vez, um desrespeito aos direitos de qualquer ser humano à vida (ROSA; ONOFRE, 2016, p. 159).

Ainda se estabelecem relações mercantis com a indústria farmacêutica dentro da prisão, por existir um processo de medicalização[10] como estratégia de domesticação e docilização do corpo feminino, em que as encarceradas são medicadas com "medicações controladas" ainda sob práticas costumeiras das instituições psiquiátricas.

10 O processo de medicalização citado diz respeito ao uso constante de medicações pelos encarcerados/encarceradas como forma de controle social pela instituição prisional.

As mulheres grávidas ou lactantes conformam outra realidade no regime de reclusão, aferindo impactos sociais complexos que abrangem todo o sistema familiar daquela mulher, em que se transferem as negligências do Estado para seus sucessores. A experiência da gravidez, do parto e da maternidade no cárcere, considerando as más condições de vida, de estrutura, saúde, higiene, e ainda sob o pressuposto de privações – da liberdade e da convivência familiar pelo abandono recorrente da mulher no sistema prisional – é demasiadamente violenta.

Tal situação é extremamente grave tendo em vista os dados do *International Centre for Prison Studies*, que indicam que mais de 740.000 mulheres estão em instituições penais ao redor do mundo, tendo havido um aumento em torno de 60% no aprisionamento desse segmento desde 2000, sendo o Brasil representado como o país da América do Sul com maior percentual de aumento (FAIR; WALMSLEY, 2022).

Assim, o encarceramento em massa indica que o gerenciamento da pobreza pelos Estados nacionais leva muitas mulheres negras e pobres ao cárcere, constituindo um corpo de descarte sob a manobra das relações raciais que ditam que alguns corpos são merecedores de direitos e de cidadania enquanto outros privados desses mesmos direitos.

Considerações finais

Estabelecer relações entre os elementos raciais, de gênero, classe e sexualidade não é uma tarefa fácil, porém necessária para desvendar o fenômeno real do encarceramento de mulheres na atualidade. Esse movimento de descarte dos corpos de mulheres negras não é recente, nem tão pouco relacionado somente ao sistema penal construído para a privação de liberdade, tendo as tecnologias do patriarcado, do racismo e do sexismo como possibilitadores de controles dos destinos dessas mulheres.

Nesse sentido, precisamos nos ater à questão de sobre quais corpos recaem o revés do Estado Penal e as estratégias de resistência das minorias nas possibilidades encontradas na contemporaneidade capitalista. Os desafios são inúmeros para as mulheres negras e latinas, que além de toda a carga imposta ao papel social feminino, ainda carregam nas costas o passado escravista que a colocam como base da sociedade, e um não sujeito de direitos.

Feita tal afirmação, como exigir direitos quando sua cidadania e sua existência são ceifadas? Como tornar visíveis as questões relacionadas à condição feminina no cárcere quando existem normativas e consensos sobre a privação de liberdade e as condições de sobrevivência precárias colocadas às transgressoras? As respostas a estas perguntas implicam a necessidade de confrontar como a concepção de crime e os dispositivos de criminalização são altamente violadores de direitos.

O panorama brasileiro há de ser citado à medida em que evidencia como a superexploração dos trabalhadores, a barbarização da vida (NETTO, 2017) e toda uma formação sócio-histórica com base no modo de produção escravista induzem uma crescente exclusão e caminhos propícios para o cárcere de mulheres jovens, negras e periféricas.

Dessa forma, diante da invisibilidade da condição feminina na Lei de Execução Penal, podem ser citadas as suas vivências nos espaços prisionais em condições insalubres, com falta de insumos de higiene e adequação de estrutura às lactantes e mães, ausência de acesso ao trabalho e educação, falta de apoio familiar e, quando cumpridas as suas penas, um estigma permanente que as acompanhará pelo resto das suas vidas.

Referências

AKOTIRENE. Carla. *Interseccionalidade.* São Paulo: Pólen, 2019.

ARAÚJO, Elita Isabella Morais Dorvillé; PIMENTEL, Elaine. Forasteiras de dentro:uma contribuição feminista e antirracista para a criminologia contempranêa. *In:* MENDES, Soraia; SANTOS, Michelle Karen (Org.) *Autonomia dos Corpos criminalização, interseccionalidades e vitimização.* Col. Criminologias Feministas. vol. 1. Blimunda, São Paulo, 2021.

ANDRADE, Vera Regina Pereira de. Criminologia e Feminismo: da mulher como vítima à mulher sujeito da construção da cidadania. *Revista Sequência.* Santa Catarina, Florianópolis: EdUFSC, v. 18, n. 35, p. 42-49, 1997.

BOURDIEU, Pierre. *O poder simbólico.* Rio de Janeiro: Bertrand Brasil, 1989.

CARNEIRO, Sueli. *A construção do outro como não ser como fundamento do ser.* Tese (doutorado) em Educação. São Paulo: Universidade de São Paulo, 2005.

CASTEL, Robert. *As metamorfoses da questão social*: uma crônica do salário. 9 ed. Petrópolis: Vozes, 2020.

CISNE, Mirla. Relações sociais de sexo, "raça"/etnia e classe: uma análise feminista-materialista. *Temporalis*, v. 14, n. 28, p. 133-149, Brasília, 2014.

CURY, Jessica Santiago; MENEGAZ, Mariana Lima. Mulher e o cárcere: uma história de violência, invisibilidade e desigualdade social. In: *Seminário Internacional Fazendo Gênero, 11& 13thWomen's Worlds Congress, Anais [...].* Florianópolis. 2017.

DAVIS, Angela. *Mulheres, raça e classe.* São Paulo: Boitempo, 2016.

DAVIS, Angela. *Estarão as prisões obsoletas?* 4. ed. Rio de Janeiro: Difel, 2019.

DEVREUX, Anne-Marie. A teoria das relações sociais de sexo: um quadro de análise sobre a dominação masculina. *Sociedade e Estado*, v. 20, p. 561-584, 2005.

FAIR, Helen; WALMSLEY, Roy. *World Female Imprisonment List:* Women and girls in penal institutions, including pre-trial detainees/remand prisoners. 15 ed. 2022. Disponível em: https://www.prisonstudies.org/sites/default/files/resources/downloads/world_female_imprisonment_list_5th_edition.pdf. Acesso em: 24 abri. 2023.

GOG. *Carta a Mãe África.* Disponível em: https://www.letras.mus.br/gog/872766/. Acesso em: 9 de jul. de 2023.

IZQUIERDO, M. J. *Bases materiais del sistema sexo/gênero.* São Paulo: SOF, 1992. Mimeografado.

KLANOVICZ, Luciana Rosar Fornazari; DE ARAÚJO BUGAI, Fernanda. MULHERES NO CÁRCERE: A estrutura do sistema prisional e a construção do gênero no Brasil. *Revista História & Perspectivas*, v. 31, n. 59, p. 80-97, 2018.

LARAGNOIT, Isabela. Controle dos corpos femininos: da feminilidade ao encarceramento. *In:* MENDES, Soraia; SANTOS, Michelle Karen (Org.) *Autonomia dos Corpos criminalização, interseccionalidades e vitimização.* Col. Criminologias Feministas. vol. 1. Blimunda, 2021.

NETTO, José Paulo. Uma face contemporânea da barbárie. In: BRAZ, Marcelo. (Org.) *José Paulo Netto:* ensaios de um marxista sem repouso. São Paulo: Cortez, p. 56-88, 2017.

MBEMBE, Achille. *Necropolítica*: Biopoder, soberania, estado de exceção, política de morte. N-1 edições, 2018.

ROSA, Camila Simões; ONOFRE, Elenice Maria Cammarosano. Mulher, negra e encarcerada: reflexões sobre processos de opressão. *In:* MATTOS, Carmen Lúcia Guimarães de. *Mulheres Privadas de Liberdade:* vulnerabilidades, desigualdades, disparidades socioeducacionais e suas intersecções de gênero e pobreza. Paco Editorial, São Paulo, 2016.

SILVA, Lara Ferreira da; OLIVEIRA, Luizir de. O Papel da Violência Simbólica na Sociedade por Pierre Bourdieu/The Role of Symbolic Violence in Society by Pierre Bourdieu. *Revista FSA (Centro Universitário Santo Agostinho)*, v. 14, n. 3, p. 160-174, Teresina, 2017.

PARTE II

O CÁRCERE EM PERNAMBUCO: ONTEM E HOJE

4. A CASA DE DETENÇÃO: UMA ANÁLISE SOBRE A HISTÓRIA E A FUNÇÃO DO CÁRCERE EM PERNAMBUCO

Amanda Claudino de Souza[1]

Introdução

Ao longo do séc. XIX, as instituições prisionais assumiram um papel central nas políticas de controle social que estavam se desenvolvendo no Brasil. No pós-independência, sobretudo com a Constituição de 1824 e o Código Penal de 1830, a pena de prisão, com seu caráter reformador e já dominante nos Estados Unidos e em países da Europa, surge como alternativa às punições públicas e físicas dos corpos que imperavam no período colonial, principalmente no que diz respeito à população livre. Isso trouxe, também, a necessidade de criação de novas estruturas carcerárias que refletissem a visão moderna das elites dominantes do país e permitissem o controle dos estratos sociais marginalizados.

Com isso, a partir de meados daquele século, diversos estabelecimentos prisionais foram erguidos em todo o território na-

1 Bacharel em Jornalismo e em Direito pela Universidade Federal de Pernambuco – UFPE. Especialista em Direitos Humanos pela Universidade Católica de Pernambuco – UNICAP.

cional, sob a influência de ideias arquitetônicas e penitenciárias em voga no mundo. Uma das maiores províncias do Império, Pernambuco também vivenciou essa experiência com a construção da Casa de Detenção do Recife, inaugurada em 1855. Apesar de ter sido idealizada para receber apenas suspeitos em situação de averiguação policial e indiciados em crime, o fato é que esse espaço se tornou o epicentro do sistema prisional pernambucano até o encerramento das suas atividades, 118 anos depois.

Diante desse cenário, a proposta deste capítulo é apresentar, por meio de um estudo qualitativo, de caráter exploratório, o contexto que deu origem à reforma prisional do séc. XIX no Brasil, bem como examinar a sua implementação, particularmente em Pernambuco. Além disso, o capítulo também oferecerá um panorama acerca da função de encarceramento político que a Casa de Detenção do Recife desempenhou durante o Estado Novo e a Ditadura Militar, até o seu fechamento. A partir da experiência da Casa de Detenção, espera-se compreender quais as funções desempenhadas por este estabelecimento nos períodos mencionados e avaliar sua contribuição para o fortalecimento da prisão-pena no país.

Da Colônia ao Império: antecedentes da reforma prisional

Desde o início do empreendimento colonial, distintas práticas punitivas foram adotadas no Brasil, que se relacionavam diretamente ao contexto histórico-social vivenciado no país. Para Batista (2004), até o advento da República, é possível identificar a existência de dois sistemas penais, com características peculiares e estratégias próprias, que se sucederam no tempo com o objetivo de garantir a própria persistência do estado de coisas: o colonial-mercantilista e o imperial-escravista.

Até que o Brasil se tornasse "independente" de Portugal, em 1822, as relações que se desenvolviam entre a população livre eram regidas pela legislação portuguesa. As Ordenações Afonsinas, que estavam em vigor no momento da chegada dos colonizadores ao Brasil, e as Ordenações Manuelinas, que vigoraram de 1521 a 1603, contudo, exerceram pouca ou nenhuma influência sobre a nova colônia. Conforme apontam Zaffaroni *et al.* (2011, p. 413), mesmo após a reforma da legislação, "na prática, o poder punitivo era exercido desregulada e privadamente".

Batista (2004), por sua vez, identifica no sistema colonial-mercantilista uma incorporação geográfica da América Latina aos usos punitivos do mercantilismo vigentes na Europa. Assim, a pena de degredo se reinventou para atender às primeiras necessidades por mão de obra do novo empreendimento colonialista. O Brasil se transformou no destino dos "escombros humanos do mundo feudal" (BATISTA, 2004, p. 105) enviados por Portugal, seja pela imposição do degredo, seja por meio do direito de couto e homizio, que autorizavam o envio dos transgressores da lei à colônia - uma forma de garantir sua ocupação e povoamento. A redução do degredo coincidiu com o aumento da pena de galés, o que sugere a necessidade de outras formas de mão de obra na colônia.

Já a partir do séc. XVI, a pena de morte passa a ser utilizada de forma intensiva na Europa. As Ordenações Filipinas, editadas no início do séc. XVII, reproduzem, em matéria penal, a mesma ferocidade dos compilados anteriores, com cominação excessiva de penas corporais e de morte (ZAFFARONI *et al.*, 2011). Na prática, contudo, sua adoção ocorreu com menor frequência do que o efetivamente previsto nas Ordenações - ao menos no que diz respeito à população livre.

Conforme relembra Batista (2004), no entanto, era no âmbito do direito penal privado, dentro das unidades produtivas, sobre o corpo da população escravizada, que se realizavam as maiores crueldades do período colonial. O sistema penal colonial-mercantilista, portanto, se desenvolve sobretudo a partir das relações que se desenvolvem entre senhores e cativos. Esse poder punitivo doméstico não é regulado pelas legislações que são importadas de Portugal, sendo exercido de forma desmesurada pelos senhores – eles próprios, portanto, criadores, executores e julgadores de suas próprias leis (FLAUZINA, 2009). Na mesma direção, resumem Zaffaroni *et al.* (2011, p. 411-412) que "os usos punitivos do mercantilismo, concentrados no corpo do suspeito ou condenado – na reinvenção mercantil do degredo, nas galés, nos açoites, nas mutilações e na morte - encontram-se, na colônia, praticados principalmente no âmbito privado".

A Proclamação da Independência dá início ao que Batista (2004) chama de sistema punitivo imperial-escravista. As origens desse sistema, no entanto, remontam às revoluções burguesas que estavam transformando a Europa há alguns séculos, com a expansão de ideias como os princípios da legalidade e da proporcionalidade das penas e a igualdade na aplicação das punições. Diante desse cenário, o autor pondera que

> [...] o sistema penal do Antigo Regime, com a predominância investigatória da tortura e seu correlato produto probatório, a confissão, seus espetáculos macabros de execuções públicas, sua corporalidade direta e grosseira, estava sendo substituído, não direi por algo melhor mas certamente por algo diferente (BATISTA, 2004, p. 109).

O amadurecimento do modo de produção capitalista na Europa, cujas bases estão no fortalecimento dessa burguesia, passa a exigir um sistema punitivo que se adeque não apenas à racionalidade iluminista, mas principalmente às necessidades desse novo sistema produtivo. Na Inglaterra dos séculos XV e

XVI, por exemplo, as cidades foram ocupadas por uma grande massa de trabalhadores expropriados de suas terras, que foram "convertidos em mendigos, vagabundos, às vezes bandidos, porém, em geral, numa multidão de desempregados" (MELOSSI, 2006, p. 34).

Para reprimi-los, em um primeiro momento, houve a proliferação de uma legislação impiedosa e violenta. Contudo, com o passar dos anos, ganhou força um movimento que buscava transformar essa parcela da população em mão de obra operária, por meio do trabalho obrigatório e da disciplina. A experiência do Castelo de Bridewell, ainda no séc. XVI, onde os internos eram submetidos, em geral, ao trabalho têxtil, parece ter sido tão exitosa que, em um curto espaço de tempo, *houses of correction* podiam ser observadas em diversas partes da Inglaterra (MELOSSI, 2006).

Também na Holanda, na transição do séc. XVI para o XVII, foram instituídas casas para o recolhimento de jovens infratores, ladrões, vagabundos e mendigos, que eram submetidos ao trabalho obrigatório por um período determinado, com sentenças que deveriam levar em consideração os delitos cometidos. Melossi (2006) explica que a instituição era composta por celas não individuais, sendo o trabalho praticado dentro desses espaços ou no pátio central, a depender da estação do ano; havia, assim, uma reprodução da manufatura, modelo produtivo dominante à época.

O trabalho desenvolvido nessas casas, de forma monopolista, consistia na raspagem de uma madeira até que esta se transformasse em pó, do qual era retirado um pigmento para o tingimento de fios.[2] Para isso, os internos utilizavam uma ser-

2 A madeira utilizada na Rasphuis provinha do pau-brasil, cuja exploração e comércio pelos colonizadores portugueses iniciaram ainda nos primeiros anos do séc. XVI. Depois de chegar a Lisboa, o pau-brasil era enviado para outras cidades, incluindo Amsterdã (PESSOA, 2014).

ra de várias lâminas – uma atividade exaustiva e com resultado inferior àquele obtido quando a pulverização da madeira era executada em um moinho. Para Melossi (2006), a escolha por esse método de trabalho se justificava tanto na possibilidade de maior obtenção de lucro quanto na possibilidade de domesticação dos internos, em geral, ex-camponeses. Em síntese,

> [...] quando se trata de colocar o problema da gestão de um setor da força de trabalho que é necessário disciplinar e inserir compulsoriamente no mundo da manufatura, tende-se a escolher aquele processo produtivo que tornava o operário mais dócil e menos munido de um saber e de uma habilidade próprios que lhes fornecessem meios de resistência (MELOSSI, 2006, p. 45).

Tais modelos institucionais são considerados como precursores das prisões modernas (ZAFFARONI *et al.*, 2011). Percebe-se que se antes da ascensão do capitalismo o cárcere tinha como principal função servir como espaço de custódia para indivíduos à espera de julgamento ou do cumprimento da pena propriamente dita, após as revoluções burguesas a pena privativa de liberdade e a prisão passam a ocupar um lugar privilegiado nos sistemas punitivos da Europa. Como aponta Cesar (2013, p. 2), a racionalidade punitiva, nesse momento, funda-se "já não em tirar a vida, mas em beneficiar-se dela". Assim, no séc. XVIII, a privação de liberdade passa a ser amplamente utilizada, sobretudo para delitos de menor gravidade.

Há, ainda, outras experiências do período que merecem destaque pelo papel que desempenharam no desenvolvimento do sistema prisional à época. A primeira delas é o panóptico, um modelo arquitetônico (e mais do que isso) proposto pelo filósofo inglês Jeremy Bentham, a partir de um projeto desenvolvido pelo seu irmão, o engenheiro Samuel Bentham. Jeremy amplia o conceito do panóptico, enxergando-o como uma forma de possibilitar o controle de pessoas que precisavam ser mantidas sob constante vigilância, a exemplo do que ocorre em hospitais, escolas e, obviamente, em prisões.

Em linhas gerais, o plano proposto por Bentham consistia em um edifício circular, com celas ocupando a extensão da circunferência; separados uns dos outros, a comunicação dos internos era impedida. No centro do círculo, estaria uma torre, que seria utilizada para a observação de toda a construção. Resume o autor que a essência do seu projeto está na "*centralidade* da situação do inspetor, combinada com os dispositivos mais bem conhecidos e eficazes para ver sem ser visto" (BENTHAM, 2008, p. 28, grifos do autor). Assim, a estrutura panóptica garantia não apenas que os internos sentissem estar, a todo o tempo, sob vigilância, mas também que o inspetor conseguisse, efetivamente, vigiar a maior quantidade de pessoas possível ao mesmo tempo.

A segunda experiência a ser apresentada relaciona-se com o panoptismo benthamiano, mas se desenvolve nos Estados Unidos, na passagem entre os séculos XVIII e XIX. Como explica Pavarini (2006), em um cenário de decadência das *workhouses* norte-americanas, cuja inspiração remonta às casas de correção inglesas, se desenvolveu a contribuição mais original do país ao sistema punitivo da época: a penitenciária.

O sistema penitenciário norte-americano surgiu na Pensilvânia, a partir da ação de *quakers* que propunham novas formas de reabilitar criminosos. Assim, em 1790, iniciou-se um movimento para a criação de uma instituição para a execução da pena de prisão, cujo fundamento estaria no isolamento celular, no silêncio e na prática da meditação e da oração. A despeito do fato de ser considerado como um sistema humano, suicídios e transtornos mentais eram registrados como efeitos da reclusão.

Vale ressaltar que, inicialmente, neste projeto, segundo Pavarini (2006), o trabalho exercia uma função terapêutica. Contudo, posteriormente, o trabalho produtivo passou a ser reintroduzido no cárcere, como uma resposta às críticas relacionadas à não transformação dos presos em trabalhadores.

Um novo sistema penitenciário foi concebido como resposta às problemáticas do modelo pensilvânico. A experiência, dessa vez, foi realizada na penitenciária de Auburn, em Nova Iorque, e se fundamentava no confinamento solitário noturno e no trabalho coletivo durante o dia, regido por uma regra estrita de manutenção do silêncio. Para Pavarini (2006), a originalidade desse modelo consistiu na adoção do trabalho produtivo em um formato semelhante àquele existente nas fábricas. Dele, derivavam regras relativas a questões como educação e disciplina.

Ensina Aguirre (2017) que todos esses elementos desempenharam um papel fundamental na configuração do sistema de punição do Brasil no período pós-Independência, uma vez que despertaram o interesse das autoridades latino-americanas em relação à incorporação de novas técnicas de punição nos Estados em processo de formação da região. Como resume Cesar (2013, p. 34), tais ideias "constituíram a pedra de toque do reformismo-penal carcerário oitocentista".

Importa anotar, contudo, que no caso dos estados da América Latina, o aparecimento da prisão-pena não se relacionou com o processo de industrialização e com a necessidade de transformar delinquentes em operários, como havia ocorrido na Europa. Na verdade, além de ser resultado do fascínio das elites locais com a modernidade, o cárcere funcionava como instrumento que permitia a diferenciação social e o controle, sobretudo aquele que se executava sobre as classes populares marginalizadas – no caso do Brasil, a população escravizada. Nesse sentido, Albuquerque Neto (2017) reforça que a prisão desempenhava um duplo papel: revelar o esclarecimento das elites brasileiras no que diz respeito à função da pena e retirar do meio da sociedade aqueles que representavam uma ameaça à ordem vigente.

O Brasil e a reforma prisional do século XIX

No que tange ao Brasil recém-independente, o impacto dessa herança liberal pôde ser visto, inicialmente, nas legislações do período. Nesse contexto, a Constituição de 1824, em seu art. 179, elencou diversas garantias civis e políticas para os cidadãos brasileiros – categoria que não incluía a população escravizada.[3] Assim, nos incisos XIX e XX do referido artigo, a primeira carta constitucional do país determinou que nenhuma pena passaria da pessoa do delinquente, além de abolir os açoites, a tortura, a marca de ferro quente e todas as penas mais cruéis - exceto, como visto, para os escravizados. Sobre as cadeias, determinou que estas deveriam ser seguras, limpas e bem arejadas (art. 179, XXI). Por fim, dispôs ainda que deveriam ser editados, com brevidade, códigos civis e criminais (art. 179, XVIII).

A partir dessa prescrição, o Poder Legislativo deu início às discussões para as edições dos primeiros códigos nacionais. Em 1830, foi promulgado o Código Criminal, que inaugurou a pena de prisão no país, nas formas simples e com trabalho.[4] O texto ain-

3 O conceito de cidadania do período estava consagrado no art. 6º, I, da Constituição de 1824, que considerava cidadãos brasileiros aqueles que tivessem nascido no Brasil, desde que "ingênuos ou libertos". Portanto, como explica Wehling (2006), os escravizados eram considerados como habitantes não cidadãos do País.

4 Estabelecia o Código Criminal, em seu art. 46, que na pena de prisão com trabalho os réus seriam obrigados a executarem trabalhos diários dentro das prisões, observando as sentenças e os regulamentos policiais dos estabelecimentos. Já sobre a pena de prisão simples, o art. 47 determinava que

da previa as penas de morte, galés, banimento, degredo, desterro, multa, suspensão ou perda do emprego, e açoites - esta última direcionada apenas aos escravizados, nas hipóteses de não serem estabelecidas a pena capital ou a de galés (DANTAS; COSTA, 2018). À população escravizada, portanto, era incabível a imposição da pena de prisão. Como analisa Batista (2004, p. 110) sobre o legado liberal, "as 'luzes' se refletiam apenas nos corpos brancos".

O controle punitivo do período é reforçado, posteriormente, com o Código de Processo Criminal, que entrou em vigor em 1832, com disposições sobre a organização da Justiça, a forma do processo e algumas normas provisórias relacionadas à justiça civil. O novo diploma, contudo, foi alvo de severas críticas e, pouco tempo após sua aprovação, já se apontava a necessidade de sua revisão, o que ocorreu efetivamente na década seguinte (DANTAS, 2020).

Com a reforma de 1841, as atribuições conferidas aos prefeitos de comarca, por exemplo, foram repassadas aos delegados e subdelegados de polícia, que eram subordinados ao chefe de polícia e, sucessivamente, ao presidente da província e ao Ministro da Justiça. Assim, o Governo Central passou a concentrar os poderes de justiça e policiamento que, até então, estavam nas mãos dos governos locais. O exercício da força física, no entanto, cabia aos aparatos do policiamento militarizado (ALBUQUERQUE NETO, 2017).

Havia, ainda, as posturas municipais. Herança do direito português, essas infrações administrativas eram editadas pelas Câmaras Municipais, conforme autorização da Lei de 1º de Outubro de 1828, e buscavam regular o cotidiano das cidades, por meio de multas ou aprisionamentos. O primeiro Código de Pos-

---

os réus deveriam permanecer reclusos nas prisões públicas pelo tempo previsto na sentença. Ambas poderiam ser perpétuas.

turas do Recife foi publicado em 1831, e novas edições, atualizadas, entraram em vigor nos anos de 1849 e 1873.

> As posturas da Câmara Municipal legislavam sobre diversos aspectos que tangem ao cotidiano das classes populares, incluindo aí a escravaria. Só com a observação dos títulos é possível verificar que o interesse das elites era disciplinar essa camada da população, fazendo com que suas atividades e hábitos pudessem, ao máximo, passar despercebidos e sem incomodar os demais. (ALBUQUERQUE NETO, 2017).

Com a solidificação da pena de prisão como a principal forma de punição pública do Império, emergiu a problemática da escassez de instalações adequadas para o recebimento dos condenados, uma vez que, "em geral, a situação carcerária do Império era bastante precária" (PESSOA, 2014). É nesse contexto que, inspirando-se nas experiências estrangeiras já apresentadas, o Brasil deu início, na década de 1830, à sua reforma prisional, materializando as ideias modernas na construção de novos estabelecimentos prisionais em todo o território nacional.

Além de prever a pena de prisão simples e com trabalho como principal punição para os crimes cometidos à época,[5] o Código Criminal de 1830 também estabelecia condições para seu efetivo cumprimento. Assim, em seu art. 48, o diploma de-

---

5 Juntas, tais penas representavam quase metade das prescrições previstas no Código Criminal de 1830. Análise elaborada por Costa (2013) revela que a pena de prisão simples representava 21,32% das prescrições; e a de prisão com trabalho, 27,9%. *In:* COSTA, Vivian Chieregati. Codificação e formação do Estado-nacional brasileiro: o Código Criminal de 1839 e a positivação das leis no pós-Independência. 2013. Dissertação (Mestrado em Filosofia) - Instituto de Estudos Brasileiros, Universidade de São Paulo, São Paulo, 2013.

terminava, como regra, que tais punições deveriam ser cumpridas nas prisões públicas que oferecessem maior comodidade e segurança e que fossem mais próximas dos locais de ocorrência do delito. Ainda, o art. 49 definia que enquanto as prisões com arranjos necessários para o trabalho dos réus não fossem organizadas, as penas de prisão com trabalho deveriam ser substituídas pela de prisão simples, sendo acrescidas de mais 1/6 do período original da sentença.

Ocorre que, como visto, durante o período colonial, a prisão não era o elemento central do sistema punitivo brasileiro. Como anota Aguirre (2017), enquanto colônias, as cadeias existentes nos diversos países da América Latina eram utilizadas apenas como espaços temporários para detenção de pessoas que estivessem aguardando seus julgamentos ou a execução da pena – o que não reduz a sua relevância enquanto espaço de exercício de poder, como relembra Cesar (2013), cujo resultado podia ser visto no empobrecimento e na estigmatização de quem por ali passava.[6]

Assim, apesar da determinação legal, o fato é que, por muito tempo após a publicação da Constituição de 1824 e do Código Criminal de 1830, o sistema carcerário do império permaneceu o mesmo do período colonial (ARAÚJO, 2007). Embora o Brasil tenha sido, em 1834, o primeiro país da América Latina a iniciar a construção de uma penitenciária, a Casa de Correção da Corte, 16 anos transcorreram até o início de suas atividades, devido a desafios financeiros e políticos (AGUIRRE, 2017).

Araújo (2007, p. 149) explica que as discussões para a construção desse estabelecimento correcional iniciaram em 1831, com a Sociedade Defensora da Liberdade e Independência Nacional,

6 Resume o autor que esses espaços ocupavam "um lugar relevante no longo processo de canalização do poder de punir e de estandardização das formas penais" (CESAR, 2013, p. 34), sendo peças importantes do sistema de punição do período.

"agremiação política representativa do pensamento e da ação dos liberais moderados que haviam conquistado a Regência e pretendiam colaborar no combate aos restauradores e na preservação da ordem pública". Naquele ano, o grupo elaborou um projeto para a construção da Casa de Correção e Trabalho da Corte, inspirado no panóptico benthamiano, com quatro raios ao redor da torre central,[7] que foi apresentado ao Tesouro Público Nacional. Atentos às discussões da época, foi sugerido que o regime penitenciário a ser adotado seria o que melhor se adequasse à prática local. A proposta era que a nova prisão fosse construída no antigo Paço do Senado, o que não foi aceito pelo Governo Regencial.

Após um novo local ter sido encontrado, o Governo Regencial deu início às obras em 1834, com a participação de detentos de outras prisões. A inauguração do edifício ocorreu em 1850, apenas com dois raios, ainda em obras. O primeiro pavilhão só foi finalizado em 1853. Conforme Araújo (2007), na década de 1860, o espaço reunia cinco estabelecimentos penais: casa de correção, casa de detenção, calabouço, depósito de africanos livres e Instituto dos Menores Artesãos, cada um com suas próprias funções.

Durante o período de edificação da Casa de Correção da Corte, diversos outros estabelecimentos prisionais começaram a ser construídos nas províncias do país, como elenca Cesar (2013). Em São Paulo, por exemplo, as obras seguiram de 1838 a 1852, enquanto em Fortaleza, a construção teve início em 1851 e foi concluída em 1866. A Casa de Correção de Porto Alegre foi inaugurada em 1855; e a de Salvador, em 1861. O espírito reformista que se alastrou pelo País também alcançou a capital da Província de Pernambuco, uma das maiores do Império, como se verá a seguir.

---

7 Anote-se que a maioria das prisões construídas na Europa com base na arquitetura benthamiana não abraçou integralmente sua proposta original. As penitenciárias brasileiras também se inspiraram no panóptico, mas nenhuma delas seguiu o projeto inicial (TRINDADE, 2008).

O nascimento da Casa de Detenção do Recife

Aos fins da década de 1810, a província de Pernambuco reunia a quarta maior população livre e a quinta maior população escravizada do Império. Ao todo, estima-se que 368.465 pessoas habitavam o território pernambucano à época. A presença humana era forte inclusive nas regiões do interior da província, devido à ocupação holandesa e a atividades como a criação de gado e a produção algodoeira, que ocorreram ao longo do período colonial (GONÇALVES, 2016).

Ao longo do séc. XIX, a província enfrentou diversos movimentos sociais, a exemplo da Revolução de 1817 e da Revolução Praieira, até mesmo com a participação de todas as classes populares. O exercício do controle social dessas manifestações se mostrava dificultoso, sobretudo por causa da grande população e do povoamento de todo o território da província. Para Gonçalves (2016), esse cenário impulsionou a necessidade de criação de instrumentos que auxiliassem no controle social das manifestações – entre eles, a organização do sistema carcerário.

Uma carta régia de 1709 marcou a elevação de Recife à condição de vila, separando-o de Olinda. Assim como o pelourinho e a igreja, a Casa de Câmara e Cadeia, herança portuguesa, era uma estrutura que marcava esse processo de transição, figurando "no primeiro plano do quadro das nossas vilas e cidades, nos primeiros quatrocentos anos de vida no país" (BARRETO, 1947, p. 23). Não à toa, esse edifício costumava ser construído na praça central, ao lado do mercado e da igreja. Nesses edifícios, havia salas destinadas para os serviços camarários e para os da judicatura, além de outros destinados à prisão.

À época, a administração local era exercida pelos oficiais da câmara, que eram escolhidos mediante eleições indiretas. Assim, havia, em regra, os juízes ordinários ou da terra, que se alternavam na presidência da câmara; os vereadores; e o procurador, que também podia acumular as atividades da tesouraria, além de outros cargos, a depender da estrutura do conselho municipal. No caso dos mais importantes, havia ainda a figura do juiz-de-fora, cuja nomeação era realizada pelo governo geral (BARRETO, 1947).

A própria arquitetura da Casa de Câmara e Cadeia revelava a divisão dessas atividades. Enquanto os andares superiores eram destinados às atividades administrativas e judiciais, comportando até salas específicas para a realização de audiências, sessões dos vereadores, secretaria e arquivo, os espaços inferiores e ao fundo do prédio eram dedicados às dependências da cadeia. As salas de cima, conforme Gonçalves (2016), eram ocupadas, em geral, pelos presos em custódia ou por aqueles mais qualificados, além de comportarem espaços como o quarto dos carcereiros, do corpo da guarda e da enfermaria. Já o andar térreo do edifício abrigava as prisões propriamente ditas, as enxovias - quartos com grades de madeira ou de ferro, sem portas, acessíveis apenas por um alçapão localizado no teto.

A Casa de Câmara e Cadeia do Recife foi inaugurada em 1732 – mais de vinte anos após a sua elevação à condição de vila – e se transformou na principal prisão da capital da província e da comarca do período (ALBUQUERQUE NETO, 2017). Localizado no bairro de Santo Antônio, o edifício era composto por dois andares e seguia o modelo já apresentado: no segundo andar, estava a câmara municipal, além de espaços que abrigavam os presos sem pronúncia, a enfermaria e a habitação do carcereiro. O térreo, por sua vez, era separado em enxovias, onde estavam os condenados por crimes, inclusive às galés (GONÇALVES, 2016).[8]

8 Localizado na atual Rua do Imperador, o edifício no qual funcionou a Casa de Câmara e Cadeia é, hoje, a sede do Arquivo Público de Pernambuco.

Albuquerque Neto (2017) ressalta que, durante toda a sua história, o espaço foi marcado pela insegurança, por péssimas condições de higiene e pela superlotação, uma vez que recebia presos de toda comarca, que incluía as cidades de Olinda e Igarassu. Como forma de reduzir a superlotação, o edifício ganhou um novo andar, ao fim da década de 1770 e, em 1824, as instalações da Câmara foram transferidas para outro local. As queixas relacionadas ao edifício, contudo, continuaram recorrentes e abrangiam desde problemas com a alimentação e as condições de saúde oferecidas aos presos até a localização do edifício. Nem mesmo a realização de reformas foram suficientes para reverter a situação.

Acrescenta Albuquerque Neto (2017) que o aparato carcerário do Recife era composto, também, por instalações como a fortaleza do Brum, utilizada para o aprisionamento de escravizados e de presos políticos, e as presigangas, espécie de navio-prisão, que foram usadas, por exemplo, para a reclusão de presos políticos envolvidos na Revolução Praieira. Além disso, diversas comarcas da província dispunham de cadeias de grande porte, em geral, preservando a estrutura das Casas de Câmara e Cadeias - em 1856, estima-se que existiam, em todo o território, sete cadeias com capacidade para mais de 25 presos (GONÇALVES, 2016). Por fim, havia ainda a ilha de Fernando de Noronha – registros da presença de indivíduos condenados às penas de degredo e de galés, bem como de militares, na ilha-presídio remontam aos séculos XVII e XVIII (Pessoa, 2014).

Em meio a esse cenário e à necessidade de transformar em prática as determinações da Constituição e do Código Criminal acerca da pena de prisão, o Poder Legislativo começou a promover discussões relacionadas à construção de um novo estabelecimento prisional para o Recife. Esse movimento teve início ainda nos anos de 1830, com a aprovação de resoluções e a apresentação de propostas para a construção de uma Casa de Correção na cidade. Todavia, foi apenas no fim da década de 1840 que a discussão ganhou força (ALBUQUERQUE NETO, 2017).

Em julho de 1848, o projeto da nova prisão começou a ser efetivamente discutido no Legislativo, com a apresentação de uma proposta do engenheiro e deputado José Mamede Alves Ferreira. Após longos debates relacionados, por exemplo, à finalidade da prisão e à forma de separação dos presos dentro do estabelecimento, foi aprovado um projeto para a construção de uma Casa de Detenção, com capacidade para 200 presos. No entanto, como destaca Albuquerque Neto (2017), o estabelecimento, uma vez inaugurado, também abrigou indivíduos condenados a penas de prisão simples e trabalho. No mesmo sentido, Gonçalves (2016) chama atenção para o fato de que

> [...] por conta das divergências que surgiram na assembleia e das emendas que recebeu, o texto da lei para a criação do estabelecimento ficou ambíguo, pois, apesar de no primeiro artigo o estabelecimento ser chamado de Casa de Detenção, no seguinte dizia-se que os presos seriam separados conforme a natureza dos seus crimes - separação que só poderia ocorrer após a condenação dos réus. Ou seja, tal artigo deu condições para que a casa assumisse um papel maior do que o projeto original previa. (GONÇALVES, 2016, p. 157)

O próprio José Mamede Alves Ferreira foi encarregado da elaboração do projeto relativo à planta do novo estabelecimento, bem como do orçamento do edifício, que recebeu aprovação da Presidência da Província em janeiro de 1850. Naquele mesmo ano, o engenheiro assumiu o cargo de diretor da Repartição das Obras Públicas (ROP), o que lhe permitiu acompanhar pessoalmente as obras da Casa de Detenção até a inauguração de seu primeiro raio, em 1855 (ALBUQUERQUE NETO, 2017).

Consciente das tendências arquitetônicas do período, o projeto de José Mamede Alves Ferreira para a Casa de Detenção do Recife consistia em um edifício panóptico na versão radial, em forma de cruz. A torre central de observação estava no raio norte do edifício e, a partir dela, era possível ter uma visão ampla dos outros raios, nos quais estavam localizadas as celas, que podiam comportar três, cinco ou sete presos, conforme exigência da comissão responsável pela aprovação da obra. Além disso, o planejamento da edificação ainda contemplou a organização dos espaços e a questão da higiene, aspectos que haviam sido alvos de críticas na Cadeia do Recife (ALBUQUERQUE NETO, 2017).

As obras da Casa de Detenção foram iniciadas ainda em janeiro de 1850, pela própria administração provincial. O terreno escolhido para o edifício foi um alagado às margens do Rio Capibaribe, nas proximidades da Rua da Concórdia e da Ponte da Boa Vista. Sobretudo por questões orçamentárias, uma vez que os gastos eram muito maiores do que o orçado, mas também devido a problemas como a falta de trabalhadores e de materiais, a construção seguiu em ritmo lento (ALBUQUERQUE NETO, 2017). Enquanto isso, a cadeia do Recife continuava a receber novos detentos, sem que houvesse a correta separação entre eles. Para o pensamento dominante da época, isso significava que eles "saíam mais corrompidos do que haviam entrado" (GONÇALVES, 2016, p. 162).

O primeiro raio da Casa de Detenção, o raio norte, só foi finalizado em 1855. Um motim e uma tentativa de fuga ocorridos na cadeia no dia 23 de abril apressaram a sua inauguração. A transferência dos presos, com exceção dos doentes, ocorreu no fim daquele mesmo mês. Assim, desde o início do seu funcionamento o novo estabelecimento recebeu "indiciados, pronunciados ou em custódia – grupo previsto para uma casa de detenção – mas também os galés, os condenados à prisão simples ou com trabalho" (GONÇALVES, 2016, p. 163). Ressalta a autora, ainda, que devido à quantidade de presos, não foi possível distribuí-los conforme inicialmente previsto. Os raios sul e leste foram concluídos em 1860 e 1867, respectivamente, marcando a conclusão integral da obra.

A pena de prisão e a Casa de Detenção

Para organizar a operação da Casa de Detenção, um regulamento, marcado por um discurso fortemente correcional, foi emitido pela Presidência da Província em agosto de 1855. O art. 1º do documento reitera que a principal função do edifício era servir de custódia para indivíduos suspeitos, durante investigações policiais, e para aqueles indiciados em crimes. Excepcionalmente, o estabelecimento também poderia abrigar, de forma temporária, presos de correção ou sentenciados, enquanto aguardavam a designação de um local apropriado para o cumprimento de suas penas.

Mesmo não sendo um local destinado para a execução da pena de prisão com trabalho, o regulamento previa situações em que os presos poderiam exercer atividades. Em primeiro lugar, o art. 14 estabelecia que os serviços internos de limpeza da prisão, a exemplo da varrição, deveriam ser executados pelos escravizados ou pelos condenados a trabalhos públicos, que seriam remunerados pelos serviços prestados. A eles, não era dado, em regra, o direito de recusa à atividade. O art. 16, por sua vez, previa que todos os presos poderiam trabalhar em seus respectivos ofícios. Para tanto, eles eram autorizados a manterem seus instrumentos de trabalho durante o uso. Segundo Gonçalves (2016), no ano de 1857, foram contabilizados 95 sapateiros trabalhando em suas celas. O regulamento, contudo, não normatizou a execução da pena de prisão com trabalho (ALBUQUERQUE NETO, 2013).

No decorrer dos anos seguintes, a Casa de Detenção continuou a ser assunto de debates no Legislativo, inclusive por causa dos custos que representava para a Província. Quanto à questão do trabalho, as sugestões relacionadas à melhoria do estabelecimento iam desde a construção de oficinas de trabalho comum, cujos produtos serviriam para a manutenção dos detentos, até a idealização de um estabelecimento prisional específico para os condenados à pena de prisão com trabalho, visto que estes só deveriam permanecer por curtos períodos na Casa de Detenção (GONÇALVES, 2016).

Assim, revela a autora que, diante desse cenário, em 1862, o presidente da Província, Antonio Marcelino Nunes Gonçalves, e o administrador da Casa de Detenção, Rufino Augusto de Almeida, coordenaram a criação de oficinas de ferreiro, carpintaria, sapataria e funilaria - esses presos, inclusive, executavam reparos no edifício (ALBUQUERQUE NETO, 2013). No ano seguinte, providenciou-se a aquisição de teares para possibilitar aos presos a confecção de suas vestimentas. Essas atividades proporcionaram a redução nos custos de manutenção do presídio e, por isso, continuaram a ser estimuladas nos anos subsequentes. Percebe-se, portanto, que "as oficinas tinham como principal objetivo proporcionar aos presos condições de se sustentarem sem gastos provinciais" (GONÇALVES, 2016, p. 167).

Já àquela época, percebia-se a inconsistência entre a teoria e a prática no funcionamento da Casa de Detenção, pois, apesar de contar com oficinas de trabalho e de receber indivíduos condenados à pena de prisão, tal instituição não poderia ser considerada uma penitenciária propriamente dita. Conforme elenca Gonçalves (2016), a ausência de instrutores para ensinar os ofícios aos presos e a natureza voluntária do trabalho, que independia do tipo de condenação que haviam recebido, entre outras problemáticas, ilustravam essa discrepância. Na verdade, aquele era um estabelecimento que atendia às necessidades da província.

Em 1868, começaram a surgir questionamentos em relação à maneira pela qual as oficinas eram criadas e executadas. Argumentava-se que tais atividades não deveriam ser informais e tampouco disponibilizadas a todos os presos - apenas àqueles condenados a penas de prisão com trabalho. Aliado a isso, estava o fato de que se suspeitava que o administrador Rufino de Almeida estaria obtendo ganhos financeiros com o trabalho dos presos. Naquele mesmo ano, as oficinas foram desativadas (GONÇALVES, 2016). O tema voltou à pauta da Assembleia Provincial em outros momentos, mas, em geral, "não havia grande esforço dos deputados em transformar o trabalho da Casa de Detenção em um trabalho propriamente penitenciário" (GONÇALVES, 2016, p. 173). Para a autora, era preferível permitir que o trabalho fosse executado por todos os presos, pois isso reduziria os gastos da província.

Com o aumento da população do Recife e o endurecimento sobretudo das posturas municipais como forma de fortalecer o controle social, a Casa de Detenção passou a sentir, também, o excesso no número de encarcerados. A partir da década de 1870, a média de presos no local permaneceu sempre acima de 400, enquanto a capacidade máxima era de 270 presos (GONÇALVES, 2016).

A superlotação trouxe à tona outras dificuldades. Falta de higiene, ausência de distinção entre os presos, indefinição acerca do sistema prisional adotado, convivência contínua dos presos, carência de informações acerca do crime cometido ou da punição a ser executada e morosidade na conclusão dos processos judiciais foram alguns dos problemas destacados no artigo "Questão penitenciária", publicado em outubro de 1874 pelo Diário de Pernambuco, que traz excertos de relatório enviado pelo administrador Rufino de Almeida ao Ministério da Justiça.

Ainda, o artigo menciona a ausência da formação religiosa e do trabalho, elementos considerados essenciais para a moralização dos presos à época. Destaca o texto que, na Casa de Detenção, "os presos vegetam na mais absoluta ociosidade com prejuízo do corpo e do espírito, e em desproveito da sociedade. O único resultado que se obtém é o embrutecimento, o desenvolvimento das más paixões, o enfraquecimento do espírito, a morte do corpo" (QUESTÃO [...], 1874, p. 8).

O fato é que, até o fim do Império, foram várias as tentativas de se instituir oficinas na Casa de Detenção. As autoridades, todavia, não conseguiram consolidar um regime penitenciário efetivo no estabelecimento e nem mesmo a entrada em vigor de um novo regulamento, em 1885, conseguiu modificar esse cenário. Com o passar dos anos, a Casa de Detenção do Recife se tornou cada vez mais semelhante às cadeias tradicionais, apesar do alto investimento necessário para a sua construção e da sua imponência (GONÇALVES, 2016).

Século XX: do encarceramento político ao encerramento das atividades

Já no séc. XX, a Casa de Detenção também se transformou em um espaço de encarceramento de presos políticos. Esse movimento iniciou antes mesmo da Revolução de 1930, quando a Aliança Liberal buscava viabilizar a candidatura de Getúlio Vargas à presidência do País. Inicialmente, o sistema prisional não fazia parte da plataforma da coligação política, mas, no Recife, essa temática foi utilizada para deslegitimar a gestão de Estácio Coimbra. Assim, houve ênfase nos casos de torturas e desmandos, sobretudo àqueles relacionados à repressão de opositores políticos (BRITTO, 2019).

A insatisfação com os rumos trilhados após a vitória da Revolução de 1930, contudo, não tardou a surgir, se revelando em ações contrárias ao governo de Carlos de Lima Cavalcanti, reprimidas através de mecanismos como prisões arbitrárias. Foi o que ocorreu em 1931, quando participantes de movimentos da classe trabalhadora, considerados "contestadores", foram presos e levados à Casa de Detenção. Houve, ainda, uma tentativa de golpe, liderada pelo 21º Batalhão dos Caçadores, que foi duramente sufocada; seus participantes, por sua vez, foram perseguidos (BRITTO, 2019).

Esse sistema de repressão ganhou ainda mais força com a Intentona Comunista, em 1935, quando Getúlio Vargas reagiu aos levantes revolucionários de esquerda executados por militares, sob o comando da Aliança Nacional Libertadora (ANL). No Recife, as ações tiveram início na manhã de 24 de novembro, e ocorreram também em cidades como Olinda e Jaboatão dos Guararapes,[9] mas foram rapidamente refreadas.

Prisões em massa foram executadas em resposta ao levante. Em sua edição de 29 de novembro de 1935, o *Diário de Pernambuco* sugere que, devido ao movimento, mais de 200 militares e civis já haviam sido recolhidos à Casa de Detenção (O número [...], 1935, p. 10). Em 5 de dezembro daquele ano, estima-se que o estabelecimento prisional já abrigava mais de 400 presos políticos (Cessou [...], 1935, p. 10).

Neste mesmo dia, por determinação do Governo do Estado, a Casa de Detenção do Recife foi transformada em presídio especial, "exclusivamente destinado aos detentos por crimes contra a ordem política", sendo os presos comuns enviados à Ilha de Fernando de Noronha (A penitenciária [...], 1935, p. 12). Enquanto isso, um inquérito sobre o levante do mês anterior seguia em andamento. Após serem ouvidos, os detentos que não estive-

9 Nesta, o ponto de partida para a ação foi o 29º Batalhão de Caçadores, em Socorro – isso explica o motivo pelo qual os jornais da época se referiam ao movimento como o "Levante do Socorro".

ram envolvidos nas ações eram liberados. O relatório das investigações foi apresentado em maio de 1936, atribuindo responsabilidade a mais de 240 indivíduos (DEVERÁ [...], 1936, p. 10).

A Casa de Detenção ainda serviu para o encarceramento de presos políticos durante o Regime Militar. As primeiras notícias das prisões em massa em Pernambuco foram veiculadas já em 3 de abril de 1964; quatro dias depois, surgem as primeiras menções a torturas. Já em 15 de maio, foram publicadas as primeiras notícias concretas relacionadas a espancamentos na capital pernambucana (ALVES, 1996). Naquele mesmo ano, uma Comissão de Investigações foi criada pelo governo para aferir a veracidade das notícias relacionadas às violências praticadas contra os presos políticos no Recife.

A inspeção na Casa de Detenção ocorreu em setembro. Ao todo, a comissão afirmou ter encontrado 49 presos políticos no local, a maior parte alojada em celas do raio sul, submetidos a todos os problemas recorrentes da prisão, como sujeira e superlotação. Deste grupo, partiram os poucos relatos veiculados pela comissão sobre a prática de violências. Espancamentos, choques, afogamentos e outras formas de torturas, como o pau de arara, foram algumas das atrocidades descritas pelos presos.[10]

Também Santos (2017) ressalta a prática de torturas contra as mulheres que haviam sido encaminhadas à Casa de Detenção. Os documentos oficiais da instituição e do Departamento de Ordem Política e Social (DOPS), por exemplo, revelavam "coincidências" como a saída das detentas para prestar depoimentos e, após o retorno à prisão, o encaminhamento destas mulheres ao serviço médico. Em alguns casos, as denúncias das violências foram relatadas durante os processos judiciais.

10 O relatório está disponível em ALVES, Márcio Moreira. *Torturas e torturados*. Rio de Janeiro: Empresa PN, 1996.

A Casa de Detenção permaneceu como destino de presos políticos até a sua desativação, em 1973. A sua extinção foi efetuada por meio do Decreto 2.793, de 1º de março daquele ano, sob as justificativas de sua "obsolescência funcional", da inconveniência de sua localização e da sua incompatibilidade com os direitos inerentes à personalidade humana (Eraldo [...], 1973, p. 9). As funções penitenciárias da Casa de Detenção, que na época abrigava mais de 1200 presos (Cortês, 2012), foram transferidas para o Presídio Ministro Mourão Filho, no Recife, e para a Penitenciária Barreto Campelo, na Ilha de Itamaracá, que recebeu os presos políticos.

Celebrado nos noticiários locais, o encerramento das atividades da Casa de Detenção do Recife foi marcado pela derrubada simbólica de suas muralhas e pelo arremesso das suas chaves no Rio Capibaribe (Cortês, 2012). Esse desfecho foi um dos marcos do início de uma nova fase do sistema penitenciário pernambucano - um recomeço, novamente fundamentado sob a perspectiva da modernização.

Considerações finais

A Constituição de 1824 e, principalmente, o Código Criminal de 1830 inauguraram uma nova fase no direito brasileiro, trazendo a pena de prisão para o centro do sistema punitivo do país. Contudo, nos primeiros anos após a promulgação dessas legislações, o modelo de prisão com trabalho, visto à época em todo mundo como ferramenta fundamental para a reforma dos criminosos, enfrentou obstáculos reais para a sua implementação, devido à ausência de estabelecimentos prisionais compatíveis com a sua execução.

Nesse contexto, a construção de novas prisões se tornou uma realidade em todo o Império, com destaque para as províncias do

Rio de Janeiro, São Paulo e Bahia, onde foram erguidos verdadeiros estabelecimentos correcionais. Em Pernambuco, contudo, o Legislativo optou pela construção de uma Casa de Detenção, que teve sua finalidade desvirtuada já com a lei que autorizou a sua criação. Assim, a instituição recebeu, ao longo de sua história, não apenas indivíduos suspeitos para averiguações policiais e indiciados em crimes, mas também pessoas condenadas às mais diversas penas, inclusive as de prisão simples e com trabalho.

Ocorre, no entanto, que as oficinas de ofício, essenciais para a execução da pena de prisão, não foram formalmente implantadas na Casa de Detenção, ao menos ao longo do Império, período ao qual se dedicou este capítulo. Embora seja verdade que, em algumas ocasiões, por ação dos próprios administradores da prisão, várias oficinas tenham sido introduzidas na Casa de Detenção, estas assumiam um caráter voluntário, estando abertas a todos os detentos interessados. Percebe-se, portanto, que, em geral, o trabalho nas oficinas servia mais para reduzir os custos operacionais do estabelecimento do que para disciplinar os presos através do trabalho e reformá-los para sua reintegração à sociedade. Em resumo, percebeu-se a existência de uma complexa discrepância entre as intenções legislativas e a realidade prisional da época.

Assim, apesar de ter sido construída no seio da reforma prisional do séc. XIX, é notório que a Casa de Detenção do Recife não se revelou como um instrumento apto a reforçar a eficácia da pena de prisão com trabalho, como propunham as elites da época, mas cumpriu com o propósito velado de servir como depósito para aqueles considerados indesejáveis. Essa função, aliás, se perpetuou até o seu fechamento, na década de 1970, uma vez que a Casa de Detenção, ao longo do séc. XX, passou a receber indivíduos que se manifestavam de forma contrária aos regimes arbitrários vivenciados em momentos distintos pelo Brasil.

Referências

AGUIRRE, Carlos. Cárcere e sociedade na América Latina, 1800-1940. *In:* MAIA, C.N.; ALBUQUERQUE NETO, F. S. C.; COSTA, M.; BRETAS, M. L. (org.). *História das prisões no Brasil.* Rio de Janeiro: Anfiteatro, 2017. v. 1. *E-book.*

ALBUQUERQUE NETO, Flávio de Sá Cavalcanti de. Punir, corrigir, lucrar: o trabalho penal na Casa de Detenção do Recife na segunda metade do século XIX - experiências e repercussões. *História e Perspectivas,* Uberlândia, n.49, p. 239-266, jul./dez. 2013.

ALBUQUERQUE NETO, Flávio de Sá Cavalcanti de. Da cadeia à Casa de Detenção: a reforma prisional no Recife em meados do século XIX. *In:* MAIA, C.N.; ALBUQUERQUE NETO, F. S. C.; COSTA, M.; BRETAS, M. L. (org.). *História das prisões no Brasil.* Rio de Janeiro: Anfiteatro, 2017. v. 2. *E-book.*

ALVES, Marcio Moreira. *Tortura e Torturados.* Rio de Janeiro: Empresa PN, 1996.

A PENITENCIÁRIA e Detenção do Recife foi transformada em presídio especial para presos políticos. *Diario da Manhã,* Recife, ano 9, n. 2589, p. 12, 6 dez. 1935.

ARAÚJO, Carlos Eduardo Moreira de. Da casa de correção da corte ao Complexo Penitenciário da Frei Caneca: um breve histórico do sistema prisional no Rio de Janeiro, 1834-2006. *Cidade Nova Revista,* p. 147-161, 2007. Disponível em: http://www0.rio.rj.gov.br/arquivo/pdf/revista_agcrj_pdf/revista_cidade_nova.pdf

BARRETO, Paulo Thedim. Casas de Câmara e Cadeia. *Revista do Patrimônio Histórico e Artístico Nacional,* Rio de Janeiro, n.11, p. 9-195, 1947. Disponível em: http://portal.iphan.gov.br/uploads/publicacao/RevPat11_m.pdf

BATISTA, Nilo. Os Sistemas Penais Brasileiros. *In:* BATISTA, Nilo. *Novas tendências do Direito Penal.* Rio de Janeiro: Revan, 2004. p. 103-116.

BENTHAM, Jeremy. O Panóptico ou a casa de inspeção. *In:* BENTHAM, Jeremy. *O Panóptico.* Belo Horizonte: Autêntica Editora, 2008.

BRITO, Tásso. 1 de abril de 1964: a prisão de Gregório Bezerra e o Golpe Civil-militar em Pernambuco. *In:* SILVA, Marcília Gama; SOARES, Thiago Nunes. (org.). *Pernambuco na mira do Golpe.* Porto Alegre: Fi, 2021. v. 2. *E-book.*

BRITTO, Aurélio de Moura. *"O germe da indisciplina"*: negociações, embates e enfrentamentos coletivos na Casa de Detenção do Recife (1930-1935). 2019. Tese (Doutorado em História) – Universidade Federal de Pernambuco, Pernambuco, 2019.

CESAR, Tiago da Silva. Estado, sociedade e o nascimento da prisão na América Latina. *Métis: História & Cultura*, v. 12, n.23, jan./dez. 2013.

CESSOU a prontidão a bordo dos cruzadores. *Diario de Pernambuco*, Recife, ano 111, n. 284, p. 10, 5 dez. 1935.

CORTÊS, Joana Santos Rolemberg. *Dossiê Itamaracá:* cotidiano e resistência dos presos políticos da Penitenciária Barreto Campelo, na Ilha de Itamaracá-PE (1973-1979). 2012. Dissertação (Mestrado em História Social) - Universidade Católica de São Paulo, São Paulo, 2012.

COSTA, Homero de Oliveira. *A insurreição comunista de 1935.* Natal: EDUFRN, 2015. *E-book.*

COSTA, Vivian Chieregati. *Codificação e formação do Estado-nacional brasileiro:* o Código Criminal de 1839 e a positivação das leis no pós-Independência. 2013. Dissertação (Mestrado em Filosofia) - Instituto de Estudos Brasileiros, Universidade de São Paulo, São Paulo, 2013.

DANTAS, Monica Duarte. O Código do Processo Criminal e a Reforma de 1841: dois modelos de organização dos poderes. *Revista História do Direito*, Curitiba, v.1, n.1, p. 96-121, jul./dez. 2020.

DANTAS, Monica Duarte. COSTA, Vivian Chieregati. Regulamentar a Constituição: um novo direito penal e processual para um novo país: projetos, tramitação e aprovação dos primeiros códigos do Império do Brasil (1826-1832). *In:* WEHLING, Arno. SIQUEIRA, Gustavo. BARBOSA, Samuel. (org.). *História do Direito:* entre rupturas, crises e descontinuidades. Belo Horizonte: Arraes Editores, 2018. p. 119-164.

DEVERÁ ser remetido hoje ao juízo federal o inquerito sobre o levante de novembro em Pernambuco. *Diario de Pernambuco,* ano 111, n.115, p. 10, 16 maio 1936.

ERALDO extingue a Casa de Detenção do Recife. *Diario de Pernambuco,* Recife, ano 148, n. 65, p. 9, 11 mar. 1973.

FLAUZINA, Ana Luiza Pinheiro. Apontado para o genocídio: o racismo como fundamento do extermínio. *In:* FLAUZINA, Ana Luiza Pinheiro. *Corpo negro caído no chão:* o sistema penal e o projeto genocida do Estado Brasileiro. 2006. Dissertação (Mestrado em Direito) - Faculdade de Direito, Universidade de Brasília, Brasília, 2009.

GONÇALVES, Flávia Maíra de Araújo. *O sistema prisional no Império brasileiro:* estudo sobre as províncias de São Paulo, Pernambuco e Mato Grosso (1835-1890). 2016. Tese (Doutorado em História Social) - Faculdade de Filosofia, Letras e Ciências Humanas, Universidade de São Paulo, São Paulo, 2016.

MELOSSI, Dario. A gênese da instituição carcerária moderna na Europa. *In:* MELOSSI, Dario. Pavarini, MASSIMO. *Cárcere e fábrica:* as origens do sistema penitenciário (séculos XVI-XIX). Rio de Janeiro: Revan, 2006.

O NÚMERO de recolhidos à Detenção. *Diario de Pernambuco*, Recife, ano 111, n. 279, p. 10, 29 nov. 1935.

PAVARINI, Massimo. A invenção penitenciária: a experiência dos Estados Unidos na primeira metade do século XIX. *In:* ME-

LOSSI, Dario. Pavarini, MASSIMO. *Cárcere e fábrica:* as origens do sistema penitenciário (séculos XVI-XIX). Rio de Janeiro: Revan, 2006.

PESSOA, Gláucia Tomaz de Aquino. *Fernando de Noronha:* uma ilha-presídio nos trópicos (1833-1894). Rio de Janeiro: Arquivo Nacional, 2014. *E-book*.

QUESTÃO penitenciária. *Diario de Pernambuco*, Recife, ano 50, n. 261, p. 8, 14 nov. 1874.

SANTOS, Thayana de Oliveira. "Há trevas nas celas, há trevas nos campos": a violência contra as presas políticas em Pernambuco nos primeiros anos da ditadura militar, *Revista Convergência Crítica*, Rio de Janeiro, n.11, p. 119-139, 2017. Disponível em: https://periodicos.uff.br/convergenciacritica/article/view/36549. Acesso em 4 set. 2023.

TRINDADE, Cláudia Moraes. A reforma prisional na Bahia oitocentista, *Revista de História*, São Paulo, n.158, p. 157-198, jun., 2008.

ZAFFARONI, Eugenio Raúl *et al. Direito Penal Brasileiro*: primeiro volume. 4. ed. Rio de Janeiro: Revan, 2011. 660 p.

5. PERNAMBUCO NA ONDA PUNITIVA: A CONTRIBUIÇÃO DO PROGRAMA PACTO PELA VIDA NA AMPLIAÇÃO DO ENCARCERAMENTO EM MASSA NO ESTADO E NA PIORA DAS CONDIÇÕES DO SISTEMA PRISIONAL E SOCIOEDUCATIVO[1]

Glauciene Farias Rocha[2]

Introdução

Segundo dados do Banco Nacional de Monitoramento de Prisões do Conselho Nacional de Justiça (CNJ), atingimos no ano de 2022 uma marca inédita na história do país: 919.651 pessoas encarceradas. O estudo sugere que a pandemia da COVID-19 pode ter contribuído consideravelmente para o aumento da população prisional, posto que no início do período pandêmico o número de presos era de 885.195. Logo, os dados apontam que em apenas dois anos tivemos um acréscimo de 7,6% da população prisional.

Embora a pandemia da COVID-19 tenha interferido diretamente no acesso de bens e serviços, na pauperização da classe

1 O presente capítulo é fruto dos resultados da pesquisa de dissertação de mestrado da autora, intitulada: *Política de atendimento socioeducativo no estado penal brasileiro:* uma análise dos elementos de determinação do encarceramento de adolescentes no estado de Pernambuco.

2 Doutoranda em Serviço Social pela Universidade Federal de Pernambuco - UFPE. Mestra em Serviço Social pela UFPE. Assistente social da Fundação de Atendimento Socioeducativo - FUNASE.

trabalhadora e no aumento do desemprego e da fome, é importante frisar que esse aumento nos números do encarceramento no Brasil é anterior, remonta aos anos de 1990 e vem crescendo paulatinamente.

Destaca-se ainda que esse aumento da população carcerária não é um fenômeno exclusivo do Brasil, mas uma tendência verificada em outros países do globo. O sociólogo francês Loic Wacquant (2001) identificou em seus estudos uma *onda punitiva* que teve origem nos Estados Unidos no contexto do avanço neoliberal, se expandiu para a Europa, e hoje tem predominado em países da América Latina, e consequentemente, no Brasil.

Essa *onda punitiva* se caracteriza pelo aumento exponencial das forças de repressão e criminalização da pobreza em detrimento de políticas públicas de proteção social e de combate à desigualdade social. A preferência em ações punitivas do Estado é denominada pelo autor de Estado penal e o discurso que fundamenta o Estado penal é o de que a resolução do problema da criminalidade seria o encarceramento em massa. Mas, na realidade, esse discurso é falacioso, visto que no Brasil as taxas de criminalidade não diminuíram com o aumento do encarceramento.

Dessa forma, na aparência do fenômeno, temos o discurso do aumento da criminalidade, propagado pela mídia e absorvido por figuras políticas da direita e, também, da esquerda que levantam a bandeira da segurança. Porém, se compreendermos que o delito não é um fenômeno natural, mas uma construção do sistema de controle observar-se-á que na essência desse fenômeno ocorre o aumento da criminalização como tentativa de controle social das classes subalternas (BATISTA, 2011).

Assim, este capítulo visa problematizar como Pernambuco aderiu a essa *onda punitiva*, sendo o Pacto Pela Vida a principal estratégia para promover o encarceramento em massa no estado. Veremos ainda como a referida política de segurança pública impactou os sistemas prisional e socioeducativo, não apenas com o aumento do encarceramento, mas, sobretudo, com a piora das condições de vida nesses espaços.

A metodologia adotada foi a análise documental, com ênfase em dados primários, com o recorte dos anos de 2007 a 2014, período do governo Eduardo Campos e, momento inaugural da primeira política de segurança pública do estado: o Pacto Pela Vida.

Nesse sentido, o artigo está dividido da seguinte forma: primeiramente, será apresentado o Programa Pacto Pela Vida – principal estratégia adotada pelo governo de Pernambuco para o combate à violência e à criminalidade no estado. Em seguida, apresentaremos com base em dados primários os resultados do programa no que tange à diminuição da criminalidade, bem como no que se refere à situação do sistema prisional. Em terceiro lugar, abordaremos como o mesmo programa trouxe impactos significativos no sistema socioeducativo de Pernambuco e, por fim, serão apresentadas nossas considerações finais.

Pacto Pela Vida: construção da primeira política de segurança pública do estado de Pernambuco

Nos primeiros anos do novo século, Pernambuco vivenciou um dos seus períodos mais delicados relacionados à violência e, também, à criminalidade. Dados da Secretaria de Segurança Pública divulgados no ano de 2003 revelaram que a taxa nacional para homicídios dolosos era de 23,0 por grupo de cem mil habitantes. Em Pernambuco essa taxa era de 35,2, sendo o segundo maior no Nordeste. E em Recife essa taxa atingiu 46,3, colocando a capital pernambucana no 4º lugar no ranking das capitais mais violentas do Brasil (PERNAMBUCO, 2006).

Diante desse cenário, o então candidato ao cargo de governador do estado, Eduardo Campos, apontava preocupação com a questão da segurança no estado, sendo esse tema um dos destaques do seu plano de governo.

Assim, eram defendidos no referido documento os seguintes eixos estratégicos:

- Reorganização do Sistema Estadual de Segurança Pública;
- Modernização das Instituições de Segurança Pública;
- Valorização dos Profissionais de Segurança Pública;
- Inteligência Policial e Produção de Informação;
- Controle Externo, Participação Social e Valorização das Ouvidorias;
- Desenvolvimento de Programas de Prevenção à Violência;
- Valorização de Ações Municipais de Prevenção à Violência.

Devidamente eleito, o governador Eduardo Campos iniciou uma série de encontros e reuniões com o Fórum Estadual de Segurança Pública a fim de materializar sua proposta eleitoral. Tais encontros resultaram no primeiro Plano Estadual de Segurança Pública (PESP) do estado de Pernambuco, elaborado em 2007. Tal plano é diretamente vinculado ao Pacto Pela Vida (PPV), política de segurança pública implantada no estado que tinha como principal objetivo a redução de Crimes Violentos Letais e Intencionais (CVLI) que compreendem os crimes de homicídio, lesão corporal seguida de morte e latrocínio. A meta proposta na época era uma redução de 12% desse tipo de crime ao ano (PERNAMBUCO, 2007).

Embora pouco evidenciado, o plano também visava a diminuição de Crimes Violentos contra o Patrimônio (CVP), que considera o número de ocorrências de todas as modalidades de roubo (exceto latrocínio), sequestro relâmpago e extorsão mediante sequestro (PERNAMBUCO, 2014).

Desse modo, o plano foi a resposta estatal utilizada para dar enfrentamento à questão da violência no estado de Pernambuco e foi a primeira estratégia formulada pelo Pacto Pela Vida (PERNAMBUCO, 2007).

Para a elaboração do documento, foram realizadas 16 câmaras técnicas com participação de pesquisadores, gestores públicos e militantes da sociedade civil. O conteúdo foi organizado nas seguintes linhas de ação:

1. Repressão qualificada da violência – Entende a violência como força legítima do estado na garantia de direitos individuais, portanto a coerção seria o eixo estruturador da política de segurança pública do estado, associada aos direitos humanos, especialmente ao direito à vida e à liberdade. O documento reconhece ainda que as sociedades contemporâneas não renunciam das forças policiais nem dos presídios, isto é, entende essas instituições como fundamentais. Nessa linha de ação são compreendidas as dimensões de inteligência, informação, tecnologia e gestão. Foi verificado maior foco no trabalho das polícias civil e militar, sua articulação e a criação de delegacias especializadas.

2. Aperfeiçoamento institucional – Essa linha de ação visava reestruturação do sistema de segurança pública por meio do aprimoramento das organizações policiais e prisionais, tendo como finalidade modernizar os processos de trabalho. Tem como alvo

principal o programa de valorização das polícias, política de recursos humanos, planos de cargos e carreiras policiais.

3. Informação e gestão do conhecimento – Tinha por meta o diagnóstico, planejamento, gestão e avaliação das ações. Assim, tinha como foco a criação de banco de dados sobre presos, tipos de violência e informações relevantes sobre grupos minoritários.

4. Formação e capacitação – Formação e capacitação dos profissionais que compõem o sistema de segurança pública do estado, visando compor um perfil técnico das organizações.

5. Prevenção social do crime e da violência – Com uma perspectiva de intersetorialidade, visava diminuir os fatores de risco da violência.

6. Gestão democrática – Participação e controle social na formulação e monitoramento do plano. Uma das propostas dessa linha de ação foi a criação do Conselho Estadual de Segurança Pública.

É importante destacar que cada linha de ação proposta contava com programas e projetos específicos – com um quantitativo total de 138 – o que tornava o plano extenso e em alguns aspectos de difícil execução. Oliveira resume o plano como "amplo, impreciso, complexo e impraticável, ou voluntarista" (OLIVEIRA, 2016, p. 72). Por ser muito extenso, o plano apresentou imprecisões quanto a parcerias, financiamento e os prazos de execução, fato que impossibilitou a implementação de vários projetos no tempo previsto.

Como vimos, além de ações de repressão qualificada, o plano previu ainda ações preventivas, com foco no Plano de Combate ao Crack, que possibilitou a criação de Centros de Referência de

Acolhimento ao Usuário de Drogas (CRAUD); Centros de Atendimento ao Usuário de Drogas (CAUD); Consultórios de rua; e o pagamento de benefícios de aluguel social (PERNAMBUCO, 2012).

Outro destaque no campo da prevenção foi o Programa Governo Presente, que tem por objetivos:

> [...] a promoção da intersetorialidade das políticas públicas para superação das vulnerabilidades sociais nos Territórios Especiais de Cidadania (TEC), a identificação de oportunidades de inserção social e/ou produtiva para inclusão dos segmentos em situação de vulnerabilidade individual ou coletiva, criação de espaços de diálogo em torno do tema cultura de paz e prevenção social à violência dos TECs, acompanhamento das ações de promoção, proteção e defesa dos direitos humanos; contribuição para a redução dos índices de violência e criminalidade, mobilização para garantir o exercício de direitos sociais e de cidadania; e organização do Modelo de Gestão Compartilhada e Democrática com órgãos e entidades estaduais diretamente envolvidos com programas e projetos nos TECs (PERNAMBUCO, 2012, p. 1).

Portanto, podemos constatar que o PPV é de fato uma proposta muito ampla, corroborando as análises feitas por Oliveira (2016) no que tange a complexidade e dificuldade de implementação.

Sobre os valores basilares presentes no Plano Estadual de Segurança Pública, temos:

a. Articulação entre Segurança Pública e Direitos Humanos, em que a garantia do direito à vida é a principal meta;

b. Compatibilização da qualificação da dimensão repressiva e coercitiva – baseada na incorporação de inteligência, informação, tecnologia e gestão – com

> uma forte ênfase sobre os aspectos de prevenção social e específica da criminalidade violenta;
>
> c. Transversalidade e integralidade das ações de segurança pública, a serem executadas por todas as secretarias de Estado de forma não fragmentada;
>
> d. Incorporação, em todos os níveis de execução das Políticas Públicas de Segurança, de mecanismos de gestão, monitoramento e avaliação;
>
> e. Participação e controle social desde a formulação das estratégias até a execução das ações de segurança pública (PERNAMBUCO, 2007, p. 13).

O plano inaugura um novo olhar sobre a segurança pública no estado com uma proposta intersetorial e de participação social, no entanto, não podemos deixar de apontar as contradições presentes na proposta. A principal delas é a relação clara que o documento traz entre coerção qualificada e direitos humanos. Parece-nos estranha tal associação e nessa perspectiva refletimos: direitos humanos para quem?

O documento justifica que a coerção se faz necessária com a finalidade de preservação do direito à vida, mas questionamos mais uma vez: vida de quem? Embora o plano proponha melhorias no sistema prisional e socioeducativo, além de medidas de prevenção de violência, veremos que para o público do sistema prisional e socioeducativo de Pernambuco, os direitos humanos não passaram de uma quimera.

No próximo tópico iremos aprofundar o olhar sobre essas contradições ao analisar os resultados dessa política pública, mas com uma perspectiva específica: a do aumento dos mecanismos de punição para os mais pobres.

Principais resultados do programa Pacto Pela Vida

Nesse item serão apresentados alguns dados relevantes sobre o Pacto Pela Vida que, *a priori*, cumpriu o seu papel na diminuição das taxas de CVLI. Entende-se que essa resposta satisfatória se deu, sobretudo, porque utilizou estratégias consideradas eficazes, baseada na gestão por resultado. Mas numa perspectiva crítica a eficácia do programa guarda uma clara relação com mecanismos de repressão e vigilância da população pobre.

No gráfico a seguir veremos que o índice de CVLI em Recife diminuiu consideravelmente, chegando a patamares superiores do que os verificados em Bogotá e Nova York:

Gráfico 1 - Redução na taxa de CVLI nos 04 primeiros anos de implantação das políticas de segurança

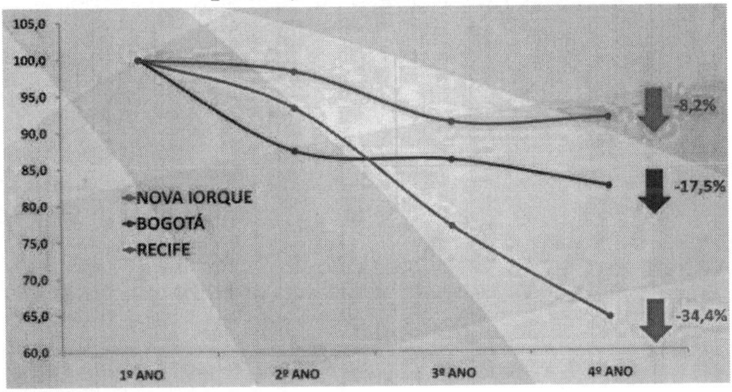

FONTE: Pernambuco (2012).
Notas: 1º Ano Nova Iorque: 1990 (Taxa: 14,5); 1º Ano Bogotá: 1993 (Taxa: 80); 1º Ano Recife: 2007 (Taxa: 67,41).

Na época, tal estatística foi destaque em vários meios de comunicação, pois era possível mensurar de forma positiva o impacto do programa. Isso porque no primeiro ano de programa o decréscimo desse tipo de crime não foi tão significativo.

É importante destacar ainda que a comparação feita com a cidade de Nova York não é aleatória, simplesmente porque o Pacto Pela Vida foi inspirado no Programa COMPSTAT[3] criado na referida cidade americana.

É consenso entre a maioria dos autores de que o PPV teve seu ápice entre os anos de 2008 e 2013, entrando em declínio em 2014 (OLIVEIRA, 2016); (RATTON; GALVÃO; FERNANDEZ, 2014). As análises centram no fato de que a questão da segurança foi tratada como prioridade e teve a intervenção direta do governador da época, fato que corroborou uma resposta efetiva das instituições. No entanto, Oliveira nos alerta que:

> Os anos compreendidos entre o fim de 2008 e 2013 foram os períodos de maiores reduções na taxa de homicídios, especialmente nos anos 2009-2010 e 2012-2013. Contudo, uma observação deve ser feita para esse período: a melhoria nas taxas de criminalidade foi circunscrita à taxa de homicídios. Outros crimes tiveram aumentos na sua incidência, como roubos, tráfico de entorpecentes, porte ilegal de arma de fogo, tentativa de homicídio e lesão corporal dolosa. Assim, se o PPV- PE for considerado uma "política de sucesso", deve-se restringir essa afirmação à diminuição dos homicídios, descontadas as mortes por causas indeterminadas (OLIVEIRA, 2016, p. 77).

Logo, ao considerar o PPV exitoso em seus objetivos, devemos situá-lo em um determinado lapso temporal, bem como a diminuição de um tipo de crime específico: homicídio. Mas, a

3 Para lutar contra os pequenos delitos, a polícia de Nova York utilizou um sistema estatístico informatizado denominado COMPSTAT – abreviação de *computer statistics* que permitia "a cada comissário e a cada patrulha distribuir suas atividades em função de uma informação precisa, constantemente atualizada, e geograficamente localizada, sobre os incidentes e as queixas de um setor" (WACQUANT, 2001, p. 27).

partir do ano de 2014, é verificada uma mudança no cenário e a taxa de homicídios volta a aumentar. Tal fato segundo alguns autores se deu pelo afastamento do governador da liderança do programa, bem como à falta de dinamicidade do PPV que não incorporou novas demandas.

Aqui, pontuamos que a vontade política de um representante é algo importante para a efetivação de políticas públicas, no entanto, a política ficar dependente da presença de um governante é algo perigoso e pode ser prejudicial para a população. Daí, a importância em investir em políticas de estado em detrimento das políticas de governo.

Uma dimensão de extrema relevância quando pensamos em um programa de governo é o impacto financeiro que ele terá sobre os cofres públicos. No gráfico a seguir, observa-se um aumento substancial do montante orçamentário investido na segurança pública no estado de Pernambuco:

Gráfico 2 – Investimentos Secretaria de Defesa Social

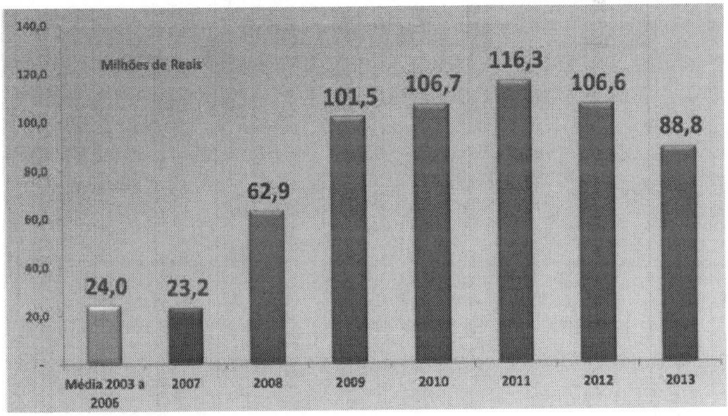

FONTE: Pernambuco (2014).

Claro está que houve um aumento substancial no orçamento, mas em que ele foi empregado?

Veremos que houve um investimento massivo em reformas estruturais – delegacias, presídios – tecnologia, bem como aumento do efetivo policial. Na tabela a seguir, veremos os gastos com obras concluídas até o ano de 2013:

Tabela 1 – Investimento em infraestrutura

Obras concluídas 2007 a 2013	
Construção sedes AIS/UIS	09
Reformas Delegacias	45
Outras obras	14

FONTE: ROCHA (2021). Adaptado de Pernambuco (2014)

Além das obras, destacam-se ainda as seguintes aquisições/locações:

Tabela 2 – Aquisições e locações diversas

	Aquisições 2007 a 2013	Locações 2007 a 2013
Helicópteros	02	-
Automóveis	94	1.973
Caminhonetes	71	405
Motos	687	200
Outros	141	11

FONTE: ROCHA (2021). Adaptado de Pernambuco (2014).

Saliente-se que em 2012 foi adotada a Patrulha no bairro. Tal patrulha visava atender 288 bairros de todo o estado. Esse modelo foi baseado na Polícia comunitária, e por esse motivo o grande número de motos e veículos adquiridos.

Em relatório produzido pelo governo do estado é apresentado ainda o investimento na área tecnológica. Foi criado um centro de monitoramento e implantado o seguinte quantitativo de câmeras:

Tabela 3 - Câmeras instaladas

AIS 1	205
AIS 2	71
AIS 3	127
AIS 4	61
AIS 5	55
AIS 7	16
Convênio com particulares	153
Programa de proteção às escolas	18
TOTAL	688

FONTE: ROCHA (2021). Adaptado de Pernambuco (2014).

A sigla AIS significa Área Integrada de Segurança. Assim há uma divisão do território em várias áreas de segurança. Na tabela apresentada podemos observar que a AIS 1 foi a área "mais contemplada" com as câmeras. Essa área corresponde à boa parte do município de Recife, abrangendo bairros como os Coelhos e Joana Bezerra.

Outro fator que gerou gasto substancial com a pasta de segurança foi a contratação de novos agentes de segurança, como mostra a tabela abaixo:

Tabela 4 - Ampliação do efetivo de Segurança

Posses 2007 a 2013	
Polícia Militar	8.030
Polícia Civil	2.911
Bombeiros Militares	1.571
Policiais Científicos	269
Total	12.781

FONTE: ROCHA (2021). Adaptado de Pernambuco (2014).

Wacquant (2001) já apontava que uma das estratégias para ampliação do Estado penal é o investimento em equipamentos tecnológicos de segurança, além de aumento do quantitativo de agentes de segurança. Sendo assim, Pernambuco seguiu a receita estadunidense, utilizando como pano de fundo o discurso de modernização das polícias e do sistema de segurança pública. No entanto, o mesmo autor, refletindo a realidade americana no que tange a reorganização do trabalho policial, nos alerta que:

> O objetivo dessa reorganização: refrear o medo das classes médias e superiores por meio da perseguição permanente dos pobres nos espaços públicos (ruas, parques, estações ferroviárias, ônibus, metrô etc.). Usam para isso três meios: aumento em 10 vezes dos efetivos e dos equipamentos das brigadas, restituição das responsabilidades operacionais aos comissários de bairro com obrigação quantitativa de resultados, e um sistema de radar informatizado (com arquivo central sinalético e cartográfico consultável em microcomputadores a bordo dos carros de patrulha) que permite a distribuição contínua e a intervenção quase instantânea das forças da ordem, desembocando em uma aplicação inflexível da lei sobre os delitos menores tais como a embriaguez, a jogatina, a mendicância, os atentados ao costume, simples ameaças e "outros comportamentos antissociais associados aos sem-teto", segundo a terminologia de Kelling (WACQUANT, 2001, p. 26).

Logo, cabe-nos refletir sobre os reais objetivos da chamada *modernização* das polícias, bem como da segurança pública, pois ao que parece a estratégia adotada pelo estado de Pernambuco reforçou a ampliação dos mecanismos de punição.

Acredita-se que um importante elemento para essa ampliação foi o incentivo ofertado aos policiais por meio das gratificações. O estado de Pernambuco através do PPV instituiu várias gratificações, bônus e prêmios para incentivar o cumprimento de metas de apreensão de drogas, armas e mandados de busca e apreensão, obedecendo a um modelo de governança para a obtenção de resultados baseado na meritocracia.

> No ano de 2010 o Pacto pela Vida se desenvolveu muito por meio do fortalecimento da meritocracia. Junto à Secretaria de Planejamento e Gestão (SEPLAG) e ao Comitê Gestor, a Secretaria de Defesa Social (SDS) desenvolveu o Prêmio de Defesa Social, aprovado pela Assembleia Legislativa do Estado (ALEPE). A premiação passou a ser um grande estímulo para a ação policial. Nesse ano, o Pacto pela Vida atinge sua meta e reduz a violência e a criminalidade do Estado, pelo segundo ano consecutivo (PERNAMBUCO, 2014, p. 19).

Segundo documento elaborado pela Superintendência de Planejamento e Gestão do Estado (SEPLAG), Pernambuco adotou três alternativas para o fortalecimento da meritocracia na gestão de recursos humanos:

> • Bônus por arma apreendida: premiação por apreensão de armas de fogo industrial. A apuração é feita mensalmente.
>
> • Gratificação Pacto pela Vida: premia os policiais de acordo com sua produtividade, considerando os indicadores de processos: apreensão de drogas (PC e PM), cumprimento de mandados de prisão Malhas da Lei (PC e PM) e expedição de mandados (PC). A apuração é mensal.
>
> • Prêmio de Defesa Social: criado em 2010, pela legislação nº 14.024, a iniciativa é uma premiação por resultados, destinada a policiais civis, militares e corpo de bombeiros

> do Estado, em função de seu desempenho no processo de redução semestral dos Crimes Violentos Letais Intencionais (CVLI). Havendo a redução do CVLI no Estado, todo o conjunto é premiado proporcionalmente ao resultado de sua AIS.
>
> Observação: Vale ainda ressaltar que é comum que os policiais locados nas AIS de melhores resultados sejam destacados para a promoção na carreira (PERNAMBUCO, 2014, p. 63).

Logo, o que o governo denominou de incentivo baseado na meritocracia se concretizou na prática como uma perseguição aos mais pobres, dessa vez favorecendo prisões arbitrárias e fortalecendo a estigmatização voltada para grupos específicos: negros e traficantes/usuários de drogas.

Infelizmente, o processo de modernização incentivado pelo PPV esteve mais atrelado a mudanças estruturais dos equipamentos de segurança; constante monitoramento estatístico; e valorização do corpo funcional. Contudo, no tocante à situação dos presos no estado, o que se viu foi um tratamento bem arcaico.

O plano de segurança pública previu o aumento de vagas no sistema prisional visando uma melhoria nas condições de vida dos encarcerados, bem como elaborou estratégias para a reinserção de egressos, no entanto:

> As vagas criadas não acompanharam o aumento do encarceramento e a razão passou de cerca de 1,9 preso por vaga em 2005 para algo próximo a 2,6 em 2013. Ainda que essa razão não seja definitiva para avaliar a situação dos presídios no estado, podemos intuir que houve uma deterioração no sistema prisional após 2007 (OLIVEIRA, 2016, p. 99).

Outras análises contribuem para essa afirmação, posto que "a superlotação nas prisões do estado de Pernambuco é especialmente cruel – elas abrigam três vezes mais detentos do que a sua capacidade, em condições perigosas, insalubres e desumanas" (HUMAN RIGHTS WATCH, 2015, p. 3). Segundo o mesmo órgão, no ano de 2015, Pernambuco ocupava o primeiro lugar no ranking do país em relação à superlotação do sistema prisional. E continua:

> O número de pessoas presas em Pernambuco aumentou em 68 por cento desde a implementação do Pacto Pela Vida, ao final de 2007, enquanto a capacidade penitenciária aumentou apenas 26 por cento. Um resultado não previsto no Pacto Pela Vida, portanto, foi o agravamento da já severa superlotação das prisões pernambucanas. Antes do lançamento do programa, eles abrigavam o dobro do número de presos para sua capacidade; desde então, passaram a abrigar o triplo (HUMAN RIGHTS WATCH, 2015, p. 10).

Logo, os encarcerados em Pernambuco longe de desfrutarem dos direitos humanos viram sua situação piorar ainda mais depois do PPV, e a superlotação dos presídios foi apenas uma dimensão dessa piora.

Segundo dados do relatório produzido pela Organização Internacional não governamental Human Rights Watch, a situação de saúde dos presos era ainda mais preocupante e a superlotação tem relação direta com esse cenário. As infecções pelo vírus HIV entre os presos do estado naquele momento eram 42 vezes maiores que a verificada na população brasileira em geral, chegando a 870 casos por 100.000 presos. Já sobre a tuberculose a taxa era 100 vezes maior daquela verificada na média da população brasileira (HUMAN RIGHTS WATCH, 2015).

Outra questão relevante é que dados da época apontavam que 60% dos presos no estado eram provisórios, e estes ficavam no mesmo espaço dos presos definitivos. No entanto, sabe-se que tal prática é proibida pelo direito internacional. O relatório identificou ainda vários presos que estavam há anos nos presídios pernambucanos sem sequer terem sido ouvidos pela autoridade judiciária.

A superlotação verificada nos presídios unida à escassez de profissionais corroborou as práticas em que a gestão carcerária fica sob responsabilidade dos presos, os chamados chaveiros. Sua função perpassa a locação de espaços para dormir, alimentação, tráfico de entorpecentes, além da administração da tortura institucionalizada.

Em 2015, Pernambuco contava com menos de um agente penitenciário para cada 30 presos – a pior relação do Brasil – onde a média é de um guarda para cada oito presos, de acordo com dados oficiais, embora o ideal seja 1 agente para 5 presos (HUMAN RIGHTS WATCH, 2015).

Portanto, a falta de recursos humanos fortaleceu a manutenção dos chaveiros no sistema, que em muitos casos têm o apoio da gestão da Unidade penitenciária.[4]

Diante desse cenário no sistema prisional em Pernambuco, em 2015, infere-se que houve um encarceramento massivo promovido pelo PPV. Esta política contou com ações por resultados imediatos e que utilizou a repressão em detrimento de ações de prevenção à violência.

4 Importante frisar que em 2011 a Comissão Interamericana de Direitos Humanos pediu ao estado de Pernambuco que eliminasse o sistema de chaveiros, com a alegação de que as "funções de segurança, controle e disciplina" é de responsabilidade dos agentes penitenciários, mas a resposta estatal foi a mudança de nomenclatura - de chaveiro para representante – permanecendo sua funcionalidade ao sistema carcerário (HUMAN RIGHTS WATCH, 2015).

Dessa forma, precisamos reiterar que o cárcere, longe de uma função ressocializadora, contribui para a manutenção da desigualdade social. E, portanto, contribui para a manutenção da ordem do capital.

O sociólogo e jurista italiano, Alessandro Baratta, alertou-nos sobre essa funcionalidade do cárcere. Segundo ele, a prisão pode ser considerada uma instituição falida para os objetivos a que se propôs – educação, reinserção social – no entanto, se levarmos em consideração as funções que ela de fato desempenha para a manutenção das desigualdades sociais, seu triunfo é inconteste (BARATTA, 2002).

Isso significa dizer que a prisão historicamente não tem contribuído para o processo de ressocialização dos seus presos, ao contrário, ela contribui muito mais para a manutenção do status de criminoso através do processo de "desculturação"[5]. Logo, concorda-se que:

> O cárcere é contrário a todo moderno ideal educativo, porque este promove a individualidade, o auto-respeito do indivíduo, alimentado pelo respeito que o educador tem dele. As cerimônias de degradação no início da detenção, com as quais o encarcerado é despojado até dos símbolos exteriores da própria autonomia (vestuários e objetos pessoais), são o oposto de tudo isso. A educação promove o sentimento de liberdade e de espontaneidade do indivíduo: a vida no cárcere, como universo disciplinar, tem um caráter repressivo e uniformizante (BARATTA, 2002, p. 184).

5 Segundo Baratta, o termo supõe "a desadaptação às condições necessárias para a vida em liberdade (diminuição da força de vontade, perda do senso de auto-responsabilidade do ponto de vista econômico e social), a redução do senso da realidade do mundo externo e a formação de uma imagem ilusória deste, o distanciamento progressivo dos valores e dos modelos de comportamento próprios da sociedade externa" (BARATTA, 2002, p. 184).

Logo, a partir de uma perspectiva crítica de análise compreende-se que a função ressocializadora da pena não passa de uma ideologia. Pois, ao analisarmos os dados à luz da criminologia crítica, identificamos uma função perversa do cárcere: a manutenção das desigualdades e da sociedade de classes.

Isso porque o cárcere participa ativamente na "produção e controle da classe operária", contribuindo para a manutenção do exército industrial de reserva e favorecendo a supressão dos salários dos trabalhadores em geral. (BARATTA, 2002). Assim, ao analisar a implementação do PPV no estado de Pernambuco, é necessário refletir sobre como essa política de segurança pública contribuiu para o aumento do encarceramento, bem como colabora para a manutenção da desigualdade social no estado.

Como já sinalizamos anteriormente, o sucesso do PPV se deteve a um período específico (2008 - 2013), bem como interferiu em um tipo específico de crime: homicídio. No quadro a seguir podemos ver que, a partir de 2014, houve um aumento considerável em quase todos os tipos de crimes:

Tabela 5 – Percentual de criminalidade no estado de Pernambuco

Ocorrência	Número absoluto 2017	Taxa de crescimento 2014-2017
Mortes Violentas Intencionais	5.426	54,7%
Homicídios dolosos	5.139	51,8%
Latrocínio	250	202,3%
Lesão corporal seguida de morte	37	-4,6%
Vitimização policial	24	41,2%
Letalidade das polícias	123	315,4%
Morte de mulheres	316	-
Veículos furtados ou roubados	26.531	91%
Carga roubada	677	135%

FONTE: ROCHA (2021). Adaptado Anuário Brasileiro de Segurança Pública (2018)

De acordo com a tabela apresentada, o único tipo de crime que apresentou decréscimo no período compreendido entre 2014 e 2017 foi o de lesão corporal seguido de morte. Os demais apresentaram aumento alarmante, com destaque para a letalidade das polícias que apresentou um aumento de 315,4%. Com base nesse dado, infere-se que as gratificações ofertadas a esses profissionais contribuíram para que também participassem mais ativamente no ciclo da violência e do extermínio da população pobre.

Outro ponto que merece destaque é a ausência de dados de morte de mulheres, o que sugere um recorte de gênero na obtenção e disponibilidades dos dados referentes a homicídios. As pesquisadoras Portela e Nascimento (2014) refletiram sobre os impactos de gênero na redução da mortalidade violenta e concluíram que há impactos diferentes nas ações do PPV sobre os homicídios entre homens e mulheres. As autoras atestam que é maior a diminuição no primeiro grupo, enquanto é menor ou inexistente a redução em casos em que as vítimas são mulheres (PORTELA; NASCIMENTO, 2014).

Assim, é preciso destacar que embora o PPV tenha previsto ações de combate à violência para vários grupos considerados minoritários, na prática ele teve um impacto significativo para apenas um grupo específico: homens.

Apesar de todas as críticas apontadas até o momento, é inegável que o governo de Pernambuco inaugurou um novo modelo de segurança pública. Afinal, um tema tão renegado historicamente no Brasil ganhou visibilidade e ações concretas que repercutiram em alguma melhoria nos índices de CVLI – ao menos durante um tempo.

É importante destacar ainda que no ano de 2009 foi realizada a I Conferência Estadual de Segurança Pública (CESP-PE), que representou um marco na política de segurança do estado.

Saliente-se que uma das deliberações da referida Conferência foi a criação do Conselho Estadual de Segurança Pública. No entanto, o referido Conselho nunca saiu do papel. Assim, embora elogiado sob o ponto de vista de articulação entre os poderes do executivo e a sociedade, representantes da sociedade civil organizada apontam uma ruptura com a sociedade civil, especialmente no que se refere ao controle social da política (RATTON; GALVÃO; FERNANDEZ, 2014).

Portanto, nota-se que embora premiado internacionalmente, o PPV foi insuficiente sob alguns aspectos. A seguir destacamos alguns deles:

- Foco no caráter repressivo em detrimento das medidas de prevenção da violência;
- Foco nas taxas de CVLI em detrimento de outros tipos de crimes;
- Desarticulação do programa após a saída do então governador Eduardo Campos;
- Desarticulação com a sociedade civil organizada;
- Não criação do Conselho Estadual de Segurança Pública;
- Não cumprimento de metas e prazos estabelecidos no PESP;
- Ausência de mecanismos de controle social.

Após análise dos principais resultados obtidos pelo Programa Pacto pela Vida no sistema prisional, daremos destaque no próximo item às propostas do PPV voltados, especificamente, para o sistema socioeducativo de Pernambuco.

O Pacto Pela Vida e o sistema socioeducativo

Ficou evidente a partir dos itens introdutórios deste capítulo uma preocupação por parte do governo de Pernambuco com a questão da segurança, o que gerou várias iniciativas governamentais na época.

Vimos ainda que tais iniciativas geraram impactos significativos no aumento do encarceramento de adultos, bem como na piora das condições das prisões pernambucanas. No entanto, ainda eram desconhecidos os impactos no sistema socioeducativo. A hipótese pensada era a de que o sistema feito para os adolescentes seguiu a mesma tendência do que foi observado para o público adulto, no entanto, torna-se indispensável a análise de dados para saber se tal hipótese é verdadeira.

Em Pernambuco, a instituição responsável pela execução de medidas socioeducativas com restrição/privação de liberdade, isto é, semiliberdade e internação, é a Fundação de Atendimento Socioeducativo (FUNASE). Sua origem remonta à década de 60 do século passado, contando hoje com 57 anos de existência.

Para pensarmos nas condições dos adolescentes/jovens em cumprimento de medida socioeducativa no período delimitado, foram feitas análises em documentos governamentais, bem como em documentos produzidos por entidades não-governamentais.

Tais documentos nos apresentaram um dado alarmante: o número de adolescentes/jovens em cumprimento de medida socioeducativa com restrição/privação de liberdade ou internação provisória quase dobrou nesse período, como podemos ver no gráfico abaixo:

Gráfico 3 – Evolução do atendimento socioeducativo da FUNASE (2007-2014)

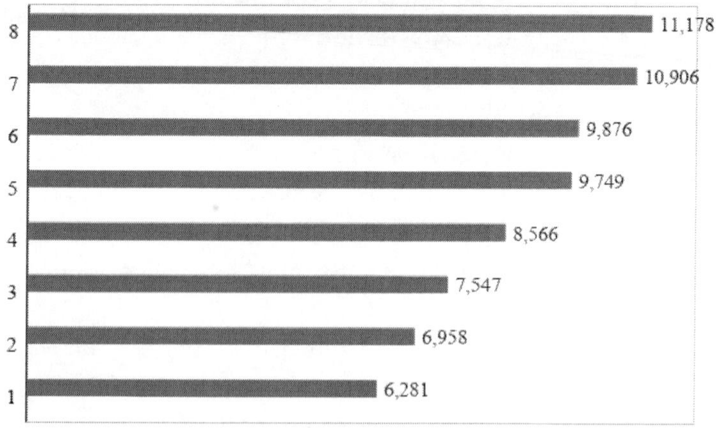

FONTE: ROCHA (2021).
Nota: Baseado em FUNASE, 2011; 2012; 2013a; 2013b; 2014ª; 2014b.

Portanto, constatamos que, assim como ocorreu com o sistema prisional de Pernambuco, o sistema socioeducativo teve um aumento expressivo do seu contingente populacional.

Acredita-se que esse aumento seguiu a mesma lógica que identificamos no sistema dos adultos, isto é, com gratificações, a polícia foi incentivada a promover um maior encarceramento da população pobre, especialmente daquela envolvida no tráfico de entorpecentes, visto que também foi identificado um aumento significativo de adolescentes/jovens apreendidos sob essa tipificação.

Gráfico 4 – Evolução das apreensões por tráfico de drogas

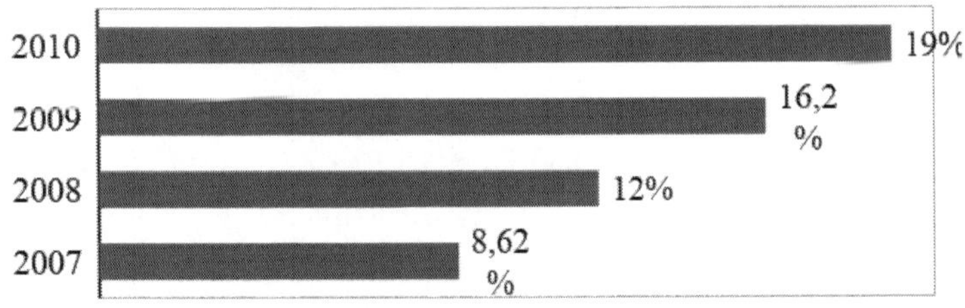

FONTE: ROCHA (2021).
Nota: Baseado em FUNASE, 2011; 2012; 2013a; 2013b; 2014ª; 2014b.

Saliente-se que o relatório de gestão da FUNASE referente ao ano de 2013 apontou um aumento ainda mais alarmante, pois o percentual de adolescentes/jovens apreendidos por tráfico de entorpecentes naquele ano chegou a 30%.

Ao analisar os dados nacionais da época, observa-se que Pernambuco seguiu a tendência nacional. Dados do Levantamento Anual do SINASE indicaram que houve um aumento da taxa de restrição e privação de liberdade de 4,5% em 2010 para 10,6% em 2011. Sobre os atos infracionais relacionados ao tráfico de drogas, também foi verificado um aumento: de 7,5% em 2010 para 26,6% em 2011 (BRASIL, 2013).

Logo, concorda-se com Wacquant (2001) quando este afirma que a *guerra às drogas* tem sido uma estratégia eficaz para a criminalização da população pobre, jovem, negra e periférica.

É necessário destacar que o Brasil é signatário de diversos tratados e Convenções internacionais, dentre elas, a Convenção nº182 da Organização Internacional do Trabalho (OIT) que trata sobre a *proibição das piores formas de trabalho infantil e ação imediata para a sua eliminação.* Para o referido órgão, uma das piores formas de trabalho infantil compreende a "utilização, recrutamento e oferta de criança para atividades ilícitas, particularmente para a produção e tráfico de entorpecentes conforme definidos nos tratados internacionais pertinentes" (OIT, 1999, art. 3º).

Dessa forma, o Estado signatário deverá incentivar ações que promovam a retirada da criança dessas condições dispensando "a necessária e apropriada assistência direta para retirar crianças das piores formas de trabalho infantil e assegurar sua reabilitação e integração social" (OIT, 1999, art. 7º).

Ao que parece, o Brasil e, no nosso caso, o estado de Pernambuco, vão de encontro a essa Convenção, posto que as ações direcionadas para esse público vão no sentido de puni-los pela sua participação na atividade do tráfico em detrimento de ações preventivas que o afastem dessa modalidade de trabalho tão prejudicial aos nossos jovens.

Pensar no ato infracional tipificado como tráfico de drogas implica relacioná-lo ao acesso e usufruto do direito do trabalho, direito esse negado à grande massa de jovens, oriundos das periferias. Logo, o tráfico de drogas se constitui como uma possibilidade de acesso à renda a uma população que em sua maioria não tem meios de prover sua subsistência. Pois,

> Negócio transnacional, componente da economia global, o tráfico de drogas encontrou em comunidades de baixa renda das cidades brasileiras espaço para instalar pontos de venda no varejo. A atividade no tráfico de drogas tem se apresentado como uma importante alternativa laboral para uma parcela de jovens residentes nos territórios onde esse tipo de comércio varejista se instala (GALDEANO; ALMEIDA, 2018, p. 43).

Isto é, o público que é apreendido pelo ato de tráfico de drogas é oriundo de locais com acentuada precariedade no que tange à oferta de serviços, renda e moradia. E ainda com maior concentração da população negra (GALDEANO; ALMEIDA, 2018).

Em outras palavras, as ações punitivas resultantes da *guerra às drogas* não atingem os grandes narcotraficantes, mas sim a ponta do *iceberg* representada pelos mais pobres na sociedade capitalista.

Embora no senso comum a ideia do tráfico de drogas se contraponha à lógica da ética do trabalho, pesquisas apontam que o trabalho está presente na vida desses jovens desde muito cedo (GALDEANO; ALMEIDA 2018); (NAPOLIÃO; MENEZES; LYRA, 2020). Ou seja, em sua maioria, os adolescentes envolvidos no tráfico de entorpecentes já vivenciaram outras experiências laborais precárias ainda crianças, alertando-nos de que o seu envolvimento no tráfico de drogas é uma continuidade do trabalho infantil já presente na vida desses jovens.

No tocante à escolaridade, os dados apontam prevalência do ensino fundamental, dado também verificado como predominante nos espaços destinados aos adultos. Sobre este tema, alerta-se que é preciso compreender as relações intrínsecas entre a seletividade do sistema educacional e a seletividade do sistema de punição, caso contrário recorreremos ao erro de associar a prática da criminalidade às camadas mais pobres e menos instruídas da população.

Outro elemento que merece destaque nos relatórios analisados é que nenhum deles apresentou dados sobre o quesito cor/raça. Embora seja evidente que o alvo do encarceramento é um alvo de cor, tal questão foi invisibilizada nos documentos. Apenas a partir do ano de 2018 é que o quesito cor/raça entrou no perfil do público atendido pela FUNASE. Naquele ano, a raça negra correspondeu a 89% do público.

Fator importante a considerar na análise dos documentos é o destaque dado pela instituição no que concerne à adequação da infraestrutura física com "construções, ampliações, reformas, recuperações e manutenções corretivas e preventivas" (FUNA-

SE, 2008, p. 3). Em todos os relatórios foram evidenciadas reformas, ampliações e construções de forma que em 2007 eram 17 Unidades socioeducativas de restrição/privação de liberdade e, em 2014, esse número subiu para 23 Unidades.

Sobre a questão orçamentária, temos o seguinte gráfico:

Gráfico 5 – Evolução orçamentária (2007-2014)

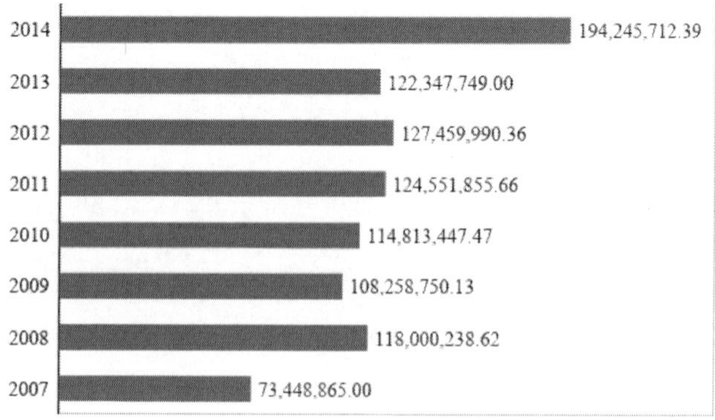

FONTE: ROCHA (2021).
Nota: Baseado em FUNASE, 2011; 2012; 2013a; 2013b; 2014ª; 2014b.

Embora com algumas oscilações, podemos constatar que o recurso financeiro destinado à instituição mais que dobrou ao longo de oito anos, o que impactou significativamente na construção de Unidades, na contratação de profissionais especializados, bem como em um número maior de adolescentes/jovens encarcerados.

Ante o exposto, podemos concluir que embora os documentos da FUNASE não reflitam integralmente as condições vivenciadas pelos adolescentes na Instituição, pode-se inferir que a política implementada pelo PPV também gerou grandes impactos no sistema socioeducativo em Pernambuco. Isto é, no período entre 2007 e 2014, foi verificado o aumento massivo dos jovens encarcerados; aumento da repressão às drogas, fato materializado no aumento dos índices de apreensões por este tipo de ato; e aumento do orçamento voltado para a política socioeducativa em meio fechado.

Por outro lado, os documentos produzidos por órgãos não governamentais apontaram a superlotação e a precária estrutura física das Unidades socioeducativas de Pernambuco, a violação de diversos direitos, bem como a negligência do estado na condução da política socioeducativa, ao considerarem o alto índice de mortos do sistema. Nesse sentido,

> A realidade em Pernambuco está na contramão do que preconiza o ECA e o SINASE. As medidas de privação de liberdade ainda se destacam enquanto opção judiciária determinante, em detrimento das medidas em meio aberto que, em muitos casos, observa-se serem possível enquadrar. Por outro lado, é um dos Estados brasileiros com maior índice de violação de direitos de adolescentes atendidos em instituições de internamento – mais perto de se parecerem a centros de detenção do que a unidades socioeducativas –, além do quadro recorrente de superlotação extrema, onde já foram registrados casos graves, tais como tortura, espancamento, humilhação e exposição a ambientes insalubres (ABRINQ; SAVE THE CHILDREN, 2013, p. 17).

Portanto, o aumento no número de Unidades do estado não simbolizou uma melhora nas condições dentro das Unidades socioeducativas, a exemplo do sistema prisional. Ao contrário, reforçou o aumento do encarceramento dos jovens.

Destaca-se ainda que em 2012 Pernambuco ocupou o primeiro lugar no ranking nacional de adolescentes mortos dentro de Unidades socioeducativas. Tal cenário de negligência do estado frente ao atendimento dos adolescentes e jovens no cumprimento de medidas socioeducativas, teve como consequência a denúncia de vários órgãos ao alto comissariado da ONU para os direitos humanos em 2013.[6]

Por fim, após a análise documental, vê-se que diferentemente do que foi proposto no plano de governo do estado de Pernambuco e no Pacto Pela Vida, a situação de adolescentes e adultos privados de liberdade piorou consideravelmente, e a prometida garantia de Direitos Humanos ficou apenas nos documentos oficiais.

Considerações Finais

Neste capítulo foi apresentado o Programa Pacto Pela Vida, política de segurança pública implementada no governo de Eduardo Campos, sendo essa política o principal destaque do seu governo. Verificamos que o PPV trouxe resultados na diminuição de homicídios, no entanto, foi verificado que em relação a outros crimes as taxas cresceram, especialmente a partir de 2014.

Com uma estratégia de gestão por resultados e baseado na meritocracia, essa política possibilitou um incremento das corporações de segurança, de equipamentos tecnológicos e de investimento em medidas repressivas. Tais investimentos impactaram diretamente no aumento da população carcerária, bem como na precariedade das condições das prisões do estado.

A hipótese pensada foi de que, assim como no sistema prisional pernambucano, o sistema socioeducativo sofreu rebatimentos da política de segurança pública implementada no estado, especialmente com o aumento do encarceramento e piora

6 Associação Nacional dos Centros de Defesa da Criança e do Adolescente – ANCED; Defensa de Niños y Niñas Internacional (DNI); Centro Dom Helder Câmara de Estudos e Ação Social - CENDHEC; Gabinete de Assessoria Jurídica às Organizações Populares – GAJOP; e Fundação Abrinq – Save The Children.

nas condições de cumprimento da medida.

Vimos que tal hipótese é verdadeira, posto que o número de adolescentes sob a acusação de prática de ato infracional quase dobrou ao longo dos governos Eduardo Campos ao passo que foram fortalecidas estratégias de maior vigilância e punição dirigidas aos mais pobres.

Foi verificado aumento nas Unidades de internação, grande volume de recursos no meio fechado, o aumento das apreensões voltadas para aqueles envolvidos no tráfico de drogas, bem como um perfil de jovens negros e de baixa escolaridade oriundos das classes subalternas.

Ficou evidente que essas estratégias fazem parte da lógica do Estado penal inaugurado nos Estados Unidos, disseminado na Europa, e, também, na América Latina. No Estado penal são valorizadas ações punitivas em detrimento de políticas públicas eficazes de combate à pobreza e à desigualdade social.

Por fim, pensando nas mediações entre os cenários local, nacional e internacional, constata-se que Pernambuco seguiu a receita estadunidense na estratégia de criminalização da pobreza e acabou por imergir adolescentes, jovens e adultos pobres, negros e periféricos na *onda punitiva*.

Referências

ABBUD, Bruno. *Pandemia pode ter levado Brasil a ter recorde histórico de 919.651 presos.* Jornal *O Globo*, Brasília, 05 de jun de 2022. Disponível em<https://oglobo.globo.com/brasil/noticia/2022/06/pandemia-pode-ter-levado-brasil-a-ter-recorde-historico-de-919651-presos.ghtml> Acesso em: 01/05/23.

BARATTA, Alessandro. *Criminologia Crítica e Crítica do Direito Penal*: introdução à sociologia do direito penal. Trad. Juarez Cirino dos Santos. 3. ed., Rio de Janeiro: Revan: Instituto Carioca de Criminologia, 2002. (2002).

BATISTA, Vera Malaguti. *Introdução crítica à criminologia brasileira*. 1. ed. Rio de Janeiro: Revan, 2011. (2011).

BRASIL. Secretaria de Direitos Humanos (SDH). *Plano Nacional de Atendimento Socioeducativo*: Diretrizes e eixos operativos para o SINASE. Brasília: Secretaria de Direitos Humanos da Presidência da República, 2013. (2013).

FUNASE. *Fundação de Atendimento Socioeducativo*. Disponível em: http://www.funase.pe.gov.br. Acesso: 28 jan. 2020. (2020a).

FUNASE. *Relatório de Gestão 2007-2010*. Recife, 2010. (No prelo). (2010b).

FUNASE. *Projeto político-pedagógico*. Recife, 2020. (No prelo). (2020c).

FUNASE. *Planejamento institucional 2014*. Recife, 2014. (No prelo). (2014a).

FUNASE. *Relatório Anual 2014*. Recife, 2014. (No prelo). (2014b).

FUNASE. *Planejamento institucional 2013*. Recife, 2013. (No prelo). (2013a).

FUNASE. *Relatório Anual 2013*. Recife, 2013. (No prelo). (2013b).

FUNASE. *Planejamento institucional 2012*. Recife, 2012. (No prelo). (2012).

FUNASE. *Planejamento institucional 2011*. Recife, 2011. (No prelo). (2011).

GALDEANO, Ana Paula; ALMEIDA, Ronaldo. *Tráfico de drogas entre as piores formas de trabalho infantil*: mercados, famílias e rede de proteção social. São Paulo: CEBRAP, 2018. (2018).

HUMAN RIGHTS WATCH. *O Estado deixou o mal tomar conta*: A Crise do Sistema Prisional do Estado de Pernambuco. USA, 2015. (2015).

IPEA. *Atlas da Violência 2019*. Brasília, 2019. Disponível em:< https://www.ipea.gov.br/atlasviolencia/download/19/atlas-da-

-violencia-2019>. Acesso em: 01/05/2022.

NAPOLIÃO, Paula; MENEZES, Fernanda; LYRA, Diogo. *Ganhar a vida, perder a liberdade*: tráfico, trabalho e sistema socioeducativo. Rio de Janeiro, Centro de Estudos de Segurança e Cidadania, 2020. (2020).

OLIVEIRA, Jocsã Carlos Leite de. *Avaliação dos resultados do pacto pela vida e a dinâmica dos homicídios nos municípios de Pernambuco.* (Dissertação, Ciência Política) Recife, PE: UFPE, 2016. (2016).

OIT. ORGANIZAÇÃO INTERNACIONAL DO TRABALHO. *Convenção nº 182 sobre proibição das piores formas de trabalho infantil e ação imediata para sua eliminação.* 1999. Disponível em: <https://www.ilo.org/brasilia/convencoes/WCMS_236696/lang--pt/index.htm>. Acesso em: 01/05/23.

PERNAMBUCO. Secretaria de Planejamento e Gestão. *Coleção cadernos de boas práticas e gestão*: Pacto Pela Vida. Volume V. Recife, 2014. (No prelo). (2014).

PERNAMBUCO. *Pacto Pela Vida:* prevenir a violência e reduzir a criminalidade. Recife, 2012. (No prelo). (2012).

PERNAMBUCO. Conselho Estadual de Defesa dos Direitos da Criança e do Adolescente de Pernambuco - CEDCA. *Plano de Reordenamento do Sistema Socioeducativo do Estado de Pernambuco 2010-2015*. Recife: Governo do Estado de Pernambuco/CEDCA, out. 2010. (No prelo). (2010).

PERNAMBUCO. *Pacto Pela Vida:* Plano Estadual de Segurança Pública de Pernambuco. Recife: Governo do Estado de Pernambuco, 2007. (No prelo). (2007).

PERNAMBUCO. *Um novo Pernambuco*: programa de governo Eduardo Campos. Recife, 2006. (No prelo). (2006).

PORTELA, Ana Paula; NASCIMENTO, Marília Gomes do; Impactos de gênero na redução da mortalidade violenta: reflexões sobre o Pacto pela Vida em Pernambuco. *Revista Brasileira de Segurança Pública*, São Paulo v. 8, n. 1, 48-68 Fev/Mar 2014.

RATTON, José Luiz; GALVÃO, Clarissa; FERNANDEZ, Michelle. O Pacto Pela Vida e a redução de homicídios em Pernambuco. *Instituto Igarapé.* Rio de Janeiro, n. 8, p. 10-28, ago. 2014. (2014).

ROCHA, Glauciene Farias. *Política de atendimento socioeducativo no estado penal brasileiro*: uma análise dos elementos de determinação do encarceramento de adolescentes no estado de Pernambuco. 2021. Dissertação (Mestrado em Serviço Social) - Universidade Federal de Pernambuco, Recife, 2021.

WACQUANT, Loïc. *As prisões da miséria.* Rio de Janeiro: Zahar, 2001. (2001).

PARTE III

UMA RADIOGRAFIA DO PATRONATO PENITENCIÁRIO DE PERNAMBUCO

6. PERFIL DESCRITIVO E INDICADORES QUANTITATIVOS DO PATRONATO PENITENCIÁRIO DE PERNAMBUCO

Thaís de Aguiar Leal Domingues[1]
Nayane Raíssa Ramos de Lima[2]
César Augusto Lins de Oliveira[3]
Francisco Jatobá de Andrade[4]

O objetivo geral deste capítulo é apresentar os resultados da análise quantitativa que compôs a pesquisa realizada no Patronato Penitenciário de Pernambuco (PPP), a partir dos dados institucionais referentes à sede (Região Metropolitana do Recife) e aos núcleos de Petrolina e Caruaru, entre os anos de 2022 e 2023. Para isso, este capítulo está dividido em cinco partes: o item 1 introduz o(a) leitor(a) aos objetivos da pesquisa e explicita a metodologia adotada; o 2 descreve o perfil das pessoas assistidas pelo PPP; o 3

---

1 Mestra em Sociologia e cientista social pela Universidade Federal de Pernambuco - UFPE.

2 Cientista social pela Universidade Federal de Pernambuco - UFPE.

3 Doutor em Ciência da Computação, mestre em Engenharia da Computação e engenheiro da computação pela Universidade Federal de Pernambuco UFPE.

4 Professor Adjunto do Departamento de Sociologia da Universidade Federal de Pernambuco. Doutor em Sociologia pela Universidade de São Paulo – UFPE. Mestre em Sociologia e cientista social pela Universidade Federal de Pernambuco - UFPE.

apresenta os indicadores institucionais e suas relações; por fim, os itens 4 e 5 enfatizam os principais resultados das análises realizadas, sobretudo os limites e as possibilidades de atuação do PPP e sugestões para uma política assistencial mais ampla e efetiva no combate à pobreza, desigualdade e violência no estado.

1 Introdução e metodologia adotada

A presente pesquisa consistiu em compreender a concretização, os limites e as possibilidades da atuação do Patronato Penitenciário de Pernambuco enquanto instituição de reinserção social dos(as) reeducandos(as) do sistema prisional no estado. Seus objetivos específicos englobam 1) o mapeamento dos processos de trabalho, instrumentos e registros; 2) o levantamento e a análise dos dados disponíveis; 3) a elaboração dos indicadores de monitoramento; e 4) a preparação dos protocolos de construção, extração e integração das bases de dados.

A fim de alcançar os objetivos propostos, foram estabelecidas duas unidades de análise neste trabalho. A primeira, pessoal, diz respeito às pessoas assistidas pelo PPP, e a segunda, institucional, abrange todas as informações relativas aos objetivos e às ações desenvolvidas pela instituição. Ambas foram exploradas a partir do acesso aos materiais disponibilizados pelo Patronato, além da interlocução com servidores(as) a respeito do curso das informações produzidas e recebidas intra e extra institucionalmente.

As planilhas de dados contemplam os dados coletados pelos setores em seus respectivos atendimentos (em especial, os setores Psicossocial, Educacional e Empregabilidade), além de informações enviadas por outros órgãos governamentais, como os desligamentos por óbito, por fim da pena ou por reincidência (retorno ao regime fechado). Os dados quantitativos foram utilizados para a compreensão do perfil das pessoas que são assistidas pela instituição e para a construção de indicadores a partir das informações existentes. Todos esses dados foram integrados em um único banco de dados e, a partir disso, tratados e analisados através do *software* SPSS Statistics.

Já os materiais analisados se resumem às fichas de preenchimento de informações sobre as pessoas assistidas e às informações gerais sobre a instituição (orçamento anual, quantitativo de atendimentos, número de servidores(as) e/ou contratados(as), número de cursos ofertados, relatórios anuais etc.). Essas informações foram analisadas com o objetivo de compreender, de maneira minuciosa, como os dados são coletados, ao menos no período em que a pesquisa foi desenvolvida, e quais informações devem ser priorizadas para as atividades desenvolvidas pelo Patronato e para a avaliação de seu desempenho. Diante disso, foi possível pensar alternativas para uma coleta de dados mais rápida, segura e integrada, que facilite a leitura de indicadores pelo PPP, pela gestão governamental e pela sociedade civil.

Diante disso, pode-se dizer que a análise quantitativa foi executada em três momentos principais: 1) observação e diálogo com funcionários(as) da instituição a fim de compreender o fluxo de informações existente intra e extra setores do Patronato; 2) observação dos dados disponibilizados pelo PPP e sua reorganização para atender aos objetivos propostos pela presente pesquisa; 3) análise descritiva e inferencial desses dados, que resultou, também, na criação de um *dashboard* disponibilizado na plataforma *Google Data Studio.*[5]

No processo de tratamento dos dados, as variáveis foram categorizadas conforme as classificações adotadas por instituições públicas competentes, como o Instituto Brasileiro de Geografia

---

5 Disponível em <https://lookerstudio.google.com/u/0/reporting/44c5c-908-2c20-4219-b68e-d092bc4984a7/page/Www5C>. Acesso em 28 mai. 2023.

e Estatística (IBGE) e o Conselho Nacional de Justiça (CNJ). Ao longo deste capítulo, todas as variáveis recategorizadas foram devidamente assinaladas, assim como os critérios de construção dos índices apresentados foram especificados no item 3. A lista com todas as variáveis utilizadas para a formação dos indicadores apresentados está disponível no dicionário de variáveis (Apêndice A).

Através desses indicadores, foi possível realizar uma análise de desempenho (esforços e resultados) das atividades desenvolvidas por todos os segmentos de atuação do Patronato (Psicossocial, Educacional, Empregabilidade, Jurídico-Penal e Fiscalização). A opção pelo uso de indicadores se justifica, na análise de políticas ou instituições públicas, pela possibilidade de observar empiricamente a evolução das atividades desenvolvidas e seus resultados. A partir da observação, a gestão institucional pode acompanhar a sua atuação e elaborar planos estratégicos para a satisfação de seus objetivos. Além disso, os indicadores podem, e devem, ser utilizados como ferramenta de transparência (Caiuby, 2011), a fim de divulgar o desempenho institucional a terceiros: instituições governamentais, científicas e sociedade civil. Os resultados de todas essas análises serão apresentados de maneira mais detalhada nas subseções seguintes.

2 Perfil das pessoas assistidas pelo PPP

O perfil das pessoas assistidas pelo Patronato foi composto por dois eixos: perfil socioeconômico e perfil jurídico-penal. Para o primeiro, foram analisadas as seguintes variáveis: gênero, idade, etnia, número de filhos(as), orientação sexual, escolaridade, ocupação e moradia (município, bairro e AIS).[6] Já o segundo, foi composto pelas variáveis regime de pena e reincidência.

6 Informações como renda, uso de substâncias psicoativas, estar sob ameaça, possuir moradia e conviver com a família, apesar de serem coletadas nas fichas cadastrais do PPP, não são migradas para a planilha principal, que segue para outros órgãos do Governo do Estado e que nos foi repassada.

2.1 Perfil Socioeconômico: características socioespaciais, escolaridade, trabalho, renda e acesso à cidadania

No campo socioeconômico, constatou-se que, de 12.866 casos válidos, a maioria é do sexo masculino (93,6%), a média de idade é de 36 anos e a faixa de idade[7] mais frequente é de 35 a 45 anos, com aproximadamente 29% dos casos válidos (ver Gráfico 1), apesar de, no Brasil, os percentuais das faixas de idade entre as pessoas privadas de liberdade serem relativamente equilibrados entre as faixas de 18-24 anos, 25-29 anos, 30-34 anos e 35-45 anos (Fórum Brasileiro de Segurança Pública, 2022, p. 35), com tendência à acumulação maior entre as faixas de idade mais jovens. Se simplificarmos e analisarmos os dados a partir das categorias "jovens", "adultos" e "idosos",[8] temos que: 30% (3.821) são pessoas jovens, 67% (8.489) são adultas e apenas 3% (397) são idosas.

Essa concentração de casos com idades mais avançadas em comparação à população carcerária nacional se explica pela modalidade da pena das pessoas que o Patronato atende: regime aberto e liberdade condicional. Para a progressão ao regime aberto ou para a concessão do benefício de liberdade condicional, o(a) reeducando(a) que já está privado(a) de liberdade precisa cumprir uma série de pré-requisitos, sendo os principais o tempo de cumprimento da pena e o bom comportamento. Diante disso, a depender do crime cometido, o tempo de pena cumprido pode ser consideravelmen-

7 Para a criação das faixas etárias analisadas, foram replicadas as categorias utilizadas pelo Conselho Nacional de Justiça (CNJ) em seus relatórios técnicos sobre os dados prisionais.

8 De acordo com o Estatuto da Juventude, são considerados jovens os indivíduos com idade entre 15 e 29 anos. Disponível em <https://www2.senado.leg.br/bdsf/bitstream/handle/id/509232/001032616.pdf>. Acesso em 28 mai. 2023. Já pessoas idosas são aquelas com idade superior a 60 anos, segundo o Estatuto da Pessoa Idosa. Disponível em <https://www.planalto.gov.br/ccivil_03/leis/2003/l10.741.htm>. Acesso em 28 mai. 2023.

te longo. Isso significa que essas pessoas ingressam mais jovens no sistema prisional e saem significativamente mais velhas. A saída do sistema prisional é justamente o momento em que há o encaminhamento para a assistência (e fiscalização) no Patronato.

Gráfico 1 – Faixas etárias das pessoas assistidas pelo PPP

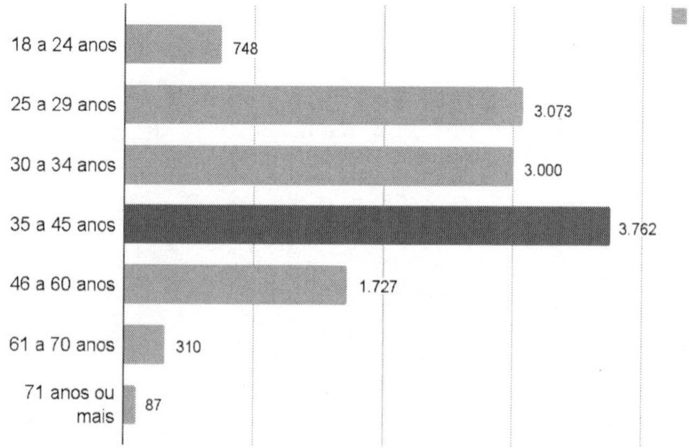

Fonte: Elaboração dos(as) autores(as).

Esse argumento é validado quando analisamos os dados sobre o tempo de permanência das pessoas aprisionadas no Brasil. De acordo com o Infopen (Brasil, 2015), mais de 50% da população cumpre pena em regime fechado com duração de 4 a 15 anos. No Patronato, chama atenção o percentual de casos com fim de pena não informado: quase 50%. A falta de informação nesse caso não significa ausência de dados para análise, pelo contrário, essa estatística aponta para a carência de transparência no sistema jurídico-penal, pelo qual muitas pessoas passam, mas não compreendem os seus direitos e a sua situação.

Dentre as categorias de etnia, tem-se 2.673 casos de pessoas brancas e 9.203 de não brancas[9] (ver Gráfico 2). A recategorização da variável etnia nesses dois grupos justifica-se pela não padronização das respostas e pela falta de controle na coleta dos dados, como o uso inadequado de pré-categorias da própria instituição (a exemplo de "moreno(a)"), que também pode contribuir para o baixo percentual de outras categorias. Compreende-se como "brancos" os casos assim denominados e "não brancos" aqueles(as) registrados(as) como pardos(as), pretos(as) e indígenas. Categorias não utilizadas pelo IBGE foram desconsideradas.

Gráfico 2 – Percentual de Pessoas Assistidas Brancas e Não Brancas

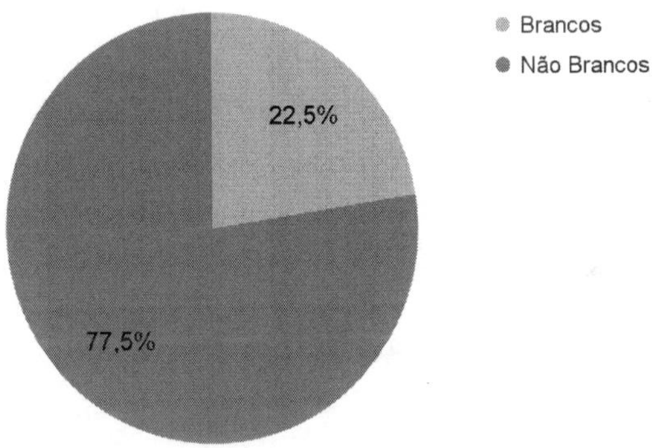

Fonte: Elaboração dos(as) autores(as).

9 A recategorização da variável etnia em "brancos" e "não brancos" justifica-se pela não padronização das respostas e a falta de controle da coleta dos dados, como o uso inadequado de pré-categorias da própria instituição (a exemplo de "moreno(a)"), que também pode contribuir para o baixo percentual de outras categorias. Compreende-se como "brancos" os casos assim denominados e "não brancos" aqueles(as) registrados(as) como pardos(as), pretos(as) e indígenas. Categorias não utilizadas pelo IBGE foram desconsideradas, mas isso em nada afeta a análise, pois essas categorias não apresentaram um percentual relevante.

Apesar da adoção de categorias diferentes, quando comparado aos dados do Mapa do Encarceramento (*Idem*), esse gráfico é bastante representativo do perfil racial da população encarcerada no país, cujo grupo que prevalentemente se destaca, dentre os não brancos, são os pretos e pardos.

Outro dado muito importante para se pensar na formulação de políticas de diminuição da(s) vulnerabilidade(s) social(is) é o entorno familiar, sobretudo no que tange as pessoas dependentes desses indivíduos, como os(as) filhos(as). Tendo em vista essa perspectiva, optamos pela descrição desse dado, que se mostrou relevante: 70,3% das pessoas assistidas têm um ou mais filhos(as). A média de filhos(as) por pessoa é de 1,62.

Em relação à orientação sexual, apenas 1,3% das pessoas se autodeclararam LGBTQIA+, o que explica a não existência de políticas voltadas para essa população, que sofre ainda mais discriminações no mercado de trabalho em função de suas identidades de gênero ou orientações sexuais. Contudo, é importante salientar que há uma grande subnotificação desses dados,[10] motivada por questões culturais, intolerância, desconhecimento, entre outros fatores, vide os resultados da Pesquisa Nacional de Saúde (PNS).[11]

As informações a respeito das pessoas com deficiência física assistidas pela instituição também se mostraram questionáveis

10 Durante as visitas realizadas à sede e aos demais núcleos, notamos a inadequação das instalações em que são realizados os atendimentos, sobretudo em relação à privacidade de temas considerados íntimos, constrangedores ou ainda socialmente reprováveis, como a orientação sexual, a identidade de gênero, o uso de substâncias psicoativas, o número de filhos(as) e estar sob ameaça ou em situação de rua, de acordo com funcionários(as), que nos relataram notar essas dificuldades nas respostas a tais questões no momento de preenchimento da ficha cadastral.

11 Disponível em <https://agenciabrasil.ebc.com.br/direitos-humanos/noticia/2022-05/ibge-divulga-levantamento-sobre-homossexuais-e-bissexuais-no-brasil>. Acesso em 28 mai. 2023.

diante das categorias presentes nos bancos de dados disponibilizados pelo PPP. Por se tratar de uma variável com informações coletadas por meio de um questionário aberto, sem posterior categorização, as respostas não seguem um critério metodológico.

Dessa forma, dificuldades físicas, doenças tratáveis e transtornos psíquicos são todos considerados "deficiências". Para não descartar todas essas informações, a solução metodológica encontrada foi dividir essa variável em: 1) pessoas com alguma deficiência, doença, transtorno ou dificuldade que reduza sua mobilidade física ou interfira na sua saúde; 2) pessoas que não possuem nenhum desses problemas. A partir disso, obtivemos os seguintes valores: 2,1% dos(as) assistidos(as) declararam ser Pessoas com Deficiência (PcD) ou ter algum problema que interfere em sua saúde, e 97,9% declararam não ser PcD e não ter nenhum problema dessa ordem. A falta de critérios para a coleta desses dados levanta questionamentos a respeito da invisibilidade institucional de pessoas com algum tipo de deficiência e a ausência de ações pensadas especificamente para sua reinserção social, já que estudos anteriores apontam para a dificuldade de inserção dessas pessoas no mercado de trabalho.[12]

Em relação à escolaridade, destaca-se que a maior parte dos assistidos sequer chegou a concluir o Ensino Fundamental I (1ª a 4ª série).[13] Quando somadas as categorias de Ensino Fundamental I e II, os números são ainda mais expressivos (ver Gráfico 3).

12 Ver IBGE (2022).

13 Atualmente denominado Ensino Fundamental Anos Iniciais (1º ao 5º ano), conforme as alterações de 2019 da Base Nacional Comum Curricular (BNCC).

Gráfico 3 - Escolaridade dos(as) Assistidos(as) pelo PPP

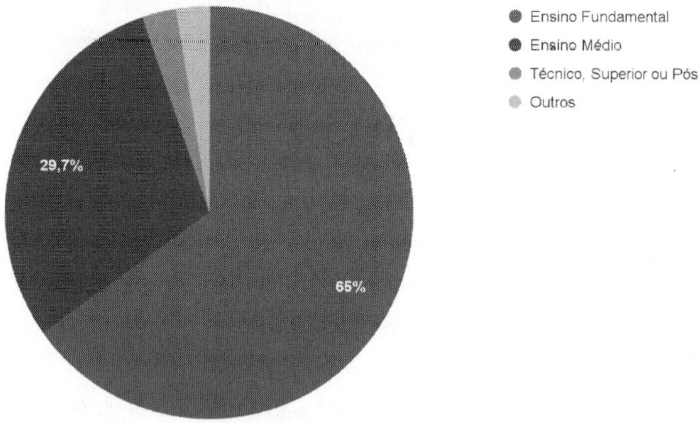

Fonte: Elaboração dos(as) autores(as).

Tem-se, a princípio, um valor baixo de pessoas autodeclaradas analfabetas (336 casos). No entanto, essa não é uma boa categoria analítica, visto que não há critério metodológico para sua coleta nas fichas cadastrais da instituição. Sendo assim, o analfabetismo funcional (em que há algum grau de escolaridade, com reconhecimento de letras e números, mas ausência de compreensão textual) não é medido através das informações coletadas. Portanto, os dados sobre o déficit educacional não são fidedignos à realidade. Isso significa que o número real de pessoas analfabetas aparenta ser maior que a frequência absoluta apresentada.

Na variável trabalho, observou-se que 80% dos(as) assistidos(as) estão desempregados(as) (10.037 dos 12.632 casos válidos). Dentre os(as) que têm algum tipo de emprego, a maioria esmagadora se encontra em situação de informalidade (ver Gráfico 4). A informalidade é analisada com base nos critérios estabelecidos pelo IBGE: trabalhadores(as) informais são aqueles(as) que estão no setor privado ou doméstico sem carteira assinada; empregadores(as) sem registro de CNPJ; trabalhadores(as) por conta própria sem CNPJ e trabalhadores(as) familiares auxiliares.

Aquelas pessoas que recebem aposentadoria, pensão ou algum benefício governamental (Bolsa Família, BPC/LOAS) não representam 1% dos casos válidos. Essa informação é um indicativo importante, pois os dados apontam para uma grande vulnerabilidade social nessa população, que não tem sido assistida pelas políticas sociais voltadas para a resolução desse problema.

Gráfico 4 – Status de Trabalho

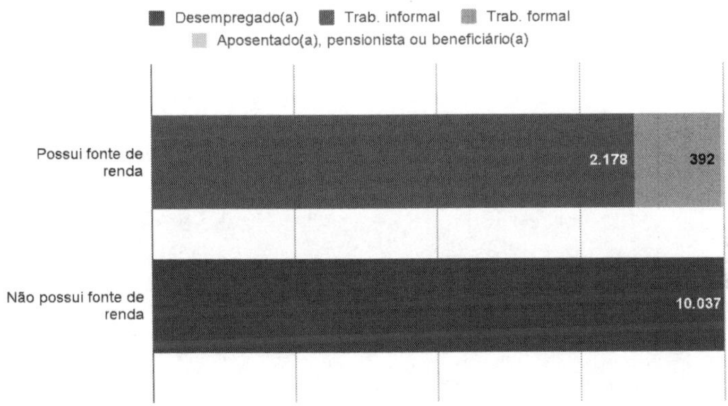

Fonte: Elaboração dos(as) autores(as).

Se considerarmos esses mesmos dados a partir de duas categorias: 1) possuem fonte de renda; e 2) não possuem fonte de renda; temos que: 20,8% dos casos válidos têm alguma fonte de renda, seja fruto do trabalho, da aposentadoria, de benefício ou pensão; e 77,9% não possuem fonte de renda, pois estão em situação de desemprego.

Dentre os(as) que possuem trabalho, as dez ocupações mais frequentes são: vendedor(a), auxiliar de serviços gerais, ajudante de pedreiro, pedreiro(a), motorista, comerciante, auxiliar de produção, pintor(a), serralheiro(a) e porteiro(a). Observa-se também que grande parte das ocupações informadas são de "auxiliar", "assistente" e "ajudante" em áreas diversas, ou seja, postos que demonstram uma maior instabilidade laboral, visto que tendem a ter uma rotatividade grande de empregados(as). Além disso, a maioria dos cargos são trabalhos considerados de baixo prestígio social, normalmente circunscritos às classes C, D e E.

Nesse âmbito, há uma aparente incongruência entre os cursos profissionalizantes ofertados pelo PPP e os trabalhos que mais têm empregado pessoas assistidas pela instituição. De acordo com o Setor Educacional, o Patronato já ofertou cursos de: pedreiro, eletricista, pintor, informática, encanador, refrigeração, gesseiro, mecânico de motos, doces e salgados, bolos e tortas, panificação e garçom.[14]

Ainda sobre os dados relativos ao trabalho, observou-se que a Prefeitura de Olinda, a Prefeitura do Recife (especialmente a Emlurb e a SERES[15]), a Prefeitura de Jaboatão dos Guararapes e o Governo de Pernambuco (sobretudo a Empetur[16]) são as instituições que mais empregam pessoas assistidas pelo Patronato. Além disso, destaca-se a atuação do IDERES como uma importante instituição que une interesses privados à reinserção de pessoas egressas[17] no mercado de trabalho.

---

14 Ainda de acordo com o Setor, há uma recente procura por cursos de: barbeiro e cabeleireiro, manicure, designer de sobrancelhas (esse segmento é especialmente solicitado por mulheres e pela população LGBTQIA+). A instituição tem estudado as possibilidades de ofertar cursos nessas áreas.

15 Autarquia de Manutenção e Limpeza Urbana do Recife (Emlurb); e Secretaria Executiva de Ressocialização (SERES).

16 Empresa de Turismo de Pernambuco (Empetur).

17 Instituto de Desenvolvimento e Reintegração Social. Autodefinida como uma sociedade civil de direito privado, sem fins lucrativos, a instituição

Através desses dados é possível notar a existência de um maior protagonismo de empresas públicas e Parcerias Público-Privadas (PPPs) na empregabilidade de pessoas egressas do sistema penal quando comparado às empresas privadas e organizações não governamentais. Apesar disso, a taxa de pessoas atendidas pelo Patronato empregadas nessas organizações ainda é baixíssima (cerca de 11 %).[18]

Do ponto de vista socioespacial, foi possível constatar a concentração de casos em bairros de baixa renda e maior índice de vulnerabilidade social (IVS).[19] Na tabela abaixo, observa-se os bairros com maior frequência de ocupação por pessoas assistidas pelo Patronato. É possível notar que uma parcela considerável é de bairros com alta vulnerabilidade social: entre 0,4 e 0,5 (com escala que vai de zero a um), aproximadamente. Quando analisada individualmente a taxa de desocupação de pessoas maiores de 18 anos, também há uma predominância nessas áreas, com percentual populacional de 14% a 25%, aproximadamente. Concomitantemente, o Índice de Desenvolvimento Humano (IDH)[20] é majoritariamente médio (cerca de 0,6 a 0,7).

---

tem como pauta a garantia de direitos humanos e a oportunização de trabalho a pessoas egressas do sistema prisional (disponível em <http://www.ideres.org/ideres/>. Acesso em 10 jun. 2023). Apesar disso, observa-se como argumento a favor dessas duas frentes a ausência de encargos sociais trabalhistas para os empregadores, fato que tem sido apontado pelos dados desta pesquisa como um fator de reprodução das vulnerabilidades sociais existentes.

18 Ver seção 3.1.1.

19 O IVS tem sido um importante indicador da vulnerabilidade social a nível nacional, medido através de três principais dimensões: 1) infraestrutura urbana, 2) capital humano e 3) renda e trabalho. Seus resultados podem ser acessados a partir de planilhas ou mapas dinâmicos, no site do IPEA (disponível em <http://ivs.ipea.gov.br/index.php/pt/>. Acesso em 02 jun. 2023).

20 Ver nota de rodapé 15.

Tabela 1 - Bairros de Moradia na RMR com Maior Incidência de Pessoas Assistidas

Ord.	Bairro	Freq.	Ord.	Bairro	Freq.
1	"Centro"	410	12	Iputinga	167
2	Ibura	361	13	Casa Amarela	163
3	Água Fria	238	14	Afogados	153
4	Prazeres	206	15	Boa Viagem	152
5	Peixinhos	202	16	Janga	150
6	Campo Grande	200	17	Águas Compridas	144
7	Rio Doce	185	18	Piedade	143
8	Pina	184	19	Imbiribeira	141
9	Nova Descoberta	182	20	Pau Amarelo	140
10	Várzea	179	21	Torrões	133
11	Santo Amaro	177	22	Cavaleiro	127

Fonte: Elaboração dos(as) autores(as).

Por fim, observa-se o gráfico de acesso à documentação básica. Essa documentação é composta pelo Registro Geral (RG), Cadastro de Pessoa Física (CPF), Carteira de Trabalho e Previdência Social (CTPS) e Título Eleitoral. Os dados apontam para uma porcentagem maior de pessoas que possuem esses documentos do que pessoas que não os possuem. No entanto, observa-se uma queda no acesso ao título eleitoral. Esse número pode ser explicado pela modalidade da pena, uma vez que a liberdade condicional e o regime aberto não afastam a suspensão dos direitos políticos das pessoas apenadas.

Gráfico 5 - Acesso à Documentação

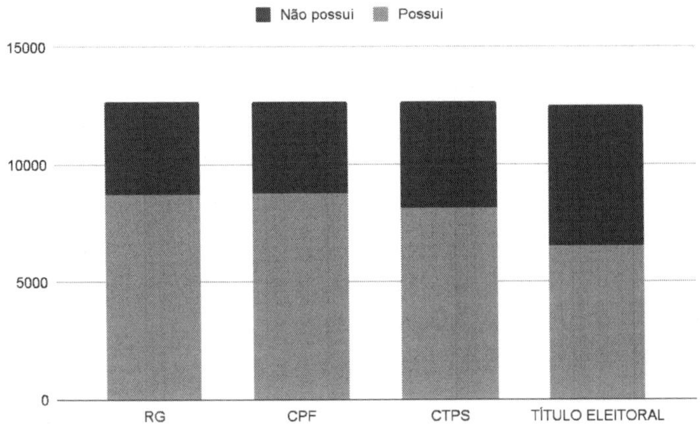

Fonte: Elaboração dos(as) autores(as).

Esse é um importante indicador de acesso a direitos como identidade, participação política, acesso à saúde pública e à possibilidade de trabalho formalizado. Entre as funções do Patronato Penitenciário, o encaminhamento para retirada de documentos tem bastante demanda e se tornou uma das principais atividades do Setor Psicossocial. Esses dados serão melhor explorados na seção 3.1.2, a partir da criação de um índice de acesso à documentação.

2.2 Perfil Jurídico-Penal: modalidade e tipificação penal

A respeito da modalidade de pena, 82,7% (10.659) estão em livramento condicional e 17,26% (2.223) em regime aberto. De acordo com o CNJ (2018), o livramento condicional é um benefício dado à pessoa privada de liberdade que permite o cumprimento do restante da pena em liberdade. Esse benefício é concedido mediante alguns requisitos estipulados pela justiça, que levam em consideração: o tempo de pena já cumprido, a reincidência no sistema prisional, o tipo de crime (doloso, culposo, hediondo etc.), o comportamento ao longo da pena, o desempenho no trabalho, a capacidade de garantir o próprio sustento, entre outros. Além disso, por ser um benefício, é necessário que o(a) apenado(a) o solicite formalmente à justiça.

Já o regime aberto é oficialmente um regime de cumprimento de pena, que, além de aberto, pode ser semiaberto ou fechado. O Código Penal Brasileiro prevê que as penas privativas de liberdade devem ser executadas de forma progressiva, portanto, o regime aberto é um direito da pessoa privada de liberdade. Sua concessão será avaliada com base no tempo da pena aplicada (e cumprida), no comportamento do indivíduo e nas circunstâncias do crime cometido.

Nesse sentido, é importante relacionar essa variável com a idade das pessoas assistidas pelo PPP (ver seção 2.1), visto que o critério de concessão do livramento condicional ser um terço da pena recebida interfere diretamente na faixa de idade dessas pessoas, como já foi pontuado. Por outro lado, é interessante refletir sobre o critério de garantia do próprio sustento, já que se observa que a maior parte dessa população está desempregada e as ações da instituição em prol da empregabilidade e reinserção social têm se mostrado insuficientes para a demanda existente.

Ainda sobre a modalidade de pena, o Código Penal prevê que a pessoa que cometeu um ato criminoso pela primeira vez (ou seja, que não seja reincidente) possa respondê-lo em regime aberto, a depender da gravidade do ato. Esse é um dado relevante para compreender o perfil das pessoas assistidas pelo PPP, já que nem todas saíram do sistema penitenciário.

Sobre a frequência dos crimes pelos quais as pessoas assistidas pelo PPP foram condenadas, temos a seguinte frequência:

Tabela 2 – Artigos penais com maior incidência de casos entre pessoas assistidas pelo PPP

		Frequência
1º	Art. 157 (Roubo)	3.128
2º	Art. 33 (Tráfico de drogas)	1.971
3º	Art. 121 (Homicídio)	1.097
4º	Art. 155 (Furto)	277
5º	Art. 214 (Atentado violento ao pudor)	139
6º	Art. 129 (Lesão corporal)	110
7º	Art. 213 (Estupro)	107
8º	Art. 288 (Formação de quadrilha)	101
9º	Art. 180 (Receptação)	85
10º	Art. 217 (Estupro de vulnerável)	81
11º	Art. 171 (Estelionato)	46
12º	Art. 311 (Desacato à autoridade)	20

Fonte: Elaboração dos(as) autores(as).

Diante dessa tabela, observa-se que mais de 90% das pessoas respondem pelos crimes de roubo, tráfico e/ou homicídio. A maior parte dos crimes cometidos são considerados violentos contra o patrimônio, de acordo com a classificação da Secretaria Nacional de Segurança Pública (SENASP) (Brasil, 2004). Em segundo lugar tem-se os delitos envolvendo drogas. Esses dados acompanham as tendências das estatísticas a nível nacional.[21]

3 Indicadores institucionais

Para a formulação dos indicadores institucionais, foram utilizados dados oriundos do Portal da Transparência de Pernambuco, além de informações e planilhas repassadas pelo Patronato Peni-

21 Ver Fórum Brasileiro de Segurança Pública (2022).

tenciário. A análise desses dados objetiva avaliar a atuação do PPP no processo de ressocialização dos indivíduos assistidos, portanto, trata-se de um diagnóstico extraoficial das políticas de assistência desenvolvidas pela instituição. Para isso, os índices foram criados a partir de cinco blocos de análise, que se relacionam com o trabalho desenvolvido pela instituição em cada um de seus setores. São eles: 1) cidadania ou vulnerabilidade social; 2) empregabilidade; 3) educação e profissionalização; 4) reincidência; 5) fiscalização.[22]

Posteriormente, esses indicadores foram sistematizados e analisados com base em cinco categorias: efetividade, eficácia, eficiência, execução e insumos.[23] Veja o quadro a seguir.

Quadro 1 – Critérios para Sistematização e Análise dos Indicadores Institucionais

Tipo de indicador	Significado
Insumos	Mede a quantidade de insumos ou recursos humanos, materiais ou financeiros gastos ou necessários.
Execução	Mede o quantitativo executado.
Eficiência	Mede a relação entre os serviços entregues e os recursos despendidos.
Eficácia	Mede o quanto foi entregue do que era necessário entregar.
Efetividade	Mede o impacto de ações no contexto.

Fonte: Elaboração dos(as) autores(as), a partir de categorização do Ministério do Planejamento (Bahia, 2021; Brasil, 2009).

22 Para entender quais dados compõem os indicadores de cada bloco de análise, ver o Apêndice B.

23 Essas categorias foram baseadas no *Guia Referencial para Medição do Desempenho da Gestão, e Controle para o Gerenciamento dos Indicadores de Eficiência, Eficácia e de Resultados* do Programa Nacional de Gestão Pública e Desburocratização (ver Brasil, 2009).

3.1 Indicadores de Desempenho: esforços *versus* resultados

Na avaliação de políticas públicas, o desempenho de uma instituição pode ser medido a partir de dois critérios: esforço e resultado. Nesse sentido, a avaliação de desempenho busca medir a atuação de uma instituição para se alcançar um resultado. No âmbito da atual pesquisa, entende-se por desempenho as ações desenvolvidas pelo Patronato Penitenciário de Pernambuco para alcançar a ressocialização dos indivíduos que estão em regime fechado ou em liberdade condicional.

Os indicadores de desempenho são divididos em duas classes: indicadores de esforços e indicadores de resultados. Portanto, os esforços são as ações desenvolvidas pelo PPP (orçamento institucional, cursos ofertados, encaminhamentos para acesso à documentação e medidas de assistência social e saúde, entre outros) e os resultados são as medidas de ressocialização (nesse quesito, compreende-se como ressocialização a inserção no mercado de trabalho formal, a formação educacional ou profissionalizante, o acesso à cidadania e a não reincidência no sistema prisional). O Quadro 2 sistematiza essa categorização adotada na presente análise.

Quadro 2 – Composição dos Indicadores de Desempenho

Indicadores de Esforços	Insumos	1) Total de parcerias com instituições públicas e privadas; 2) Valor do orçamento anual.
	Execução	1) Total de pessoas assistidas; 2) Total de cursos ofertados; 3) Total de vagas ofertadas nos cursos; 4) Índice de acesso à documentação básica.
	Eficiência	1) Custo por pessoa assistida.
Indicadores de Resultados	Eficácia	1) Coeficiente de empregabilidade total; 2) Coeficiente de empregabilidade formal; 3) Porcentagem de pessoas que fizeram cursos profissionalizantes.
	Efetividade	1) Coeficiente de assistidos(as) faltosos(as); 2) Coeficiente de desligamento por reincidência; 3) Coeficiente de desligamento por óbito.

Fonte: Elaboração dos(as) autores(as).

A partir dessas informações, buscou-se comparar os indicadores de esforços e resultados a fim de compreender se as atuais ações do PPP têm sido suficientes para o seu objetivo enquanto uma instituição de reinserção social e, consequentemente, diminuição da reincidência e retração da incriminação e da violência urbana.

3.1.1 Insumos: parcerias e orçamento

Insumos são serviços ou matérias-primas necessárias para a execução do trabalho desenvolvido pela instituição. No Patronato, analisamos como indicadores de insumos a quantidade total de: 1) parcerias com instituições públicas e privadas; e 2) recurso financeiro anual (orçamento).

Ao todo, o Patronato tem parceria com 35 instituições, sendo 25 públicas e 10 privadas. As privadas se restringem à RMR, já as públicas são 21 da RMR e 4 de Caruaru e Petrolina. Das 1.522 pessoas trabalhando nessas instituições parceiras, mais de 90% estão em órgãos públicos (ver Gráfico 6). Desse total, 85% são homens e apenas 15% mulheres. Apesar dessa disparidade aparente, a taxa de empregabilidade entre homens e mulheres assistidos(as) pelo PPP, com escala de zero a um, é, respectivamente: 0,27 e 0,1. Em outras palavras, proporcionalmente há mais vagas destinadas ao gênero feminino do que ao masculino. Isso pode ser explicado pela natureza do trabalho que é ofertado, já que a maioria das vagas são para auxiliar de serviços gerais – tarefa socialmente associada às mulheres. Além disso, o estereótipo do "bandido" foi historicamente construído a partir da figura masculina e ainda se mantém majoritariamente em torno dessa. A taxa de empregabilidade em instituições públicas é de 11% e em instituições privadas, 1%.

Gráfico 6 – Status de Trabalho

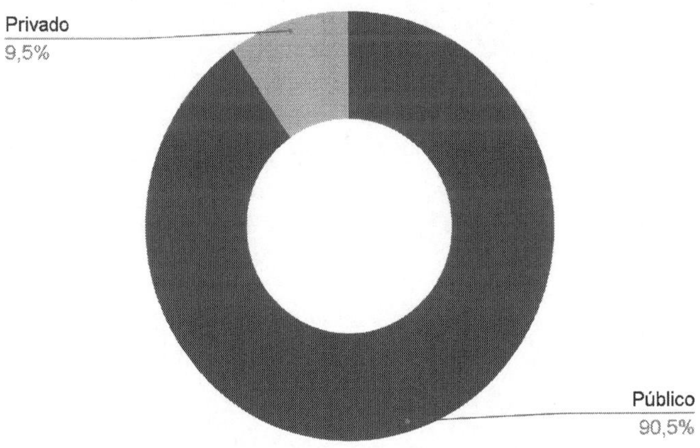

Fonte: Elaboração dos(as) autores(as).

O orçamento do Patronato Penitenciário apresenta grande variação entre os anos de 2016 e 2023. De 2017 a 2021 houve uma considerável redução dos investimentos na instituição, motivados (ver Gráfico 7), sendo 2021 o ano com o déficit orçamentário ainda maior, ocasionado pela pandemia de COVID-19, que afetou drasticamente o funcionamento das atividades de todos os setores do Patronato.

Gráfico 7 – Orçamento anual do PPP de 2016 a 2023

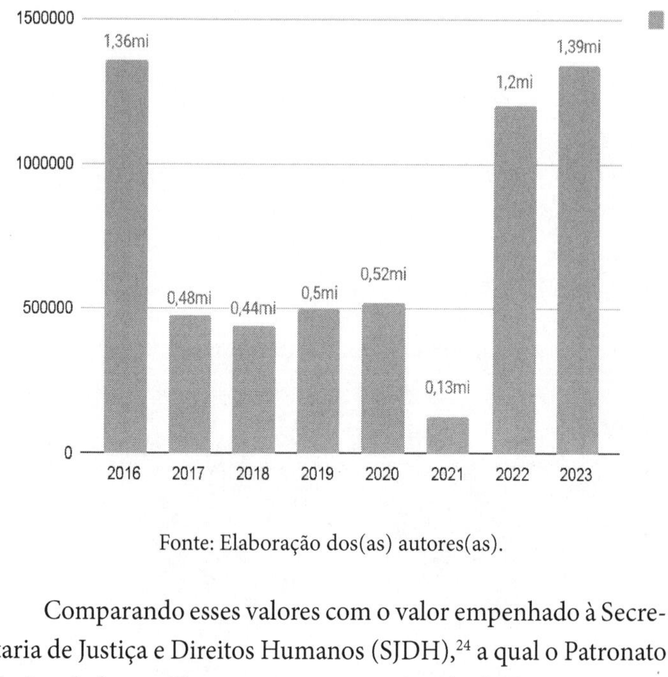

Fonte: Elaboração dos(as) autores(as).

Comparando esses valores com o valor empenhado à Secretaria de Justiça e Direitos Humanos (SJDH),[24] a qual o Patronato é vinculado, verifica-se que o orçamento do PPP nem mesmo representa 1% das despesas da secretaria (Gráfico 8).

24 Dados do Portal da Transparência de Pernambuco (disponível em <http://web.transparencia.pe.gov.br/despesas/despesa-detalhada/>. Acesso em 27 jul. 2023).

Gráfico 8 – Orçamento anual do PPP de 2016 a 2023

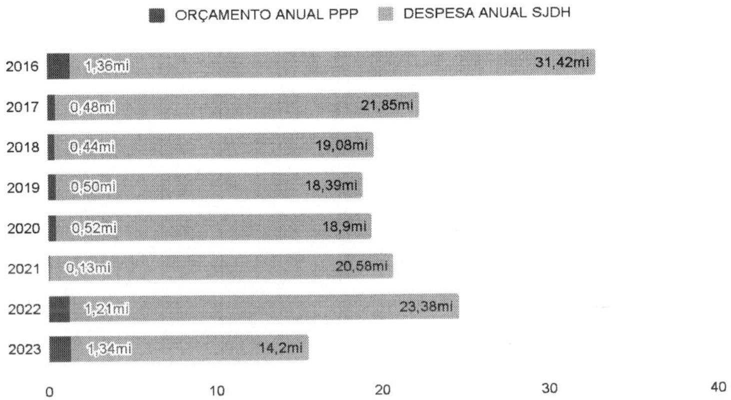

Fonte: Elaboração dos(as) autores(as).

Contudo, a disparidade maior é em relação aos recursos destinados à Secretaria Executiva de Ressocialização (SERES), responsável pela administração das unidades prisionais no estado de Pernambuco. Nos anos de 2016 a 2023, o Governo Estadual destinou cerca de 3,06 bilhões de reais à SERES. No mesmo período, o somatório gasto pelo PPP foi de 5,97 milhões. Isso significa um orçamento 510 vezes maior destinado à SERES ao longo dos oito anos de funcionamento do PPP. A Tabela 3 abaixo mostra esses dados de forma sistematizada:

Tabela 3 - Comparativo do orçamento anual do PPP com a despesa empenhada anual da SJDH e da SERES, de 2016 a 2023

Ano	Orçamento e Despesa Empenhada		
	PPP	SJDH	SERES
2016	1,36 mi	31,42 mi	276,3 mi
2017	0,48 mi	21,85 mi	321,29 mi
2018	0,44 mi	19,08 mi	364,86 mi
2019	0,5 mi	18,39 mi	397,39 mi
2020	0,52 mi	18,9 mi	388,92 mi
2021	0,13 mi	20,58 mi	419,95 mi
2022	1,21 mi	23,38 mi	482,31 mi
2023	1,34 mi	14,2 mi	411,45 mi
Total	5,97 mi	167,8 mi	3,06 bi

Fonte: Elaboração dos(as) autores(as).

3.1.2 Execução: pessoas assistidas, acesso à documentação e cursos

Os indicadores de execução são parte dos indicadores de esforços institucionais. Especificamente, indicadores de execução medem o quantitativo das ações realizadas pela instituição analisada. No caso do Patronato, foram analisados o total de: 1) pessoas assistidas; 2) pessoas com acesso à documentação básica; 3) cursos ofertados; e 4) vagas ofertadas nos cursos.

O PPP tem uma média de 2.000 novos atendimentos por ano, aproximadamente 170 por mês. Entre os anos de 2012 e 2022, temos a seguinte variação média de atendimentos:

Gráfico 9 - Linha do tempo de média mensal de atendimentos de 2012 a 2022

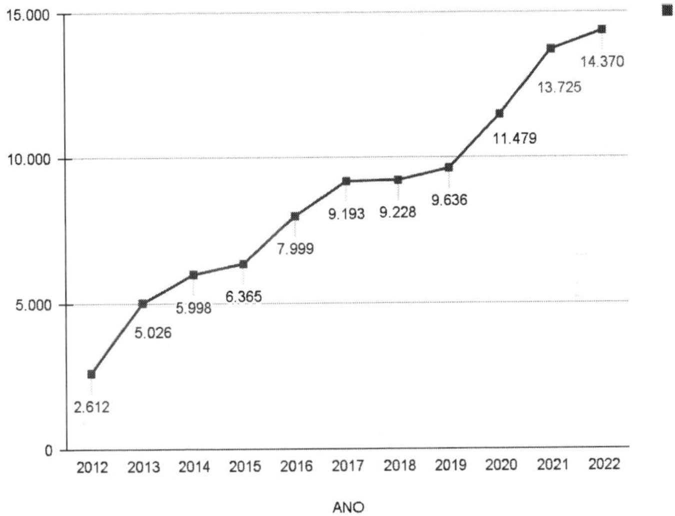

Fonte: Elaboração dos(as) autores(as).

Constata-se, portanto, o crescente aumento de pessoas assistidas pelo PPP, inclusive durante a pandemia de COVID-19. O aumento nos atendimentos do Patronato acompanha uma tendência estadual e nacional (Brasil, 2015).

Tabela 4 - Indicador de Acesso à Documentação (Cidadania)

	Frequência	Percentual
Baixo	3.854	30,8%
Médio	1.382	11%
Alto	7.287	58,2%

Fonte: Elaboração dos(as) autores(as).

Para o índice de acesso à documentação, utilizou-se o acesso aos documentos apresentados na seção 2.1. Esse indicador aponta para um percentual alto de acesso à documentação, visto que mais da metade das pessoas assistidas (58,2%) possuem esses documentos básicos. Isso significa que o Patronato tem um importante papel na garantia desses direitos e esse trabalho tem sido uma de suas frentes mais importantes de atuação, de acordo com funcionários(as) da instituição, principalmente pelo fato de muitas pessoas saírem das unidades prisionais sem seus documentos. Ainda assim, nota-se que há uma demanda considerável por pessoas que não acessaram esse direito (vide o percentual de 30,8% de baixo acesso à documentação). Esses casos podem ser de pessoas que acabaram de entrar na instituição ou de pessoas em situação de rua, que, de acordo com relatos de funcionários(as) do PPP, com frequência voltam para retirar segundas vias, pois perdem os documentos com alta frequência.

De 2020 a 2022, tem-se um total de 15 cursos ofertados, com 513 vagas ou pessoas matriculadas. Assim, pode-se dizer que há uma média de cinco cursos e 171 vagas oferecidas anualmente. Mesmo em cursos considerados voltados para o gênero feminino, observa-se uma grande procura masculina, possivelmente desencadeada pela alta taxa de desempregabilidade entre homens. Proporcionalmente, esse número de vagas oferecidas corresponde a 1,3% do total de pessoas assistidas. De outra maneira, podemos dizer que existe uma concorrência de 77 pessoas para cada vaga ofertada pela instituição.

3.1.3 Eficiência: custo por pessoa assistida

A eficiência é medida através dos recursos materiais gastos pela instituição para desenvolver suas atividades ou objetivos. Compõe o indicador de eficiência o custo por pessoa assistida na instituição.

Diante da média orçamentária anual e da média de pessoas assistidas nos últimos sete anos, infere-se que o custo mensal por pessoa assistida é de R$7,65 (sete reais e sessenta e cinco centavos). De outra forma, o PPP dispôs, em média, de pouco mais de R$90,00 (noventa reais) anualmente para dar a assistência necessária a cada uma das pessoas assistidas. Na tabela a seguir, é possível ver a variação desse valor ao longo dos anos.

Tabela 5 – Custo médio mensal por pessoa assistida entre 2016 e 2022

Ano	Custo Médio Mensal por Pessoa Assistida
2016	R$14,16
2017	R$4,34
2018	R$3,95
2019	R$4,32
2020	R$3,77
2021	R$0,78
2022	R$7,00

Fonte: Elaboração dos(as) autores(as).

3.1.4 Eficácia: empregabilidade e profissionalização

Finalmente, os indicadores de eficácia compõem os indicadores de resultados e medem a atuação da instituição em relação aos seus objetivos. Para analisar a eficácia do Patronato, temos as seguintes informações: 1) coeficiente de empregabilidade total; 2) coeficiente de empregabilidade formal; e 3) porcentagem de pessoas que fizeram cursos profissionalizantes.

O coeficiente de empregabilidade total (ou seja, a taxa de pessoas assistidas empregadas) é de 0,20. Isso significa que apenas 20% dos(as) assistidos(as) pelo Patronato têm algum tipo de trabalho (seja ele formal ou informal). Entre essas pessoas, somente 15% possuem uma ocupação formal. Portanto, a taxa de empregabilidade formal do PPP gira em torno de 0,15.

Em relação ao percentual de pessoas que fizeram os cursos profissionalizantes e se formaram (obtiveram certificado de conclusão), observa-se (Gráfico 9) que esse quantitativo nunca chegou a 1% dos casos. Isso aponta para um baixíssimo índice de profissionalização.

Gráfico 9 – Média mensal de pessoas formadas nos cursos profissionalizantes ofertados pelo PPP

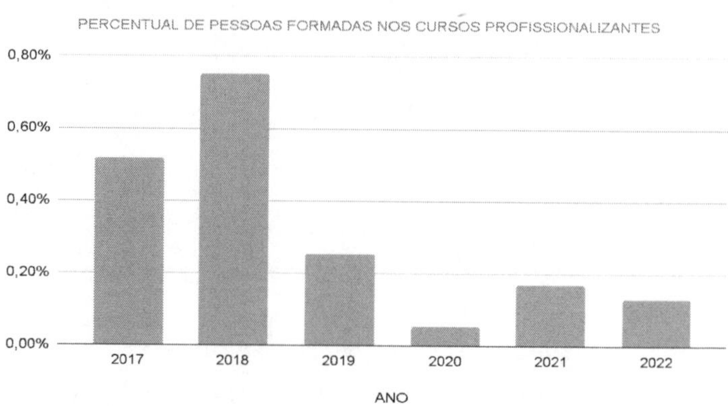

Fonte: Elaboração dos(as) autores(as).

3.1.5 Efetividade: faltas, reincidência e fiscalização

Os indicadores de efetividade também compõem os indicadores de resultados e medem o impacto das ações desenvolvidas pela instituição no local de sua atuação. A análise da efetividade das atividades do Patronato foi feita a partir das seguintes informações: 1) coeficiente de assistidos(as) faltosos(as); coeficiente de desligamento por reincidência; e 3) coeficiente de desligamento por óbito.

Em relação às faltas computadas pelo setor de fiscalização na assinatura obrigatória, observa-se uma tendência à redução na taxa média de faltosos(as) ao mês. Essa tendência se mantém desde o primeiro ano de pandemia e possivelmente se deve às mudanças ocorridas que proporcionaram uma maior flexibilização dessa atribuição. Essas mudanças se mantêm até o momento, visto que o tempo entre assinaturas aumentou cerca de um mês. Paralelamente, o projeto Justiça Aqui, do Tribunal de Justiça de Pernambuco (TJPE), que prevê a colocação de totens em pontos estratégicos do Recife, visando a descentralização das assinaturas, tem sido posto em prática.

Gráfico 10 – Variação da taxa média de faltosos(as) entre 2016 e 2022

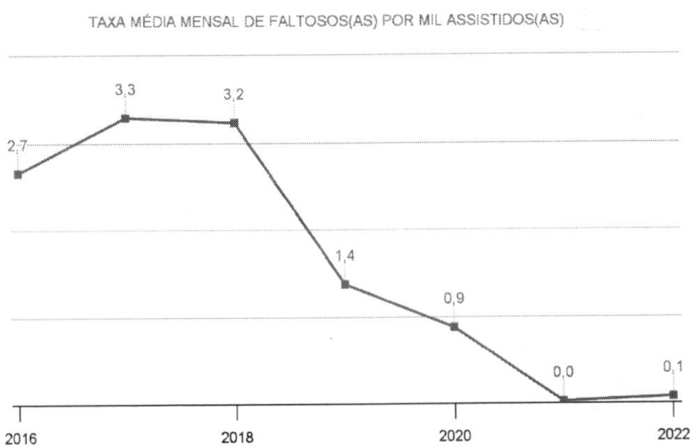

Fonte: Elaboração dos(as) autores(as).

No mesmo movimento decrescente temos a taxa média mensal de reincidentes, que atingiu seu valor mínimo em 2022 (Gráfico 11). Do ano de 2016 (seu ápice) ao ano de 2022, ocorreu uma redução de 95% da taxa média de reincidência ao mês. Esse é um dado positivo sobre o impacto das ações do Patronato na diminuição da reincidência prisional.

Gráfico 11 – Variação da taxa média de reincidentes entre 2016 e 2022

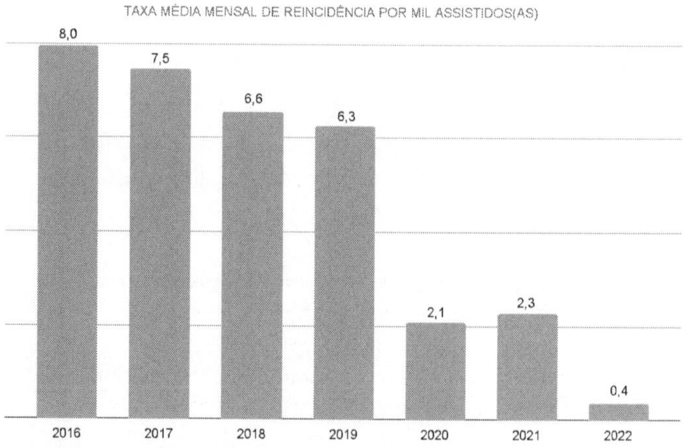

Fonte: Elaboração dos(as) autores(as).

Por fim, a mortalidade também se mostra em decréscimo desde 2017 (Gráfico 12), ano em que houve um pico de notificações. De 2017 a 2021, houve uma redução de 96,5%. Contudo, é preciso levar em consideração a subnotificação do número de mortos durante a pandemia de COVID-19, sobretudo em 2020 e 2021, anos em que o PPP teve a maior parte de suas atividades paralisadas ou retardadas. Essa subnotificação possivelmente foi ocasionada pela diminuição do controle no setor de fiscalização e pela dificuldade na contabilização por outros órgãos governamentais, através dos quais o PPP acessa essas informações.

Gráfico 12 – Variação da taxa de mortalidade entre 2016 e 2022

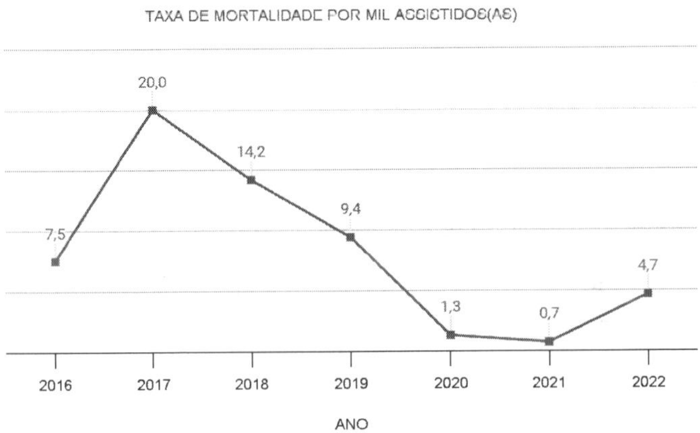

Fonte: Elaboração dos(as) autores(as).

3.1.6 Indicadores de Esforços *versus* Resultados

Diante dos indicadores apresentados anteriormente, conclui-se uma improdutividade dos indicadores de esforços (insumos, execução e eficiência). Os baixos índices de orçamento, oferta de cursos, oferta de vagas em cursos e custo por pessoa, somados à alta demanda de pessoas assistidas, nos mostram uma dificuldade na manutenção das atividades oferecidas pelo Patronato. Nesse cenário, é importante dar especial destaque ao orçamento destinado à instituição, que é a base para a possibilidade de desenvolvimento de quaisquer projetos na instituição.

Já os indicadores de resultados (eficácia e efetividade) apontam para o alcance, mesmo que a passos largos, de parte dos objetivos propostos pelo Patronato, como a redução das taxas de pessoas faltosas, pessoas reincidentes e mortos(as). Apesar disso, os indicadores de empregabilidade total, empregabilidade formal e profissionalização se mostraram baixíssimos, o que levanta, mais uma vez, o questionamento a respeito da qualidade dos dados produzidos, visto que são variáveis que, com frequência, em outros estudos, aparecem correlacionadas positivamente.

Portanto, diante das condições em que a instituição funciona, não é possível obter indicadores de esforços satisfatórios e a consequência disso é uma baixa em alguns indicadores de resultados, sobretudo os de eficácia. Isso significa que não há uma ineficácia no órgão, mas a falta de investimento para que as atividades de assistência social sejam seu alvo principal.

3.2 Relação entre fatores nas ações ressocializadoras do PPP

Quando comparados os dados anuais referentes à oferta de vagas de trabalhos e o quantitativo de reincidentes, observa-se (Gráfico 13), a partir de 2018, uma acentuada tendência no aumento das vagas acompanhada de uma tímida queda no número de pessoas assistidas que reincidem no sistema prisional. Por outro lado, analisando a proporção da diminuição da reincidência nos anos de mais casos e de menos casos (2017 e 2022, respectivamente), temos uma redução de 92,23% no quantitativo de reincidentes. Concomitantemente, comparando o quantitativo de vagas de trabalhos ofertadas nos mesmos anos (2017 e 2022), há um aumento de 152,12%.

Gráfico 13 – Relação entre vagas de trabalho ofertadas anualmente e reincidentes

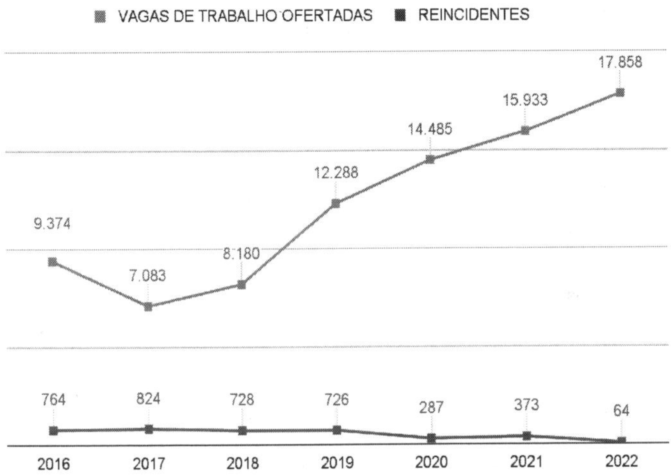

Fonte: Elaboração dos(as) autores(as).

Contudo, não é possível afirmar a existência de uma correlação significativa entre essas duas variáveis, visto que os dados utilizados nesta análise são gerais. Para uma compreensão mais profunda, é necessário a realização de testes paramétricos, que não puderam ser realizados devido à dificuldade de operacionalização dos dados institucionais, como já foi pontuado em outras seções deste capítulo.

4 Limites e possibilidades

A partir da análise do conjunto de dados apresentados, fica evidente os desafios impostos à atuação do Patronato enquanto instituição de amparo e reintegração social das pessoas que passaram pelo sistema penal. A pesquisa desenvolvida e apresentada neste capítulo não almeja diagnosticar os problemas enfrentados pela instituição numa perspectiva totalizante. Ao invés disso, busca-se iniciar um debate sobre os atuais limites de sua atuação, inclusive de sua análise, para refletir sobre suas possibilidades futuras. De outra forma, pretende-se apresentar seus desafios sob uma perspectiva propositiva, evidenciado seu potencial transformador, sem deixar de compreender suas ações reprodutoras, ou seja, dinâmicas que reproduzem estruturas sociais desiguais. As dificuldades metodológicas encontradas limitam nossa análise, mas, por si só, apontam para alguns desses desafios enfrentados pela instituição.

Além disso, os dados coletados devem ser pensados não apenas em relação à necessidade imediata do trabalho executado pelos setores. Nesse sentido, é importante que esteja em consonância com as metodologias adotadas por órgãos oficiais do governo, estadual ou federal, para que essas informações sejam passíveis de comparação com outras instituições públicas, além de dados gerais do sistema penal. Essas observações visam facilitar o fluxo informacional intra e extra setores e, também, intra e extra institucional, visto que o Patronato recebe e envia informações a outros órgãos do governo estadual.

A ampla perspectiva de melhoria não anula as iniciativas desenvolvidas por funcionários(as) da instituição, que têm se mostrado comprometidos(as) com as melhorias do PPP, apesar de todas as dificuldades vivenciadas no trabalho cotidiano. Nesse sentido, se observa uma crescente digitalização dos dados institucionais, ainda com ressalvas de alguns setores específicos. Dentre essas ações estão a migração para editores de planilhas *online*, que diminuem as chances de perda e otimizam o trabalho em conjunto, além da tímida utilização de ferramentas de automatização de preenchimento nesses editores de planilhas.

Assim, a fim de otimizar todo esse processo, do ponto de vista informacional, propõe-se a total digitalização das informações coletadas nas fichas cadastrais e a integração das bases de dados utilizadas pela instituição, com a finalidade de reduzir erros e perdas de dados que ocorrem atualmente, como foi constatado em campo e na análise aqui desenvolvida. Essa integração, apesar da magnitude de sua importância, pode ser realizada através de simples mudanças e aproveitamento do que já é produzido pelo Patronato.

Exemplo disso é a possibilidade de inclusão de colunas de "ativos" e "inativos" em vez da divisão de planilhas específicas para essas duas categorias, que precisam ser atualizadas constantemente e induzem ao erro humano, já que os casos são retirados de uma e introduzidos em outra (e vice-versa) manualmente. A aplicação de um filtro para separar essas informações é uma solução quando for necessária a visualização apenas de uma dessas categorias. A integração desses bancos de dados auxilia a produção de indicadores mais fidedignos e confiáveis, além de promover a automatização do *dashboard* desenvolvido e, portanto, viabilizar sua aplicabilidade.

Para isso, é necessário um trabalho de qualificação dos(as) servidores(as) e funcionários(as) da instituição, a partir de cursos de informática que abordem a utilização dos equipamentos e *softwares* e, também, noções sobre coleta, uso e segurança dos dados. Essa ação é importante para todos(as), sobretudo os(as) recém-contratados(as).

5 Considerações finais

Diante dos dados apresentados neste trabalho, observou-se que o perfil das pessoas assistidas pelo Patronato é majoritariamente de homens, pessoas não brancas, com ensino básico incompleto, sem fonte de renda mensal e residentes em áreas de vulnerabilidade social. Esse perfil deve ser analisado de maneira cautelosa, de forma a evitar a associação da pobreza e da vulnerabilidade à propensão ao crime. Nesse sentido, deve-se pensar nas causas da incriminação, ou punição seletiva, de indivíduos circunscritos nesse perfil e refletir sobre o papel do Estado na provocação, manutenção e solução desse problema. Diante disso, é preciso reconhecer a existência de um Estado penal brasileiro, que age através da diminuição das políticas de assistência social e do aumento da pauperização, e assim acarreta a criminalização em massa da pobreza.

Nessa perspectiva, os dados sobre a ausência de renda e o domínio do trabalho informal nessa população demonstram a extrema vulnerabilidade social, que tem como categoria central o trabalho. Ou seja, a dificuldade de inserção no mercado de trabalho – suscitada pela pobreza, pela falta de escolaridade e profissionalização, pela precariedade no acesso à documentação básica e pela passagem pelo sistema prisional – se mostra um fator preponderante para a manutenção do *status quo* e do ciclo do encarceramento.

O Patronato Penitenciário, apesar de tentar minimizar esses números, não deixa de fazer parte do Estado penal, que tem um papel dominante nessa estrutura.

Dessa forma, a precarização dos serviços oferecidos pela instituição faz parte da estrutura carcerária neoliberal, que facilita o acesso à prisão (no caso do PPP, a volta a ela) ao dificultar o acesso aos programas de assistência social.

Essas afirmações são corroboradas pelos indicadores de desempenho institucional, que apontam para a debilidade no desempenho de suas atividades tendo em vista a imensa demanda que a instituição recebe e o quantitativo que precisa manter anualmente. O resultado disso é justamente a lentidão no alcance de resultados significativos, que não supera e sequer compete com o crescente quantitativo de pessoas encarceradas no estado de Pernambuco e no Brasil como um todo. Isso restringe a disponibilização de ações da assistência social e precariza os serviços realizados pela instituição.

Nesse sentido, a assistência com vistas à reintegração social figura como segundo plano nas atividades desenvolvidas pelo Patronato Penitenciário de Pernambuco, sobretudo nos núcleos do sertão e do agreste, respectivamente Petrolina e Caruaru, apesar da legislação apontar esse objetivo como central ou único à sua atuação. Dessa forma, a atividade de fiscalização dos(as) reeducandos(as), que legal e institucionalmente deveria ser legada aos órgãos competentes do poder judiciário (juizados e tribunais de justiça do estado), tem sido exclusivamente desenvolvida pelo PPP desde sua fundação. O resultado disso é o reforço de uma lógica punitiva e de controle social, em detrimento da função assistencial do Estado que, nesse caso, deveria ser desempenhada pelo Patronato.

O baixo quantitativo de reincidência comparado ao total de assistidos(as), além da queda expressiva nos últimos três anos, surpreende diante de toda precariedade dos serviços ofertados pelo Patronato até o momento. Apesar de não haver conclusões a respeito desse fenômeno, podemos destrinchar algumas hipóteses explicativas, dentre elas a mais plausível: o desempenho do Patronato mormente como instrumento de vigilância e controle, cuja efetividade é restrita ao momento em que as pessoas ainda cumprem pena restritiva de direitos. Isto é, essa possível linha explicativa compreende que o desempenho dessa instituição, que deveria ser de ressocialização e reinserção social, se restringe ao medo acarretado pelo monitoramento no decorrer da pena. Esse monitoramento tem sido factualmente a função desempenhada pelo PPP.

Nessa perspectiva, a atividade de fiscalização tem um papel fundamental, visto que é ela o instrumento de cobrança e punição daqueles(as) que, por algum motivo, quebram regras ou infringem a lei, durante o período de vigilância no Patronato. O setor de Fiscalização, portanto, cumpre a função do panóptico contemporâneo. Assim, enquanto há pena, coabita o medo constante e iminente de ser pego(a) e punido(a) se o indivíduo fugir às normas. Contudo, a partir do momento em que a pena acaba e não há esse instrumento de vigilância em potencial, o controle pode chegar ao fim.

Dito de outra forma, a efetividade do Patronato torna-se passageira, já que a instituição não possui os meios necessários para a promoção de uma mudança social profunda e, com isso, sua atuação apenas mascara números temporariamente. O ciclo do encarceramento é retardado, pois durante o período no Patronato as pessoas assistidas não reincidem, mas as taxas de reincidência após o período na instituição são desconhecidas e o ciclo pode se perpetuar.

Outra hipótese diz respeito ao tipo de reincidência que é medido, visto que a literatura aponta ao menos seis tipos diferentes (SAPORI *et al.*, 2017) e, dependendo de como é medido esse dado, pode haver uma considerável variação nas taxas de acordo com tipo de reincidência analisado. Contudo, essa linha de pensamento não pôde ser colocada à prova, já que as informações a respeito da produção dos dados de reincidência não puderam ser explicadas pela instituição.

Diante de todos os desafios pontuados e da falta de infraestrutura material e laboral, há uma sobrecarga nas atividades desenvolvidas pela instituição que refletem no desfalque das atividades de assistência, as quais deveriam ser seu foco exclusivo. Essa falta de infraestrutura é visível através das instalações físicas improvisadas, sem espaço próprio, que promovem uma insegurança institucional, já que as atividades podem, a qualquer momento, ser interrompidas por transferência compulsória de suas instalações. Essa insegurança se apresenta também através da falta de um quadro de servidores(as) concursados(as) para os trabalhos específicos que executam, já que a contratação de funcionários(as) temporários(as) ou alocação de servidores(as) em cargos comissionados (também temporários) gera um sentimento de instabilidade por parte das pessoas que trabalham no PPP, além da ideia de fragilidade da instituição. Por consequência também da falta de servidores(as) do Patronato, há um quantitativo de pessoas trabalhando na instituição inferior às suas necessidades, ou seja, aos seus objetivos de uma efetiva assistência às pessoas reeducandas. Por fim, o orçamento destinado à instituição tem se mostrado insuficiente às suas demandas e é notória a inclinação do Estado às ações punitivistas e coercitivas quando comparamos os valores destinados à administração das unidades prisionais. Esse dado não é exclusivo do estado de Pernambuco e se observa uma tendência nacional de aumento dos gastos públicos com o sistema prisional nos últimos anos. Dentre esses gastos, as despesas com pessoal e despesas administrativas tendem a aumentar, em contrapartida, despesas com o auxílio reclusão (benefício previdenciário que garante a renda aos e às dependentes de uma pessoa reclusa e é uma ferramenta de assistência social às famílias de baixa renda) não acompanham esse mesmo crescimento (BRASIL, 2018).

Os elementos apresentados acima reforçam a argumentação da necessidade de mudança da lógica punitivista, visto que se gasta muito para a manutenção das instituições de repressão. Dinheiro que poderia ser melhor empregado em ações voltadas para a diminuição da pobreza e da vulnerabilidade social, cujo potencial de efetividade no combate à criminalidade tem se mostrado maior (ZIEBOLD *et al.*, 2022).

Assim, concluímos haver necessidade urgente de maior atenção às políticas públicas de assistência social a reeducandos(as) e egressos(as) do sistema prisional em Pernambuco, especialmente este último grupo, já que, atualmente, as atividades desenvolvidas pelo Patronato são voltadas para aqueles(as) ainda em cumprimento de pena (em Regime Aberto ou Liberdade Condicional). Dessa forma, observou-se uma dificuldade de real absorção desses indivíduos nos postos de trabalho após o fim de suas penas e o consequente desligamento da instituição. Em outras palavras, os incentivos promovidos pela Lei de Execução Penal (LEP) ao emprego de reeducandos(as) podem reproduzir as situações de vulnerabilidade em que vivem, visto que os contratos de trabalho não são regidos pela Consolidação das Leis do Trabalho (CLT), portanto, os(as) trabalhadores(as) nessas condições não acessam direitos trabalhistas básicos quando precisam.[25]

Nessa mesma linha de raciocínio, temos o fato de que os contratos de trabalho com as instituições conveniadas se encerram concomitantemente ao fim do tempo de pena. Ou seja, mais uma vez as ações do PPP demonstram fragilidades por não atravessarem os muros do sistema jurídico e promoverem ações junto à população em liberdade, com antecedentes criminais.

Portanto, é importante combater as altas taxas de trabalhadores(as) informais, com ações que contribuam para o aumento da formalidade, como o incentivo à conclusão do ensino básico e à efetiva profissionalização. Isso é possível a partir da viabilização de condições básicas para a dedicação exclusiva ao estudo, além da oferta de cursos de média e longa duração. O analfabetismo e a baixa escolaridade num geral se colocam como um elemento primordial a ser derrotado, visto que, de acordo com funcionários(as) da instituição, as empresas solicitam um perfil de pessoas com, no mínimo, ensino médio completo, e são essas

25 Encargos sociais *não incidentes* nos contratos regidos pela LEP: FGTS, aviso prévio indenizado ou não, indenização adicional, repouso semanal remunerado, feriados, férias e/ou abono pecuniário, auxílio enfermidade, 13º salário, licença maternidade ou paternidade e contribuição previdenciária.

poucas que ocupam as vagas ofertadas no Patronato.

No quesito educacional e profissionalizante, também cabe uma reflexão a respeito da eficiência e adequação dos cursos profissionalizantes oferecidos pelo Patronato Penitenciário e a demanda do mercado de trabalho atual. Nesse sentido, é essencial haver recursos públicos para um estudo exploratório sobre as demandas e as possibilidades de inserção dessas pessoas. A partir disso, as políticas de assistência institucional devem ser formuladas. Inclusive, parcerias com instituições de ensino profissionalizante e superior podem ser realizadas, já que essas instituições possuem estrutura mais adequada à aprendizagem teórica e prática, além de certificação oficial.

Por fim, é primordial pensar na assistência para além das portas do Patronato, através do fortalecimento das unidades de atenção básica nos bairros mais afetados pelo aprisionamento e violência urbana. Nesse sentido, o perfil das pessoas assistidas pelo PPP deve ser pensado como um guia para a identificação de seu público-alvo. A partir disso, pode-se diagnosticar os problemas enfrentados por essa população, compreendendo as necessidades específicas de cada grupo social (pessoas do sexo feminino, PcDs, jovens, LGBTQIA+, analfabetas, em situação de rua etc.).

Referências

BAHIA, Leandro Oliveira. *Guia Referencial para Construção e Análise de Indicadores*. Brasília: Enap, 2021. Disponível em <https://repositorio.enap.gov.br/bitstream/1/6154/1/GR%20Construindo%20e%20Analisando%20Indicadores%20-%20Final.pdf>. Acesso em 17 jun. 2023.

BRASIL. *Custos Econômicos da Criminalidade no Brasil*. Imprensa Nacional, 2018.

BRASIL. *Guia Referencial para Medição do Desempenho da Gestão, e Controle para o Gerenciamento dos Indicadores de Eficiência, Eficácia e de Resultados*. 2009. Disponível em <https://bibliotecadigital.economia.gov.br/handle/777/613>. Acesso em 05 mai. 2023.

BRASIL. Presidência da República. Secretaria Geral. *Mapa do encarceramento: os jovens do Brasil*. Secretaria-Geral da Presidência da República e Secretaria Nacional de Juventude. – Brasília: Presidência da República, 2015. 112 p. il. – (Série Juventude Viva). ISBN 978-85-85142-62-9.

BRASIL. Secretaria Nacional de Segurança Pública, SENASP. Implantação do Sistema Nacional de Estatísticas de Segurança Pública e Justiça Criminal. *Mapa da Criminalidade Violenta no Brasil*: Análise das Ocorrências Registradas pelas Polícias Civis (Janeiro de 2001a Dezembro de 2003). Julho/2004.

FÓRUM BRASILEIRO DE SEGURANÇA PÚBLICA. *Anuário Brasileiro de Segurança Pública 2022*. Ano 16 – 2022. ISSN 1983-7364.

IBGE. *Pessoas com Deficiência Física e a Desigualdade Social no Brasil*. 2022. Disponível em <https://biblioteca.ibge.gov.br/visualizacao/livros/liv101964_informativo.pdf>. Acesso em 05 abr. 2023.

SAPORI, Luis Flávio; SANTOS, Roberta Fernandes; MAAS, Lucas Wan Der. Fatores Sociais Determinantes da Reincidência Criminal no Brasil: o caso de Minas Gerais. *Revista Brasileira de Ciências Sociais*. Vol. 32, n° 94 junho/2017.

ZIEBOLD, Carolina. *et al*. Childhood individual and family modifiable risk factors for criminal conviction: a 7-year cohort study from Brazil. *Scientific Reports*, 12, 13381, 2022. Disponível em <https://www.nature.com/articles/s41598-022-13975-8#-citeas>. Acesso em 20 jun. 2023.

7. ACESSO AO TRABALHO PELOS EGRESSOS DO SISTEMA PRISIONAL DE PERNAMBUCO: EMBATES ENTRE DIREITO SOCIAL E EXPLORAÇÃO DO CAPITAL

Glauciene Farias Rocha[1]
Fabíola Araújo[2]

Introdução

Segundo dados do Levantamento Nacional de Informações Penitenciárias – INFOPEN, referentes ao segundo semestre de 2019, o Brasil tinha uma população de 748.009 (setecentos e quarenta e oito mil e nove) pessoas privadas de liberdade, representando o terceiro lugar no *ranking* mundial, com uma taxa de aprisionamento de 367,91 para cada 100 (cem) mil habitantes. Nesse *ranking*, o Brasil perde apenas para os Estados Unidos e para a China que possuem, respectivamente, 2,1 milhão e 1,6 milhão de presos.

Embora os números sejam exorbitantes, o Conselho Nacional de Justiça – CNJ revelou dados ainda mais alarmantes nos anos seguintes. Isto porque no período da pandemia da COVID-19, em que presenciamos o aumento exponencial da

---

1 Doutoranda em Serviço Social pela Universidade Federal de Pernambuco - UFPE. Mestra em Serviço Social pela UFPE. Assistente social da Fundação de Atendimento Socioeducativo - FUNASE.

2 Mestra em Serviço Social pela Universidade Federal de Pernambuco – UFPE. Assistente Social da Fundação Gestão Hospitalar – FGH.

pauperização da classe trabalhadora, observamos também um crescimento proporcional nos números do cárcere: em abril de 2020 vimos essa estatística chegar a 858.195 presos e em 2022 saltar para 919.651 – o maior da história do país (CNJ, 2022).

Com uma população carcerária de quase um milhão de presos, faz-se necessário refletir sobre a situação caótica do sistema prisional no Brasil, que se materializa em unidades superlotadas, sem condições de higiene, com estrutura física precária, sem assistência à saúde adequada, com a ausência de intersetorialidade entre as políticas públicas e sociais. Tal situação tem sido recorrentemente divulgada por Universidades, movimentos sociais, Organizações Não Governamentais, bem como pelos meios de comunicação de massa, os quais denunciam as precárias condições de vida de milhares de pessoas que vivenciam o sistema prisional no país.

Para além das precárias condições do sistema prisional brasileiro, as quais são notórias, gostaríamos de lançar questões que ultrapassam os muros das prisões, tais como: quais dados existem sobre os egressos do sistema prisional? Que tipo de assistência recebem por parte do Estado? Como se dá o acesso ao trabalho para esse público? É com base nessas indagações que apresentamos o objeto do presente estudo – os egressos do sistema prisional de Pernambuco.

Conforme a *Política Nacional de Atenção às Pessoas Egressas*, não existem dados nacionais consistentes sobre os egressos do sistema prisional no Brasil (BRASIL, 2020). A realidade pernambucana não diverge desse cenário nacional, já que os dados existentes são pontuais, fragmentados, isto é, não são sistematizados, o que dificulta a formulação e, consequentemente, a intervenção de políticas públicas eficientes que atendam a totalidade das demandas do público em tela.

Em Pernambuco, o órgão responsável pelos serviços de acompanhamento aos egressos do sistema prisional é o Patronato Penitenciário, criado em 07 de dezembro de 2011, por meio da Lei 14.522, com o objetivo de:

> Fiscalizar o cumprimento das regras impostas como condição à liberdade vigiada, ao livramento condicional e ao regime aberto de egressos dos estabelecimentos prisionais, bem como prestar-lhes assistência integral, compreendendo as esferas jurídica, psicológica, social, pedagógica e cultural, com vistas à diminuição da reincidência criminal. (PERNAMBUCO, 2011, art.1.).

Como mencionado em capítulos anteriores, o Patronato Penitenciário de Pernambuco (PPP) possui cinco frentes de trabalhos, que se articulam para atender aos egressos do sistema prisional, no âmbito estadual. Todavia, para concretizar seus objetivos, o PPP encontra diversos obstáculos, sejam eles sociais, econômicos e políticos que se contrapõem aos preceitos legais, resultando em impedimentos que dificultam a garantia da integralidade dos objetivos institucionais.

Logo, verifica-se a ampla e complexa demanda destinada ao Patronato Penitenciário, que exige esforços conjuntos dos vários setores da sociedade, no sentido de operacionalizar as políticas públicas, a fim de garantir o acesso integral aos direitos e garantias sociais da população egressa do sistema prisional.

Neste trabalho, daremos ênfase à frente de trabalho ligada ao setor de empregabilidade. Tal setor é responsável pelo encaminhamento de egressos para o mercado de trabalho, por meio do preenchimento de fichas sociais, encaminhamentos, visitas institucionais e reuniões de indução ao trabalho.[3] Os usuários

3 Tais reuniões têm por objetivo induzir a cultura do trabalho (da exploração), ou seja, disciplinar os egressos para o trabalho, explicar-lhes normas, posturas de comportamento, vestimentas adequadas, etc.

chegam ao setor de empregabilidade através de demanda espontânea, ou por demandas de outros setores da instituição, em especial, do psicossocial.

Os dados institucionais de agosto de 2022 apontam que, dos quase 15.000 (quinze mil) egressos acompanhados pela instituição, apenas 1.485 (um mil, quatrocentos e oitenta e cinco) estão exercendo alguma atividade laboral, isto é, aproximadamente 10% do público total. O emprego é considerado pelo PPP como o componente estrutural para o combate à reincidência e à pobreza, sobretudo por garantir os meios materiais para o retorno dos egressos ao convívio social. Entretanto, os dados apresentados revelam que o emprego ainda é pouco acessado pelos usuários, sobretudo diante dos condicionantes sociais que limitam uma parcela considerável da classe trabalhadora no acesso ao mercado de trabalho.

Dessa forma, o presente capítulo objetiva caracterizar os avanços e limites das ações do setor de empregabilidade do Patronato Penitenciário de Pernambuco diante do combate à reincidência e à pobreza dos egressos do sistema prisional, na particularidade do acesso ao mercado de trabalho. A proposta em questão está ancorada nos pressupostos da teoria social crítica marxista, tendo como enfoque principal a análise de documentos governamentais de fonte primária.

Assim, o artigo foi construído em três eixos. Primeiramente, será apresentada a síntese acerca da categoria teórica trabalho e sobre as prisões à luz da teoria social crítica. Tal mediação tem como finalidade possibilitar a compreensão da forma pela qual o trabalho foi incorporado como componente basilar para a ressocialização dos sujeitos, no universo das prisões. Em seguida veremos as principais legislações voltadas para o público egresso do sistema prisional, com ênfase no acesso ao mercado de trabalho, pois objetiva-se discorrer sobre os avanços e recuos da proteção social trabalhista para os trabalhadores do cárcere e egressos do sistema prisional. Já no item seguinte, será detalhada a metodologia e as perspectivas adotadas pelo PPP – a partir de dados institucionais – para mediar a inserção de seus usuários no mundo do trabalho. E, por fim, faremos nossas considerações finais.

Trabalho nas prisões: a lógica reabilitadora que mascara os interesses da exploração do trabalho pelo capital

Antes de pensarmos sobre o papel do trabalho na reabilitação dos encarcerados, faz-se necessário pensar no trabalho enquanto categoria teórica importante e determinante na sociabilidade dos sujeitos.

O trabalho é uma categoria central que determina a relação entre o ser humano e a natureza, e, simultaneamente, a constituição do ser social. Trata-se da simultânea transformação do homem na constituição do ser social. Atividade pela qual os seres humanos satisfazem as suas necessidades, sobretudo aquelas que, a priori, estão relacionadas à sobrevivência. Na obra *O Capital*, volume I, Marx (2016) sinaliza que:

> [...] o trabalho é um processo de que participam o homem e a natureza, processo em que o ser humano, com sua própria ação, impulsiona, regula e controla seu intercâmbio material com a natureza. Defronta-se com a natureza como uma de suas forças. Põe em movimento as forças naturais de seu corpo – braços e pernas, cabeça e mãos -, a fim de apropriar-se dos recursos da natureza, imprimindo-lhes forma útil à vida humana. Atuando assim sobre a natureza. Desenvolve as potencialidades nela adormecidas e submete ao seu domínio o jogo das forças naturais [...] (MARX, 2016, p. 211).

Para Marx (2016), as relações entre os homens e a natureza diferem das relações entre os animais e a natureza, uma vez que não são relações biologicamente pré-determinadas, guiadas apenas pelo impulso do instinto. Marx e Engels (2007) assinalam que:

> O homem se diferencia dos outros animais por muitas características, mas a primeira, determinante, é a capacidade de trabalho. Enquanto os outros animais apenas recolhem o que encontram na natureza, o homem, ao produzir as condições da sua sobrevivência, a transforma (MARX e ENGELS, 2007, p. 14.).

Logo, a categoria trabalho é concebida como uma atividade histórica de intervenção do homem na natureza para a satisfação de suas necessidades (valor de uso), a partir da objetivação e da prévia-ideação, frutos da capacidade teleológica, da qual só os homens são dotados.

Embora exista uma relação de simbiose entre o homem e os recursos disponíveis na natureza, Marx (2016) aponta que existem outros aspectos da vida humana que superam essa relação e que não são determinadas por ela, a saber, as relações sociais, as quais não são determinadas biologicamente, nem obedecem às leis naturais, mas são frutos das construções sociais dos homens.

Assim, o trabalho tem uma dimensão social capaz de transformar a realidade social posta e, simultaneamente, os indivíduos. É por intermédio do trabalho que o ser social se constitui e se torna capaz de realizar atividades teologicamente orientadas, objetivar-se material e idealmente, ainda comunicar-se e expressar-se pela linguagem articulada. Tratar suas atividades e a si mesmo de modo reflexivo, consciente e autoconsciente. Escolher entre alternativas concretas. Universalizar-se. Socializar-se e complexificar-se.

A inserção do trabalho nas prisões não corresponde à categoria trabalho em sua ontologia social. Pelo contrário, representa um processo de reconfiguração da essência do trabalho, enquanto materialização do ser social e práxis humana, para transformação do trabalho em atividade de controle social dos corpos e mantenedor da disciplina e da ordem social. Posteriormente, esse trabalho é transformado em produtor de valor para o capital (valor de uso adicionado ao valor de troca), na esfera das prisões e permanece em constantes transformações que, consequentemente, usurpa a sua essência, qual seja, a essência do trabalho formador do ser social.

Os estudos de Michel Foucault (2014) apresentam as origens das prisões, quando ainda não havia a inserção do trabalho como elemento penal. Apontam que a pena em prisão, isto é, a reclusão em espaço privado do convívio social, foi um método inaugurado na metade do século XVIII, substituindo as práticas de suplício existentes. O suplício dos corpos fazia parte de um ritual político em que o condenado era o arauto da sua própria condenação, "o condenado publica seu crime e a justiça que ele é obrigado a fazer a si mesmo, levando-os fisicamente sobre o corpo" (2014, p. 45). Assim, o suplício tinha uma função jurídico-política, sendo revelador da verdade e agente do poder.

O iluminismo teve um papel central na desqualificação dessa prática e, a partir da metade do século XVIII, começou um movimento que visava protestar contra os suplícios, num movimento composto por filósofos e teóricos do direito (juristas, magistrados, parlamentares). De acordo com Foucault, não houve uma nova sensibilidade sobre a causa, mas o surgimento de uma "nova economia do poder". Isto é, não houve um sentimento humanitário em relação ao supliciado, mas sim o desejo de punir melhor. Essa mudança paradigmática teve como objetivo:

> Fazer da punição e da repressão das ilegalidades uma função regular, coextensiva à sociedade; não punir menos, mas punir melhor; punir talvez com uma severidade atenuada, mas para punir com mais universalidade e necessidade; inserir mais profundamente no corpo social o poder de punir (FOUCAULT, 2014, p. 82).

Nesse contexto, um elemento de fundamental importância para o exercício da punição é a disciplina, que "aumenta as forças do corpo (em termos econômicos de utilidade) e diminui essas mesmas forças (em termos políticos de obediência)" (FOUCAULT, p. 136). Assim, são inseridos elementos para o controle dos corpos, sendo o trabalho um componente funcional dessa disciplina.

A priori, o trabalho tinha um viés terapêutico, cujo principal objetivo era o aproveitamento do tempo para a disciplina. No entanto, no decorrer da história, houve uma mudança nessa perspectiva e, de acordo com Foucault, o trabalho terapêutico passou a ser trabalho penal, organizado a partir de imperativos econômicos, pois se acreditava que a ociosidade era a principal causa dos crimes. Segundo o referido autor:

> Essa pedagogia tão útil reconstituirá no indivíduo preguiçoso o gosto pelo trabalho, recolocá-lo-á por força num sistema de interesses em que o trabalho será mais vantajoso que a preguiça, formará em torno dele uma pequena sociedade reduzida, simplificada e coercitiva onde aparecerá claramente a máxima: quem quer viver tem que trabalhar. Obrigação do trabalho, mas também retribuição que permite ao detento melhorar seu destino durante e depois da detenção (FOUCAULT, 2014, p. 120).

Logo, constata-se como o trabalho foi um elemento central para a disciplina, e consequentemente, para o controle dos corpos, bem como da sociabilidade dos homens.

Na atualidade, o discurso de ressocialização pelo trabalho, no âmbito da aparência, se mostra longe da relação entre capital-trabalho, isto é, longe da exploração, pois tal discurso mostra-se camuflado como um "dever social". A própria Lei de Execução Penal, em seu artigo 28, destaca: "O trabalho do condenado, como dever social e condição de dignidade humana, terá a finalidade educativa e produtiva" (BRASIL, 1984).

Ora, apesar de apontar elementos como dever social e condição de dignidade humana, a Lei de Execução Penal deixa evidente que a finalidade do trabalho no sistema prisional consiste em ser trabalho produtivo. Isto significa que a prisão, como *lócus* do trabalho penal, materializa e insere o trabalho penal no "mundo da produção", e desta forma, reflete as tendências gerais presentes do trabalho na contemporaneidade, qual seja – a produção do trabalho e a acumulação do capital. Desse modo, concorda-se com MELOSSI e PAVARINI, quando afirmam que:

> O objetivo mais importante alcançado mediante o trabalho no cárcere foi a possibilidade de reduzir os custos de produção de alguns setores industriais, e de, por conseguinte, colocar por meio da concorrência – um freio ao aumento do nível salarial (MELOSSI; PAVARINI, 2006, p. 192).

Portanto, os autores apontam que os trabalhadores do cárcere participam direta e indiretamente dos ciclos da produção capitalista, seja influenciando os mecanismos de supressão dos salários, pelo aumento da oferta de força de trabalho a baixo custo, seja na contribuição direta para o aumento e a apropriação da mais-valia. Outrossim, o trabalho penal é responsável por contribuir com a expansão da produção de mercadorias, por estar inserido no circuito produtivo do capital, por desempenhar uma atividade produtora de valor para o capital, com baixa remuneração, sem vínculos e direitos sociais. Assim, o trabalho da população carcerária e dos egressos do sistema prisional contribui direta e indiretamente para a ampliação da acumulação do capital - modelo hegemônico de produção e reprodução social.

Destarte, o trabalho penal se insere e se submete à lógica da produção capitalista, e não está dela excluso, como alguns pensam. Ele tem participação direta nesse processo, esteja diretamente ligado à produção material do capital, ou na composição do exército de reserva.

Regulamentação do trabalho penal ou camuflagem da exploração do capital? Os egressos do sistema prisional e a legislação brasileira sobre trabalho

O trabalho no espaço prisional não é um modelo recente de socialização, como apresentamos anteriormente. No percurso da história brasileira, antes da aprovação do decreto n. 9.450 de 24 de julho de 2018, o qual promulgou a Política Nacional de Trabalho no Âmbito do Sistema Prisional, a legislação que regulamentava o trabalho no cárcere era unicamente a Lei de Execução Penal, datada de 1984.

A referida lei estabelece que o trabalho do condenado não está sujeito à Consolidação das Leis do Trabalho – CLT, e sim à Lei de Execuções Penais que prevê uma remuneração de no mínimo ¾ do salário-mínimo, em valores atuais, equivalendo, no momento, a R$ 1059, 00 (mil e cinquenta e nove reais). Ora, se a classe trabalhadora global sofre os rebatimentos da destruição das leis trabalhistas, para os trabalhadores do cárcere e egressos do sistema prisional, as regressões dos direitos sociais e trabalhistas não são exceções da conjuntura hodierna, mas, constituem-se na essência do trabalho penal. Isto é, são trabalhadores que nunca tiveram acesso às férias remuneradas, ao 13º salário, ao vínculo empregatício por tempo indeterminado, bem como nunca tiveram o acesso e usufruto de outros direitos. Em outras palavras, essas garantias sociais jamais permearam o universo do trabalho penal, já que sequer existiram.

Embora não esteja inclusa nas legislações que amparam os direitos trabalhistas e previdenciários, a jornada de trabalho para esse público é de no mínimo 6h (seis) e máximo 8h (oito) diárias, com descanso semanal. Isto é, no que tange ao seu tempo de trabalho, são tratados de forma igualitária aos demais integrantes da classe trabalhadora.

Entretanto, observa-se que tal semelhança entre as cargas horárias de trabalho esconde um ângulo da ultra apropriação do capital sobre o *mais* trabalho desempenhado pelos egressos do sistema prisional. Em outras palavras, como o valor do trabalho desempenhado pelos trabalhadores do cárcere é inferior a um salário-mínimo, claramente, o tempo de trabalho necessário – que representa o trabalho dispendido suficiente para a sua remuneração, é menor em relação ao valor do trabalho necessário desempenhado pelos demais trabalhadores. Consequentemente, o tempo de trabalho excedente – que corresponde ao mais-trabalho incorporado pelo capital e apropriado em forma de mais-valia – torna-se maior, ou seja, o capital acumula um valor maior na apropriação da *mais-valia* desempenhada pelo trabalhador egresso, em detrimento dos demais trabalhadores.

Assim, os egressos do sistema prisional trabalham em jornadas diárias semelhantes aos demais trabalhadores, mas recebem salários inferiores para a sua reprodução social. Nota-se, assim, a existência de uma relação inversamente proporcional entre o valor do trabalho e a apropriação do mais-valor pelo capital. Desvela-se a existência do aumento da extração de mais-valor, qual seja, a essência do trabalho penal: a ampliação da exploração do trabalho pelo capital.

Com a criação de uma Política Nacional de Trabalho (PNAT), o que *a priori* parecia ser um avanço para aqueles que estão privados de liberdade ou para aqueles que são egressos do cárcere, se apresentou como a consolidação de uma tendência: a extração de mais-valor revestida do discurso do empreendedorismo e da responsabilidade social. Segundo Valentim e Peruzzo (2018), no Brasil, essa tendência se revelou a partir de 1990, em consonância com o surgimento das agências multilaterais de desenvolvimento econômico, como mecanismo de enfrentamento ao desemprego estrutural.

Veremos, abaixo, como se expressa essa tendência na PNAT, especificamente em seus objetivos:

> Art. 4º São objetivos da Pnat:
>
> I - proporcionar, às pessoas privadas de liberdade e egressas do sistema prisional, a ressocialização, por meio da sua incorporação no mercado de trabalho, e a reinserção no meio social;
>
> II - *promover a qualificação das pessoas privadas de liberdade e egressas do sistema prisional, visando sua independência profissional por meio do empreendedorismo*;
>
> III - promover a articulação de *entidades governamentais e não governamentais*, nas esferas federal, estadual, distrital e municipal, visando garantir efetividade aos programas de integração social e de inserção de pessoas privadas de liberdade e egressas do sistema prisional e cumpridoras de pena restritiva de direitos ou medida cautelar;
>
> IV - ampliar a oferta de vagas de trabalho no sistema prisional, pelo poder público e pela iniciativa privada;
>
> V - incentivar a elaboração de planos estaduais sobre trabalho no sistema prisional, abrangendo diagnósticos, metas e estratégias de qualificação profissional e oferta de vagas de trabalho no sistema prisional;

> VI - promover a sensibilização e conscientização da sociedade e dos órgãos públicos para a importância do trabalho como ferramenta para a reintegração social das pessoas em privação de liberdade e egressas do sistema prisional;
>
> VII - assegurar os espaços físicos adequados às atividades laborais e de formação profissional e sua integração às demais atividades dos estabelecimentos penais;
>
> VIII - viabilizar as condições para o aprimoramento da metodologia e do fluxo interno e externo de oferta de vagas de trabalho no sistema prisional;
>
> IX - *fomentar a responsabilidade social empresarial;*
>
> X - estimular a capacitação continuada dos servidores que atuam no sistema prisional quanto às especificidades e à importância da atividade laborativa no sistema prisional; e
>
> XI - promover a remição da pena pelo trabalho, nos termos do art. 126 da Lei nº 7.210, de 1984. (BRASIL, 2018, Art. 4º, grifo das autoras).

Nos objetivos apresentados, destaca-se o empreendedorismo como forma de independência profissional, em outras palavras, evidencia-se a retirada da responsabilidade estatal no trato da reinserção laboral dos egressos do sistema penal no mercado de trabalho e põem-se a responsabilidade no sujeito pelo seu sucesso/fracasso profissional. Desta forma, entende-se que, ao se estimular a prática empreendedora, mascara-se a sua funcionalidade ao sistema capitalista de produção, que nega a divisão social de classes e a exploração do trabalho pelo capital, existente mesmo na mascarada autonomia ostentada pelos defensores do empreendedorismo, bem como que estimula a subjetivação de um trabalhador ideal (VALENTIM; PERUZZO, 2018).

Esta estratégia deixa claro a retirada do Estado da execução de uma política de ressocialização pela via do trabalho protegido, visto que deixa a cargo do indivíduo a responsabilidade pela sua inserção produtiva. Assim, a tônica está na capacidade do sujeito em desenvolver suas habilidades laborativas, seja dentro ou fora do cárcere. Caso tenha êxito nessa missão, o detento ou (ex) detento será um empreendedor, diga-se será, auto empregador-trabalhador, explorado pelo capital tal qual os demais trabalhadores, caso contrário, o discurso de (des)responsabilização social do Estado e do capital expressa que o sujeito não teve a capacidade pessoal de realizar os meios necessários para o seu sucesso profissional.

De acordo com o ideário neoliberal, cabe ao trabalhador desenvolver algumas habilidades como: resiliência, persistência, autoconfiança, coragem, iniciativa, otimismo para então conquistar os seus objetivos, e isto inclui o seu trabalho e sua reprodução social e familiar. Assim, para enfrentar o problema do desemprego, desloca-se das condições sociais, econômicas e políticas, ou seja, da essência e da totalidade que envolve o trabalho sob a égide do capital, para a esfera privada, da aparência (VALENTIM; PERUZZO, 2018).

Outro elemento que merece destaque na referida política - PNAT, é o *canto da sereia* que envolve o fortalecimento de entidades não-governamentais na execução de políticas públicas. Neste caso específico, tais entidades são estimuladas a *abraçar a causa* dos encarcerados, mas, em troca, recebem incentivos governamentais. Nessa estratégia, o Estado se retrai da execução de suas atribuições, cedendo lugar ao chamado *terceiro setor*.

No que tange ao mercado, ele também recebe sua fatia e ainda aparece como responsável socialmente. O que não fica evidente para muitos são as isenções fiscais fornecidas pelo Estado em troca da responsabilidade social empresarial. Outro aspecto importante é o lucro, ainda maior, obtido nos processos de trabalho no cárcere. Sem encargos trabalhistas e previdenciários, com o rebaixamento dos salários dos trabalhadores, a extração do mais-valor ganha proporções exponenciais nesse segmento específico.

Deve-se considerar ainda a inexistência de parte dos ônus da esfera produtiva para o capital, uma vez que os custos prediais, com aluguéis, contas de água e energia elétrica, despesas com alimentação e transporte, bem como despesas com vigilância, são encargos custeados pelo Estado. Assim, investir no trabalho dos encarcerados é mais que uma preocupação social, configurando-se como um ótimo negócio para o capital.

Do ponto de vista legal, os trabalhadores do cárcere podem contar com a remição de suas penas por meio do trabalho. Há de se considerar que tal possibilidade se configura como um direito do preso, que se materializa da seguinte forma: a cada três dias trabalhados, será remido um dia de sua pena. Sabendo que o trabalho não é ofertado a todos os presos e que há critérios de elegibilidade para a atividade laboral, o direito à remição obedece à lógica da seletividade que perpassa as políticas públicas e sociais brasileiras.

Apesar do considerável *avanço* da PNAT, havia uma lacuna no que tange ao atendimento aos egressos do sistema prisional. Isso porque mesmo com a existência de vários serviços para o atendimento desse público, faltava uma política que normatizasse o atendimento desse público (BRASIL, 2020).

Assim, o ano de 2020 simbolizou um marco importante para pensarmos no trabalho voltado às pessoas egressas do sistema prisional: a formulação da Política Nacional de Atenção às Pessoas Egressas do Sistema Prisional. Tal política impõe o desafio da sua divulgação e implementação em todo o território nacional, destacando-se que a sua institucionalização representa um avanço, ao passo que possibilita a visibilidade do público egresso que é estigmatizado socialmente.

Saliente-se ainda que a política recém aprovada é inovadora sob vários aspectos. Nesse espaço, daremos destaque para os seus postulados e princípios apresentados no quadro abaixo:

Quadro 1: Postulados e princípios constantes na Política Nacional de Atenção às Pessoas Egressas do Sistema Prisional

POSTULADOS	PRINCÍPIOS
O reconhecimento da seletividade do sistema de justiça penal	A questão social como elemento constitutivo do processo de seletividade penal; Enfrentamento do racismo e suas consequências; Presença das determinações sociais, econômicas e culturais no processo pós-carcerário; Implicações da prisão na formação individual e social dos sujeitos; Negação da neutralidade da justiça criminal.
O respeito a pessoa egressa como sujeito de direitos	Liberdade como valor ético presente em todo o processo de atendimento da pessoa egressa; Interdependência e transversalidade dos direitos; Autonomia dos/as usuários/as e de seu protagonismo na definição e condução de seu projeto de vida; Respeito à diversidade.
A necessidade de comprometimento de diversos órgãos, instituições e âmbitos das políticas públicas e da participação da sociedade civil	Inserção, participação e articulação nos espaços de controle social e nas lutas coletivas; Responsabilidade compartilhada entre os entes federativos e intersetorialidade das políticas públicas e sociais; Centralidade de execução no âmbito do município; Sociedade civil como partícipe; Intervenção fundamentada no respeito à singularidade das pessoas e comprometida com a ampliação de direitos; Perspectiva interdisciplinar no conhecimento e intervenção da realidade.

Fonte: Elaborado pelas autoras, 2023. Baseado em BRASIL, 2020.

Assim, a legislação brasileira além de dar visibilidade a esse público tão estigmatizado, respeitando-o como sujeitos de direitos, reconhece também que existe uma seletividade do sistema de justiça penal. Sabe-se que tal seletividade faz parte de uma estratégia adotada por países neoliberais em que negros, pobres e periféricos são os alvos preferenciais das políticas penais (WACQUANT, 2001; BATISTA, 2011).

A política inova ainda ao considerar como determinantes sociais fatores econômicos, sociais e culturais, deixando de dar centralidade ao crime para pensar nos elementos da totalidade social. Reconhece, ainda, a necessidade da intersetorialidade no atendimento desses sujeitos, visto que sua condição de vulnerabilidade social e penal promove alguns marcadores sociais, a saber:

1. Fragilidade nos vínculos familiares e comunitários;
2. Dificuldade no acesso ao direito do trabalho;
3. Falta de moradia;
4. Antecedentes penais e preconceito;
5. Dificuldades cognitivas e defasagem informacional;
6. Acesso à justiça;
7. Problemas de saúde;
8. Vinculação e dependência ao 'mundo do crime'

Diante de tais marcadores sociais, o desafio consiste em materializar essa política em ações que apontem para um novo projeto de vida, em que a intersetorialidade das diversas políticas se faça presente na vida dos sujeitos, de forma que os equipamentos sociais não reproduzam uma lógica criminalizadora que se resume ao controle e fiscalização das penas.

Em referência ao trabalho voltado aos egressos do sistema prisional, a referida política no eixo intitulado *Políticas de trabalho, geração de renda e qualificação profissional* afirma a centralidade do trabalho nos processos de retomada do convívio social, mas também apresenta as dificuldades de inserção dos egressos no mercado de trabalho, por diversos determinantes sociais, dentre eles: a baixa escolaridade, e a ausência de experiência e qualificação profissional (BRASIL, 2020).

A seguir, veremos como o trabalho – direito tão essencial para o egresso do sistema prisional – é oportunizado aos egressos do sistema prisional de Pernambuco.

O acesso ao trabalho pelos egressos atendidos no Patronato Penitenciário de Pernambuco: caminhos cruzados entre as garantias sociais e o fim do regime penal

Conforme assinalado na introdução, dos quase 15.000 (quinze mil) egressos atendidos no Patronato Penitenciário de Pernambuco apenas 1.485 (um mil quatrocentos e oitenta e cinco) estão inseridos em alguma atividade laboral, menos de 10% do total de pessoas atendidas. (PATRONATO, 2022). Esse dado denota que o trabalho embora seja considerado um direito, para a maioria do público atendido pelo Patronato, não passa de uma quimera. Vejamos:

Gráfico 1: Número de egressos em atividade laboral pelo PPP

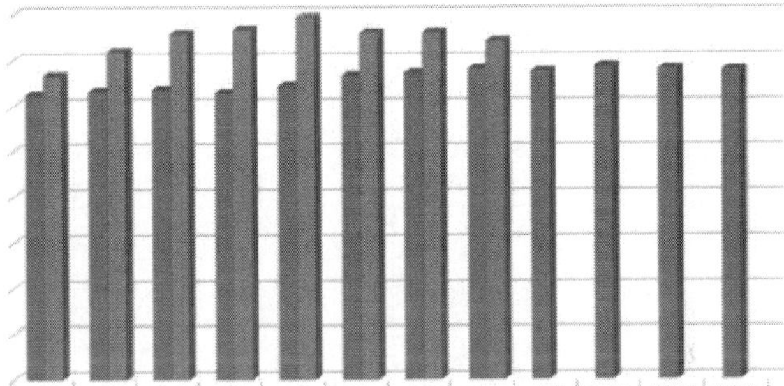

	JAN	FEV	MAR	ABR	MAI	JUN	JUL	AGO	SET	OUT	NOV	DEZ
2021	1.251	1.266	1.272	1.259	1.290	1.335	1.346	1.364	1.352	1.375	1.364	1.359
2022	1.334	1.438	1.518	1.535	1591	1522	1524	1.485				

Fonte: Patronato Penitenciário de Pernambuco, 2022.

Os dados revelam que há um crescimento na inserção de egressos no mercado de trabalho, em 2022, se comparado ao ano anterior (2021). No entanto, ainda é notório que a quantidade de pessoas no exercício de atividade laboral é bem abaixo do quantitativo total do público atendido, o que sugere a existência de limites impostos às ações do PPP. Dentre tais limites, ressalta-se a lógica de seletividade no processo de inserção no mercado de trabalho, a qual perpassa a ausência de documentação civil, nível de escolaridade, baixa qualificação profissional e a tipificação criminal.

Tais dados revelam ainda a lógica excludente do sistema capitalista de produção, a qual não engloba a totalidade da força de trabalho disponível e, consequentemente, é responsável pela criação e manutenção do exército de reserva, que serve, antes de tudo, para pressionar o valor-trabalho para níveis ínfimos e para possibilitar o rodízio de trabalhadores ativos e inativos na produção direta de capital. Por outro lado, enquanto essa parcela excedente da força de trabalho não está inserida diretamente no circuito da produção capitalista, encontra-se nas franjas do sistema produtivo, em atividades que aparentemente não estão envoltas na exploração capital-trabalho, mas em sua essência desempenham um papel importante na cadeia produtiva e acumuladora do capital, qual seja, as atividades informais (SILVA, 2021).

Um dos fatores dificultadores no acesso ao mercado de trabalho pelos egressos, conforme a Política Nacional de Atenção às Pessoas Egressas do Sistema Prisional, consiste na ausência da documentação civil, fato que impede o exercício da cidadania plena desses sujeitos. Acrescente-se ainda a ausência de articulações e estratégias eficientes das mais diversas políticas públicas voltadas ao atendimento das pessoas egressas do sistema prisional; e a baixa oferta de serviços voltados para esse público que correspondam às suas perspectivas e interesses. Eis aí os fatores que formam o contexto de desproteção social (BRASIL, 2020).

O acesso à documentação civil é uma das dificuldades mais latentes enfrentadas pelos trabalhadores do cárcere seja antes, durante ou após o cumprimento da pena. Muitos sujeitos entram e saem do sistema prisional sem sequer terem uma identificação civil, sendo sujeitos invisíveis para o estado.

Logo, a retirada da documentação civil torna-se uma das primeiras demandas apresentadas pelo egresso quando chega ao PPP. Ante a demanda, a equipe multidisciplinar busca articular a retirada da documentação civil junto à rede de proteção social. Essa articulação apresenta diversos desafios em sua execução, sobretudo relacionados aos trâmites burocráticos, que por vezes leva o egresso a perder a oportunidade de emprego mediada pelo setor da empregabilidade.

O segundo fator dificultador para a inserção dos egressos no mercado de trabalho corresponde ao baixo nível de escolaridade, visto que a maioria do público do Patronato possui apenas o ensino fundamental (PATRONATO PENITENCIÁRIO, 2022).

Sobre esse tema, o sociólogo e jurista italiano Alessandro Baratta (2002) afirma que o sistema escolar desenvolve a mesma função de seletividade e marginalização desenvolvida pelo sistema penal, isto é, conservar a realidade social – *status quo*. Desde a educação básica até a superior, o sistema escolar reflete a verticalidade social e contribui para conservá-la através "de mecanismos de seleção, discriminação e marginalização" (BARATTA, 2002, p. 172). Assim, a seletividade e a marginalização penal refletem no sistema educacional.

> O nexo funcional entre os dois sistemas, no âmbito de um mecanismo global de reprodução das relações sociais e de marginalização, está provado pela existência de uma ulterior série de mecanismos institucionais, os quais, inseridos entre os dois sistemas, asseguram a sua continuidade e transmitem, através de filtros sucessivos, uma certa zona da população de um para outro sistema. Trata-se de mecanismos diversos, mas funcionalmente idênticos que, nas sociedades capitalistas mais desenvolvidas, cumprem as tarefas de assistência social, de prevenção e de reeducação em face do desvio de menores. A passagem da reação informal para a instituição formal rompe uma linha de resistência devida ao fato, posto recentemente em relevo, de que a aplicação de sanções ou de mecanismos de controle exerce também, frequentemente, a função de preservar os indivíduos submetidos a estas sanções de caírem sob os mecanismos e as sanções do sistema institucional (BARATTA, 2002, p. 181).

O que o autor nos alerta é que os mecanismos de seleção e discriminação do sistema escolar, voltados às classes subalternas, permitem a passagem de uma parcela do público, submetido a sanções disciplinares informais, para o sistema de instituição formal. Daí a relação entre sistema escolar e sistema penal.

Em geral, os discriminados e estigmatizados do sistema escolar, que não atendem aos critérios de mérito e disciplina, compõem o público pertencente às prisões. Dito de outra forma, as classes subalternas experimentam desde cedo o sistema seletivo do Estado penal (ROCHA, 2021).

Ante a dificuldade da escolarização dos egressos a instituição atua de forma multidisciplinar para ampliar os horizontes dos usuários e contribuir no processo de escolarização e formação profissional, por meio dos processos de encaminhamento e articulação com a rede pública de ensino do estado. Ademais, o PPP desenvolve ações de formação profissional e cursos profissionalizantes mediadas por parcerias com instituições e pessoas físicas.

Outro desafio posto ao PPP, na esfera da profissionalização, consiste na captação de recursos para o patrocínio dos materiais didáticos dos cursos, alimentação e passagens para os egressos, além do custeio de monitores. Todavia, a instituição tem conseguido superar tal desafio e executar as atividades de formação profissional, como nos revela, o quadro a seguir:

Quadro 2: cursos de qualificação

Cursos de qualificação 2021/2022
Eletricista predial
Pintor predial
Encanador
Mecânica de motos
Doces e Salgados
Bolos e tortas

Fonte: Elaborado pelas autoras, 2023.
Nota: baseado em Patronato Penitenciário de Pernambuco, 2022.

Vê-se um baixo número de cursos de qualificação para os usuários da instituição, sendo a maioria deles voltados para o público masculino. A gestão do órgão afirma que o espaço da instituição não comporta a realização de muitos cursos, bem como não consegue atingir a totalidade do público atendido.

Para solucionar essa questão, a alternativa seria descentralizar a realização dos cursos para outros espaços, inclusive com parcerias com órgãos voltados para a qualificação profissional, como o sistema "S", por exemplo. No entanto, a realidade aponta para a falta de articulação e vontade política do Estado em ofertar tais parcerias.

Nota-se ainda que os cursos são de curta duração – totalizando de 20 a 30 horas –, atendendo, pois, a objetivos de curto prazo. Mas quanto às ações de médio e longo prazo? Ao que parece, a preocupação precípua do órgão é atender à necessidade mais imediata do usuário, deixando de lado alternativas que contemplem uma formação continuada.

Assim, diante da ausência de escolarização e formação profissional, os egressos são encaminhados para ocupações que exigem menos conhecimento técnico e habilidades. Em especial, atividades que envolvem a execução de funções menos complexas, com maior dispêndio de força física e, consequentemente, com menor remuneração, como pode ser comprovado no quadro a seguir:

Quadro 3 – Funções exercidas pelos egressos

Serviços gerais	Auxiliar administrativo
Eletricista	Limpeza
Pintor	Auxiliar de produção
Encanador	Fiscal
Coveiro	Recepcionista

Fonte: Elaborado pelas autoras, 2023.
Nota: baseado em Patronato Penitenciário de Pernambuco, 2022.

O terceiro fator dificultador da inserção dos egressos no mercado de trabalho está presente na relação entre as empresas parceiras e o PPP. Trata-se da seletividade dos usuários baseada na tipificação penal. Alguns órgãos parceiros do PPP exigem o acesso a esse tipo de dado, bem como selecionam os candidatos às vagas de trabalho, a partir de algumas tipificações. Por exemplo: existem órgãos que não admitem egressos com a tipificação penal referente aos seguintes crimes: homicídio (artº 121 do CPB); estupro (artº 213 do CPB); e tráfico de drogas (artº 33 do CPB).

Nessa ótica, o direito ao trabalho pode ser completamente negado ao egresso, a depender do crime cometido. Assim, uma vez detido, as marcas deletérias do encarceramento seguem como elemento determinante da vida dos sujeitos, mesmo fora do cárcere.

Para mediar a inserção dos egressos no mercado de trabalho, o PPP conta com diversas parcerias, seja no âmbito público, seja no privado, como podemos conferir nas tabelas 1 e 2, respectivamente:

Tabela 1 – Convênios com órgãos públicos

Empresa/parceiro	Município	M	F	Tota
Agência Estadual de Planejamento e Pesquisas de Pernambuco	Recife	2	1	3
Autarquia de Manutenção e Limpeza Urbana do Recife	Recife	180	23	103
Autarquia de Trânsito e Transporte Urbano	Recife	8	4	12
Central de Abastecimento de Caruaru	Caruaru	13	0	13
Companhia Estadual de Habitação e Obras	Recife	11	4	15
Departamento de Estradas e Rodagens	Recife	28	0	28
Empresa de Turismo de Pernambuco	Recife	15	2	17
Fundação de Atendimento Socioeducativo	Recife	33	0	33
Fundação de Cultura e Turismo	Caruaru	6	2	8
Fundação do Patrimônio Histórico e Artístico de Pernambuco	Recife	7	1	8
Instituto de Pesos e Medidas de Pernambuco	Recife	4	6	10
Prefeitura Municipal de Caruaru	Caruaru	143	64	207
Prefeitura Municipal de Jaboatão dos Guararapes	Jaboatão	78	10	88
Prefeitura Municipal de Olinda	Olinda	338	15	353
Prefeitura Municipal de Petrolina	Petrolina	98	2	100

Prefeitura Municipal do Cabo de Santo Agostinho	Cabo	41	8	49
PROCON	Recife	11	8	19
Secretaria de Desenvolvimento Social da Mulher	Olinda	11	1	12
Secretaria de Desenvolvimento Social, Criança e Juventude	Recife	19	1	20
Secretaria de Educação	Olinda	48	16	64
Secretaria de Educação de Pernambuco	Recife	5	0	5
Secretaria de Esportes	Olinda	1	0	1
Secretaria de Justiça e Direitos Humanos	Recife	2	1	3
Secretaria de Política Urbana e Licenciamento	Recife	15	6	21
Secretaria de Políticas de Prevenção à violência e às drogas	Recife	10	3	13
Secretaria do Trabalho, Emprego e Qualificação	Recife	1	2	3
Secretaria Executiva de Ressocialização	Recife	30	11	41
	Total	**1158**	191	1349

Fonte: Elaborado pelas autoras, 2023.
Nota: baseado em Patronato Penitenciário de Pernambuco, 2022.

Tabela 2 – Convênios com órgãos privados

Empresa	Município	M	F	Total
Algo Bom	Paulista	17	1	18
CEASA	Recife	6	0	6
CONORTE	Recife	25	0	25
DUO Plásticos	Paulista	11	2	13
GRAMPLASTIC – GI	Abreu e Lima	2	14	16
INDAPOL	Olinda	0	2	2
Pórtico	Recife	25	0	25
PR Transporte e Logística Portela	Recife	19	1	20
PROBENE	Abreu e Lima	0	1	1
TEK SHINE	Recife	0	1	1
ZUMMI	Paulista	0	9	9
	TOTAL	**105**	**31**	**136**

Fonte: Elaborado pelas autoras, 2023.
Nota: baseado em Patronato Penitenciário de Pernambuco, 2022.

Como podemos constatar, as parcerias no âmbito do poder público sobressaem em relação ao privado. Mas, é importante destacar que mesmo a parceria sendo com órgãos públicos, na maioria das vezes, ela se dá através de empresas terceirizadas. E como já vimos no item anterior, a contratação de um egresso pode ser muito vantajosa para as empresas. Isso porque as empresas não são oneradas com encargos trabalhistas, recolhimento do FGTS, férias, décimo terceiro, multa por rescisão de contrato e, assim, o empregador chega a economizar quase 40% em tributos quando emprega um egresso do sistema prisional.

A título de exemplo, em matéria jornalística produzida pelo Jornal Diário de Pernambuco, em agosto de 2019, temos a seguinte matéria: *Empresas privadas de Pernambuco economizam 1,5 milhão com a contratação de ex-detentos.* Na matéria, há uma ênfase sobre o baixo custo do trabalhador, bem como o papel social desenvolvido pela empresa. Logo, fica comprovado o caráter lucrativo da *ação social* promovida pelas empresas parceiras.

Destaca-se ainda que, além da falta de cobertura dos direitos trabalhistas, os egressos do sistema prisional precisam lidar com a falta de cobertura legal em casos de adoecimento ou em outras situações que demandam atestado médico ou afastamento, pois tais documentos sequer são aceitos na relação contratual do trabalho. Ou seja, o trabalhador egresso e seus familiares não podem adoecer.

Sabe-se ainda que os egressos do sistema prisional enfrentam diversos desafios em seu cotidiano de trabalho, pois afinal carregam a marca indelével do sistema prisional nos seus corpos e almas. Logo, não é incomum que em episódios como furto ou roubo ocorridos no interior das empresas, o egresso seja o primeiro suspeito e, muitas vezes, desligado sem a comprovação do fato ou o direito de defesa.

Após analisarmos os desafios e as estratégias adotadas pelo PPP para garantir a inserção dos egressos no mundo do trabalho, fica evidente o descompasso entre o marco legal e a realidade concreta dos sujeitos que é marcada pela violação de direitos e pela negação ao trabalho protegido. Os casos *bem-sucedidos* que abrangem aproximadamente 10% do público atendido se resumem à inserção precária no mundo do trabalho.

Mas, para além disso, deparamo-nos com o seguinte problema: o fim da pena para esses sujeitos não se resume ao efetivo cumprimento da sentença, mas também o fim da inserção no mercado de trabalho.

Dito isso precisamos refletir: ao fim da pena e, também, findo o trabalho, ainda que em condições desiguais em relação aos demais trabalhadores, é possível falar em dignidade humana para os egressos do sistema prisional?

Considerações finais

Entende-se que os egressos do sistema prisional – sujeitos centrais do nosso estudo – encontram-se em condição de vulnerabilidade socioeconômica, que se acentua pelos estigmas sociais construídos em torno da condição de ser um (ex)detento do sistema prisional. Essa construção simbólica torna-se cristalizada nas diversas formas de preconceito atribuídos à figura do egresso do sistema prisional e repercute de forma acentuada, em nossa sociedade de capitalismo dependente, na qual a reprodução social desafia a classe trabalhadora e, de forma mais aguçada, um (ex)detento do sistema prisional.

Sua condição de vulnerabilidade expressa-se na condição socioeconômica, na miserabilidade, nos trabalhos precários e sem garantias da proteção social e trabalhista, na ausência de escolarização e formação profissional, na criminalização da pobreza, dentre tantos elementos, os quais impõem limites reais para a construção de novos planos de vida, que superem a reincidência criminal e a condição de pobreza. Ressalta-se que tais amarras sociais limitam e desafiam os egressos do sistema prisional, sobretudo na formação profissional e, consequentemente, na inserção no mercado de trabalho.

Este capítulo teve por objetivo, com base em análise de dados primários, apresentar as estratégias encontradas pelo Patronato Penitenciário de Pernambuco para a superação dos desafios no acesso ao mercado de trabalho pelos egressos do sistema prisional.

Ante os dados e as dificuldades apontadas, é inconteste que muito se precisa avançar para que o direito ao trabalho deixe de ser uma quimera e passe a ser um direito concreto na vida desses sujeitos.

Nesse cenário de retração dos direitos da classe trabalhadora, fragmentação e seletividade das políticas públicas faz-se necessário pensar no egresso do sistema prisional em sua integralidade, isto é, enxergá-lo como sujeito dos mais diversos direitos, e não apenas como detentor do direito ao trabalho.

Em outras palavras, as diversas políticas públicas precisam atingir esses sujeitos, entendendo-se que o trabalho é central para a sociabilidade, bem como para a reprodução social, no entanto, o trabalho não dá conta de todas as esferas da vida social, ou seja, a educação, a assistência social, a saúde e as demais políticas precisam estar integradas no atendimento ao egresso.

São necessárias ações de curto, médio e longo prazo. Sem dúvidas as ações de curto prazo são aquelas voltadas para atingir as necessidades imediatas do sujeito (moradia, comida, emprego). No entanto, não podemos excluir ações de médio e longo prazos que podem promover uma elevação escolar, uma formação profissional e consolidar direitos de cidadania.

No que tange o direito ao trabalho, é preciso rever a lógica que impõe o fim da pena ao fim do direito à inserção produtiva. Como romper o ciclo da reincidência e da pobreza, sem garantir o mínimo para sua sobrevivência?

Claro está que essa lógica mascara uma engrenagem que seleciona os pobres, negros e periféricos que compõem os presídios desse país a uma condição de subalternidade e manutenção da ordem do capital. A sua força de trabalho não importa para sua dignidade humana, mas compõe como mais uma estratégia de expropriação do capital.

Logo, se o estado de Pernambuco deseja efetivamente agir para o fim do ciclo de reincidência, pobreza e violência que atinge os egressos do sistema prisional, faz-se necessário garantir os direitos preconizados em lei em detrimento do uso de seu braço penal que seleciona e pune os segmentos mais pobres da classe trabalhadora.

Referências

ABBUD, Bruno. *Pandemia pode ter levado Brasil a ter recorde histórico de 919.651 presos.* Jornal *O Globo*, Brasília, 05 de jun de 2022. Disponível em<https://oglobo.globo.com/brasil/noticia/2022/06/pandemia-pode-ter-levado-brasil-a-ter-recorde-historico-de-919651-presos.ghtml> Acesso em: 01/05/23.

BARATTA, Alessandro. *Criminologia Crítica e Crítica do Direito Penal*: introdução à sociologia do direito penal. Tradução Juarez Cirino dos Santos. 3ªed., Rio de Janeiro: Editora Revan: Instituto Carioca de Criminologia, 2002.

BATISTA, Vera Malaguti. *Introdução crítica à criminologia brasileira*. 1. ed. Rio de Janeiro: Revan, 2011. (2011).

BRASIL. Lei n. 7.210, de 11 de julho de 1984. *Lei de Execução Penal*, Brasília, DF, 1984.

BRASIL. Ministério da Justiça e Segurança Pública. *Levantamento Nacional de Informações Penitenciárias* – atualização dezembro de 2019. Brasília: Ministério da Justiça e Segurança Pública, Departamento Penitenciário Nacional, 2020.

BRASIL. Decreto 9.450 de 24 de julho de 2018. *Institui a Política Nacional de Trabalho no Âmbito Prisional.* Brasília, DF, 2018.

BRASIL. Conselho Nacional de Justiça. *Política Nacional de Atenção às Pessoas Egressas do Sistema Prisional* -- Brasília: Conselho Nacional de Justiça, 2020.

Empresas privadas de Pernambuco economizam 1,5 milhão com a contratação de ex-detentos. Jornal Diário de Pernambuco, Recife, 08 de agosto de 2019. Disponível em: <https://www.diariodepernambuco.com.br/noticia/vidaurbana/2019/08/empresas-privadas-economizam-com-a-contratracao-de-reeducandos.html>

FOUCAULT, Michel. *Vigiar e Punir:* nascimento da prisão. 42 ed. Petrópolis, RJ: Vozes, 2014.

MARX. Karl. ENGELS. Friedrich. *A ideologia Alemã:* crítica da mais recente filosofia alemã em seus representantes Feuerbach, B. Bauer e Stirner, e do socialismo alemão em seus diferentes profetas (1845-1846). São Paulo: Boitempo, 2007.

MARX, Karl. *O Capital:* critica a economia política. Tradutor: Reginaldo Sant'Ana. 34a ed. Vol. I. Rio de Janeiro: Civilização Brasileira, 2016.

MELOSSI, Dario; PAVARINI, Massimo; *Cárcere e fábrica*: as origens do sistema penitenciário (séculos XVI – XIX). Rio de Janeiro: Revan, 2006.

PERNAMBUCO. *LEI Nº 14.522.* Cria o Patronato Penitenciário de Pernambuco, e dá outras providências.Recife, PE, 2011.

PATRONATO PENITENCIÁRIO DE PERNAMBUCO. *Informações sobre trabalho e renda.* Recife, 2022.

PERUZZO, Juliane Feix; VALENTIM, Erika Cordeiro do Rêgo Barros. O empreendedorismo nas políticas públicas de trabalho e geração de renda. *Argumentum*, Vitória, v. 10, n. 1, p. 261-275, jan./abr. 2018.

ROCHA, Glauciene Farias. *Política de atendimento socioeducativo no estado penal brasileiro:* uma análise dos elementos de determinação do encarceramento de adolescentes no estado de Pernambuco. (Dissertação, Serviço Social). Recife, PE: UFPE, 2021.

SILVA, Fabíola Araújo. *Trabalho ambulante nos espaços do metrô do Recife:* Estratégia de sobrevivência da classe trabalhadora e/ou estratégia de acumulação do capital? ((Dissertação, Serviço Social). Recife, PE: UFPE, 2021.

WACQUANT, Loïc. *As prisões da miséria.* Rio de Janeiro: Zahar, 2001. (2001).

8. UM ESTUDO SOBRE O TRABALHO DOS SETORES PSICOSSOCIAL E EDUCACIONAL DO PATRONATO PENITENCIÁRIO DE PERNAMBUCO

Clécia Pereira da Silva[1]

Daiana Ferreira de Almeida[2]

Jayane Estefany da Silva Lima[3]

Vanessa Vitória da Silva Pina[4]

Sara Helen de Almeida Lima[5]

Introdução

Ao longo de décadas, o Estado foi alterando a forma de gerir a oferta das políticas sociais, estando em vigor na atualidade o modelo neoliberal, que visa minimizar a intervenção do

1 Mestre e Bacharel em Serviço Social pela Universidade Federal de Pernambuco - UFPE, especialista em Saúde Coletiva pelo Instituto Aggeu Magalhães (IAM) - FIOCRUZ PERNAMBUCO.

2 Mestranda em Direitos Humanos pela Universidade Federal de Pernambuco - UFPE. Bacharel em Serviço Social pela Universidade Federal de Pernambuco - UFPE. Graduanda em Pedagogia pela Universidade Federal Rural de Pernambuco - UFRPE.

3 Bacharel em Serviço Social pela Universidade Federal de Pernambuco - UFPE. Pós-graduanda em Psicologia Organizacional e do Trabalho pela Universidade Católica de Pernambuco - UNICAP. Graduanda em Psicologia pela Faculdade Frassinetti do Recife - UNIFAFIRE.

4 Bacharel em Serviço Social pela Universidade Federal de Pernambuco - UFPE.

5 Graduanda em Serviço Social pela Universidade Federal de Pernambuco - UFPE.

Estado através do incentivo à privatização dos serviços públicos, ao passo que busca enfraquecer a atuação dos movimentos sociais e dos sindicatos, e reduzir os investimentos direcionados às políticas sociais. Fechinel, Rocha e Cunha (2014, p. 5) ressaltam que:

> No campo dos direitos sociais é perceptível a falta de acesso às políticas sociais, que estão cada vez mais focalizadas na extrema pobreza, ou seja, só têm acesso aqueles que estão na linha de pobreza, pois os que podem custear a educação, saúde, previdência, dentre outras políticas que são de responsabilidade do Estado, passam a integrar o rol de cidadãos consumidores das políticas sociais.

Logo, as principais consequências da adoção da lógica neoliberal para a população são a diminuição da oferta de vagas para atendimento nos serviços públicos, o aumento do desemprego e o crescimento dos índices de pobreza, de violência e de criminalidade no país e no mundo (RAICHELIS, 2006). Outrossim, todas as políticas sociais e públicas geridas direta ou indiretamente pelo Estado são afetadas; portanto, as políticas voltadas ao sistema prisional também são diretamente atingidas, ressaltando-se como principal resposta do Estado a esse processo o crescimento das ações de repressão aos crimes cometidos pelas camadas mais pobres da população.

> [...] o Estado brasileiro sob a diretriz neoliberal se resume a um Estado moralista que criminaliza a pobreza e banaliza a violência, visto que é mais fácil exterminar a classe considerada "problemática" do que criar políticas sociais que auxiliem no desenvolvimento econômico e social dessa (NASCIMENTO, 2021, p. 18).

A população carcerária sofre de forma mais acirrada com o desmonte da proteção social por ser vítima das múltiplas condicionalidades da determinação social; ao mesmo tempo, esse segmento é conduzido a manter-se na mesma condição, alimentando, assim, um ciclo vicioso. Desse modo, o grande desafio do sistema penitenciário está no momento em que esses sujeitos precisam retornar à sociedade. É nesse processo que entra em atuação o Patronato Penitenciário, que tem por função oferecer aos egressos a "assistência integral compreendendo as esferas jurídica, psicológica, social, pedagógica, educacional, e cultural, com vistas à diminuição da reincidência criminal" (PERNAMBUCO, 2011).

Entre as funções demandadas ao Patronato destacam-se os atendimentos e encaminhamentos nas áreas da educação e assistência social, visto que a educação passa a ser marcada pela exclusão e situa-se dentro de um contexto exponencial de desigualdades, quer no âmbito da nação, quer mundialmente (SANTIAGO, 2011, s.p). Assim, o descompromisso por parte do Estado em promover uma educação igualitária de qualidade não se dá por aspectos voluntaristas ou moralizantes da figura dos governantes, mas se trata da própria configuração do sistema capitalista atual, sob a qual a educação só se apresenta a partir desses moldes.

No contexto da Política de Assistência Social, há redução dos direitos sociais e o aumento do investimento das políticas penais. Tal contexto acarreta a reprodução do pauperismo, que provém de um conjunto de violações de direitos civis, políticos, sociais, econômicos e culturais, que se configuram como violações que não se iniciam com o encarceramento, entretanto, nele resultam (BRASIL, 2020; MENEZES, 2023; KILDUFF, 2010).

Levando em consideração a problemática em questão, este capítulo visa analisar a atuação do Patronato Penitenciário de Pernambuco (PPP) no âmbito da oferta de serviços sociais nas áreas da Assistência Social e da Educação aos egressos do Sistema Penitenciário de Pernambuco.

A metodologia utilizada para a escrita deste capítulo baseou-se na pesquisa bibliográfica, com revisão da literatura marxista sobre o debate acerca da assistência social e da educação ofertada aos egressos; na pesquisa documental, através da análise da Lei de Execução Penal, da Lei Nº 14.522, de 7 de dezembro de 2011 e do Plano Estadual de Educação para Pessoas Privadas de Liberdade e Egressas do Sistema Prisional do Estado de Pernambuco; e na realização de visitas às unidades do PPP e a alguns equipamentos da rede de assistência (Centro de Referência Especializado para População em Situação de Rua – Centro POP; Hospital de referência no tratamento a pacientes com o Vírus da Imunodeficiência Humana (HIV) etc.), com o objetivo de compreender as demandas, atendimentos e respostas dadas às necessidades dos usuários. O presente capítulo está estruturado pela introdução, seguida de duas seções de desenvolvimento e a conclusão.

Logo na segunda seção iremos apresentar a discussão sobre a assistência social prevista às pessoas privadas de liberdade, a partir da análise da Lei de Execução Penal. Também será abordada a assistência ofertada aos egressos do sistema penitenciário por meio do estudo da Lei Nº 14.522, de 7 de dezembro de 2011, e a atuação do PPP, em especial os atendimentos e encaminhamentos realizados pelo setor psicossocial no ano de 2022, visando retratar as principais demandas e desafios enfrentados pelo órgão.

Já na terceira seção, iremos analisar especificamente as atividades e serviços ofertados na esfera da educação, considerando esta enquanto uma das principais ferramentas que corrobora para reduzir a reincidência e combater a pobreza. Além disso, também iremos expor alguns dados que demonstram a formação educacional dos educandos atendidos pelo Patronato de Recife, a fim de dimensionar o contexto de desigualdades em que os usuários estão inseridos e problematizar o distanciamento entre as legislações vigentes e a realidade que permeia as políticas educacionais no sistema prisional.

O setor psicossocial no Patronato Penitenciário de Pernambuco

A Lei de Execução Penal (LEP) foi uma das primeiras legislações a abordar a temática da assistência para as pessoas privadas de liberdade no Brasil. Entre os tipos de assistência previstos, destacam-se a assistência material e a social. A primeira visa fornecer alimentação, vestuário e materiais de higiene, enquanto a segunda tem por objetivo amparar as pessoas que estão em reclusão e prepará-las para o retorno à sociedade (BRASIL, 1984).

O desafio de garantir as assistências previstas intensifica-se pelo fato de o Brasil possuir mais de 900 mil pessoas em reclusão (BRASIL, 2022). Acrescentam-se a este contexto a superlotação, as baixas verbas, as infraestruturas precárias e os reduzidos quadros de profissionais (LEIRAS, 2015).

Vários estudos alertam acerca de tal realidade, a exemplo do relatório elaborado em 2021 pelo Conselho Nacional de Justiça (CNJ), que revelou os custos *per capita*, por estado, em relação a cada pessoa privada de liberdade. Em Pernambuco, um dos pontos que chama mais atenção é o que diz respeito à discriminação dos custos por tipo de gasto. No item alimentação, no estado, o gasto diário de cada pessoa privada de liberdade é de menos de R$6 (ou R$176 por mês). Esse dado nos faz constatar que as necessidades mais básicas não estão sendo devidamente atendidas (BRASIL, 2021).

A junção entre a precária assistência, somada às limitações das unidades, acabam contribuindo para a fragilização dos vínculos familiares, visto que a reclusão, por si só, já favorece esse processo (BRASIL, 2020). Os vínculos fragilizados repercutem no acesso a materiais básicos, pois a assistência, como prevista em lei, não é executada, sendo a família "obrigada" a arcar com vestuário e com materiais de higiene.

O reduzido quadro de profissionais também impacta diretamente na qualidade da assistência. Santiago (2011) afirma que, na maioria das unidades de Pernambuco, as pessoas privadas de liberdade só realizam uma rápida entrevista social quando chegam, para cumprimento de protocolo. Nesse cenário, a assistência se destina a um pequeno percentual da população carcerária, em sua maioria ex-policiais ou aqueles que constroem uma boa relação com a equipe (LEIRAS, 2014).

No momento que as pessoas em reclusão saem do regime fechado, tornando-se reeducandos (liberado definitivo ou liberado condicional), teriam o direito, conforme a LEP em seu Art. 25, de receber orientação e apoio no processo de reintegração à sociedade, e a concessão, se necessário, de alojamento e alimentação, no período de dois meses (BRASIL, 1984). Entretanto, nesse momento tão delicado, também há ausência de uma assistência efetiva pelo Estado, porque o sistema acaba não disponibilizando o acesso ao alojamento e à comida (LEIRAS, 2015).

O acompanhamento dos reeducandos pelo Patronato é um dos direitos previstos na LEP, que visa ofertar orientações, fiscalização e assistência para as pessoas egressas. A estruturação do Patronato em Pernambuco (sancionado através da Lei nº 14.522), enquanto instituição, só foi iniciada ao final de 2011, 28 anos depois, podendo indicar o baixo interesse do Estado no cumprimento de dispositivos básicos em prol do sistema carcerário.

A Política Nacional de Atenção às Pessoas Egressas (2020, p. 87), analisando as ações realizadas nos Patronatos, descreve que:

> É preciso estabelecer mecanismos de territorialização e vinculação dos estabelecimentos prisionais aos equipamentos (CRAS e CREAS) do Sistema Único de Assistência Social [...] além de realizar a identificação de demandas e a oferta de respostas por meio dos Serviços Socioassistenciais, de acordo com os parâmetros da Proteção Social Básica [...]. Esta estratégia permite às pessoas, quando egressas das prisões, atualizar suas demandas junto àqueles equipamentos, sendo atendidas na condição de cidadãos com direitos aos serviços socioassistenciais de caráter universal.

No estado de Pernambuco, existem três unidades do Patronato, localizadas nos municípios de Recife, Caruaru e Petrolina. No entanto, apenas na capital há o setor psicossocial, formado por duas assistentes sociais e uma estagiária de Serviço Social.[6] Esse setor é considerado a porta de entrada dos reeducandos no serviço, pois assim que o egresso chega ao PPP, os profissionais preenchem a ficha social e posteriormente realizam os encaminhamentos para as demais áreas, quais sejam: o setor Educacional, o setor Jurídico/Penal e os setores de Empregabilidade e Fiscalização.

No ano de 2022, foram realizados 3.326 novos atendimentos, sendo 95% desse total do gênero masculino. Nesse mesmo ano, foram encaminhados 447 reeducandos para a fiscalização, 548 para a educação, 394 para o Jurídico e 697 para a empregabilidade.

As respostas às demandas, muitas vezes, acabam sendo realizadas por meio de parcerias com organizações da sociedade civil, o que torna as articulações esporádicas e assistemáticas, dependendo de acordos entre os próprios gestores do Patronato e a iniciativa social. Para a rede de serviços públicos, o quantitativo de encaminhamentos foi realizado de acordo com o gráfico abaixo:

---

6 A equipe está aguardando a convocação de duas assistentes sociais e três psicólogas da seleção simplificada de 2022.

Gráfico 1 - Articulação com a Rede da Região Metropolitana do Recife - 2022

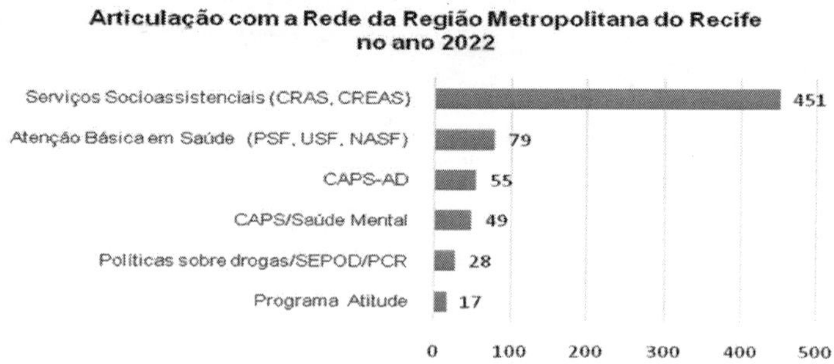

Fonte: Elaborado pelas autoras segundo dados do Patronato Penitenciário de Pernambuco, 2023.

Os serviços mais acionados são os da Política de Assistência Social, em decorrência da vulnerabilidade socioeconômica em que essa população se encontra, sendo resultado do limitado acesso que as classes sociais mais pobres têm aos recursos econômicos, políticos e educacionais no país (LEIRAS, 2015). Logo em seguida, observamos a Política de Saúde como a segunda área mais acionada pelos usuários da instituição. Isso se deve à fragilidade do estado de saúde dos egressos, tendo em vista as precárias condições materiais e físicas que são vivenciadas durante a reclusão, além das altas taxas de doenças infecciosas presentes no sistema penitenciário, a exemplo do HIV, da COVID-19, das hepatites, da sífilis e da tuberculose (HAJE, 2022).

Os encaminhamentos para os serviços da Política Sobre Drogas também se fazem presentes devido ao próprio perfil de criminalização do uso/comercialização das drogas que vem ocorrendo durante as últimas décadas.

Para além da análise dos serviços mais acionados no ano de 2022, destaca-se a quantidade de encaminhamentos realizados (somam-se 679, de acordo com o Gráfico 1), levando em consideração a quantidade de egressos que adentraram o serviço nesse mesmo ano, um total de 3.326 usuários. Esse baixo percentual de encaminhamentos pode ser explicado pelo pequeno quantitativo de profissionais atuando no serviço, além da precária estrutura física do espaço onde funciona o patronato na capital pernambucana.

Outra demanda muito presente no setor psicossocial é o encaminhamento para a retirada da segunda via dos documentos, como demonstram os dados do gráfico abaixo:

Gráfico 2 – Encaminhamentos para a retirada da 2ª via dos documentos – 2022

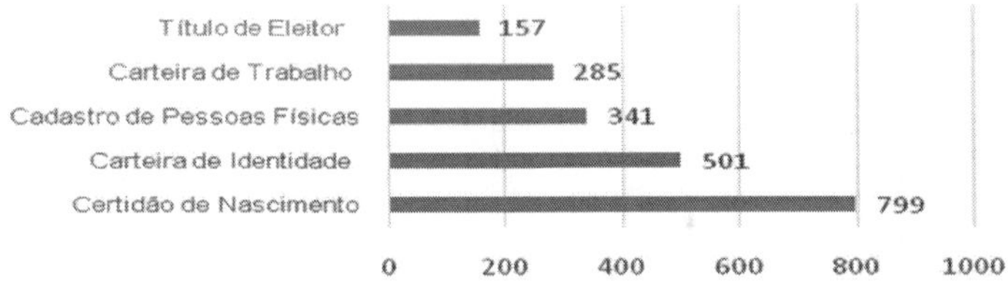

Fonte: Elaborado pelas autoras segundo dados do Patronato Penitenciário de Pernambuco, 2023.

A dificuldade de acesso aos documentos é uma das principais problemáticas enfrentadas pelo setor, pois impossibilita o acesso a programas de transferência de renda, recolocação no mercado de trabalho e ingresso nas instituições de ensino. Essa é uma realidade não apenas de Pernambuco, mas do Brasil: dados de 2017, do Departamento Penitenciário Nacional (Depen), revelam que a cada dez brasileiros que passaram pelo sistema de reclusão, nove não possuíam qualquer documento (DEPEN, 2017).

No caso do Patronato de Petrolina, durante o período de visita, a instituição se mantinha apenas com dois funcionários, sendo um advogado (contratado via seleção simplificada) e o gestor, policial penal (cargo comissionado). Nesse cenário, muitas dificuldades são encontradas principalmente no setor social, no qual o órgão não possui a estrutura necessária (nem de espaço nem de divisão de setores) e os profissionais não possuem qualificação na área psicossocial para atender e realizar os devidos encaminhamentos de assistência. Como suporte, o PPP mantém parceria com organizações privadas e instituições educacionais, como o sistema S[7], para realizar o atendimento de outras demandas que chegam na unidade.

Ante o exposto, não foram coletados dados sobre os atendimentos/encaminhamentos/parcerias.

Na unidade de Caruaru, à época, a equipe contava com uma coordenadora formada em Recursos Humanos (cargo comissionado) e dois assistentes administrativos, contratados via seleção simplificada. Sobre os encaminhamentos, o mesmo se repete sobre a situação de Petrolina: a instituição não tem o quadro de pessoal necessário para atendimento das demandas sociais. Na maioria dos casos, os indivíduos egressos são encaminhados para o Escritório Social (ES), fundado em junho de 2021 pelo Tribunal de Justiça de Pernambuco (TJPE), em conjunto com a Prefeitura Municipal de Caruaru, o Conselho Nacional de Justiça (CNJ) e o Centro Universitário Tabosa de Almeida (Asces-Unita).

7 Termo que define o conjunto de organizações das entidades corporativas voltadas para o treinamento profissional, assistência social, consultoria, pesquisa e assistência técnica, que além de terem seu nome iniciado com a letra S, têm raízes comuns e características organizacionais similares. Fazem parte do sistema S: Serviço Nacional de Aprendizagem Industrial (Senai); Serviço Social do Comércio (SESC); Serviço Social da Indústria (SESI); e Serviço Nacional de Aprendizagem do Comércio (SENAC). Existem ainda os seguintes: Serviço Nacional de Aprendizagem Rural (SENAR); Serviço Nacional de Aprendizagem do Cooperativismo (SESCOOP); e Serviço Social de Transporte (SEST) (BRASIL, 2023, p. 1).

Caruaru foi o primeiro, e até o presente momento o único, município de Pernambuco a receber a iniciativa, que atende pessoas que cumpriram pena no próprio município ou que estejam regressando de unidades prisionais de cidades circunvizinhas. Em 2022, o número de atendimentos no ES chegou a 1.140. O órgão articula diferentes políticas públicas estaduais e municipais e amplia as ações de reinserção social, aumentando as chances de inserção no mercado de trabalho, instituições de ensino e contribuindo para a melhoria do contexto social no qual o egresso está inserido. "Em geral estas iniciativas constituem, no primeiro momento, o único lugar onde as pessoas que deixam os estabelecimentos prisionais encontram algum tipo de acolhimento" (BRASIL, 2020, p. 103).

O papel do Patronato é prestar serviços indispensáveis à efetivação das demandas dos assistidos, desenvolvendo atividades para a melhoria da qualidade de vida e execução das demandas sociais. Porém, verificamos que o desafio do PPP na área da assistência vai além dos atendimentos realizados: a instituição não possui o mínimo necessário (principalmente de equipe técnica) para atender as demandas dos egressos. O atual cenário de trabalho é de fragilização da oferta de serviços e equipe, o que incide no processo de ressocialização dos usuários, uma vez que eles podem não ter a sua demanda atendida plenamente.

O setor educacional do Patronato Penitenciário de Pernambuco

É consensual o fato de que a constituição cidadã traz uma série de avanços para educação pública, assegurando o acesso, a permanência nas escolas e a garantia da educação ao longo vida de forma igualitária para toda a população brasileira (BRASIL, 1988). Contudo, se efetiva de maneira limitada, expressando diferentes projetos societários: um em favor da manutenção do público-privado e outro na promoção da educação pública universal. Infelizmente, essa última nunca se realizou plenamente, pois "nunca tivemos um sistema universalizado, mesmo nos níveis elementares, e tivemos que conviver com processos tardios de expansão da educação" (FÉRRIZ; MARTINS; 2020, p. 46). É dessa maneira que são conservadas diferenças no acesso a recursos e estruturas para um bom funcionamento dos processos educativos.

Tal cenário se agrava se olharmos para os dados dos reeducandos atendidos pelo Patronato Penitenciário de Pernambuco (PPP), que ilustram uma realidade contrária ao que está posto na constituição cidadã, evidenciando os limites no acesso e permanência das camadas populares na educação, principalmente aos egressos do sistema prisional, conforme pode ser observado no gráfico abaixo:

Gráfico 3 – Formação educacional dos Reeducandos dos Patronatos de Pernambuco – 2022

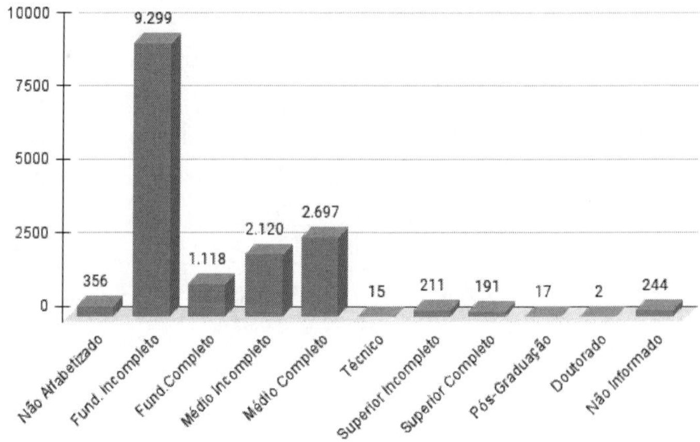

Fonte: Elaborado pelas autoras segundo dados do Patronato Penitenciário de Pernambuco, 2023.

Notemos que, em um universo de 16.270 pessoas que passaram pelo Patronato, apenas 2.697 possuem o ensino médio completo, um número bem reduzido, assim como o do público com ensino superior completo, que não expressa nem 10% do número total dos reeducandos. Por outro lado, é extremamente significativo o quantitativo dos que possuem apenas o fundamental incompleto, um total de 9.299. Significa que mais de 50% das pessoas que fazem uso do PPP não possuem uma formação mínima para se inserirem no mercado de trabalho formal.

Por mais que os dados ilustrados evidenciem o contexto pernambucano, eles expressam um contexto predominante de baixa escolaridade da população prisional no Brasil, visto que os últimos dados coletados pelo Departamento de informações Penitenciárias (DEPEN) no ano de 2017 demonstram que 51,3% dos detentos possuem o Ensino Fundamental Incompleto, enquanto apenas 13,1% têm o ensino médio completo e apenas 0,5% responderam que tinham o superior completo (DEPEN, 2019).

Diante dessa realidade, o Estado instituiu legislações que buscam incentivar os sujeitos que adentram o sistema prisional a estudar de alguma forma, a exemplo do direito à remição da pena pela leitura ou por estudo (previsto no artigo 126 da LEP), que estabelece que, a cada 12 horas de estudo, o preso terá um dia de diminuição da pena. Entretanto, no Patronato do Recife, a remição pela leitura está suspensa por falta de livros, o que demonstra a precariedade do serviço.

Ao analisar o perfil da população egressa, nota-se que esse é marcado majoritariamente por jovens negros e de periferia, o que demostra a alta seletividade presente no sistema educacional. Tal afirmativa pode ser compreendida à luz de informações disponibilizadas pelo IBGE (2019, p. 7), o qual indica que em 2018 o percentual de pessoas pretas ou pardas de 18 a 24 anos de idade que não frequentavam a escola era de 28,8% enquanto que para as pessoas brancas era de 17,4%, condição resultante de fatores como o racismo institucionalizado e a extrema pobreza.

Diante deste cenário adverso, na perspectiva de ampliar o direito fundamental de acesso à educação, é instituído através do Decreto nº 7.626/2011, o Plano Estratégico de Educação no âmbito do Sistema Prisional, o qual norteia a criação do Plano Estadual de Educação para Pessoas Privadas de Liberdade e Egressas do Sistema Prisional do Estado de Pernambuco, que possui como uma de suas diretrizes o "Desenvolvimento de políticas de elevação de escolaridade associado à qualificação profissional" (PERNAMBUCO, p. 8, 2021).

Para viabilização destes planos, ocorre a articulação e a parceria com órgãos do Estado, como o Patronato Penitenciário de Pernambuco, o qual deve dispor de serviços indispensáveis à reeducação do egresso e desenvolver parcerias com instituições para inserir o reeducando no processo educacional (PERNAMBUCO, 2011).

Entretanto, nos Patronatos de Caruaru e Petrolina nota-se a ausência desses serviços, o que traz implicações sobre a assistência indispensável ao processo de reinserção do egresso na sociedade e ao sistema educacional (PERNAMBUCO, 2011). Essa condição é resultante de um conjunto de fatores desencadeados pela omissão estatal, que não direciona profissionais para atuação nestes patronatos, nem demonstra interesse em projetar melhorias nos espaços físicos de atendimento.

Já em Recife, é possível identificar além de um conjunto de profissionais, formados por assistentes sociais, psicólogos e pedagogos, os meios materiais para desenvolver as atividades do âmbito educacional, que são realizadas nas duas salas de aula disponíveis no Patronato. Ocorre também neste órgão a realização de encaminhamentos para a Educação de Jovens e Adultos (EJA) e debates relacionados à relevância que a educação possui após o período do cárcere, enquanto ferramenta de transformação.

Outrossim, este Patronato tem conseguido incorporar no seu espaço, a oferta de cursos profissionalizantes para os egressos, que abrangem os cursos de eletricista predial, pintor predial, encanador, mecânica de motos, doces e salgados, bolos e tortas, de acordo com a tabela abaixo

Tabela 1 – Oferta de Cursos Profissionalizantes Patronato Recife no ano de 2022

Cursos	Masculino	Feminino	Total
tricista	68	6	74
canador	47	3	50
cânica de Motos	66	4	70
ces e Tortas	20	10	30

Fonte: Elaborado pelas autoras segundo dados do Patronato Penitenciário de Pernambuco, 2023.

Como pode-se perceber, os cursos ofertados ao longo do ano de 2022 abarcam um número maior de público masculino, considerando que cerca de 201 homens participam dos cursos existentes, enquanto apenas 23 mulheres realizam a capacitação. Destacamos que os cursos ofertados estimulam a entrada no mercado de trabalho como trabalhador autônomo ou microempreendedor. Sobre esse aspecto, Wacquant (2008, p. 13) já nos apontava que os reflexos do encarceramento em massa sobre o mercado de trabalho são "o de facilitar o crescimento da economia informal e de empregos abaixo da linha de pobreza, [...] gerando continuamente um grande volume de trabalhadores marginais que podem ser explorados sem quaisquer escrúpulos".

O Patronato do Recife também apresenta limitações por depender exclusivamente das Emendas Parlamentares, que podem ou não ser direcionadas a essa unidade, para oferta de cursos profissionalizantes, materiais didáticos, fardamentos, passagens e alimentação do público em atendimento. Essa prática coloca a unidade à mercê das negociações feitas entre a superintendência do PPP e os deputados do Estado.

Nota-se ainda outra lacuna no ensino profissionalizante: os egressos conseguem apenas acessar esses cursos dentro do próprio patronato, pois fora desse espaço os cursos existentes só podem ser acessados mediante pagamento. Esse aspecto ilustra o modo como a lógica do mercado está inserida nas instituições de educação, transformando a educação em produto de venda, direcionado especificamente para uma classe social, afastando-se dos preceitos de uma educação qualificada que possa ser acessada por todos como foi promulgada na Constituição de 1988 e das diretrizes do Plano Estadual de Educação para Pessoas Privadas de Liberdade e Egressas do Sistema Prisional do Estado de Pernambuco.

Essas práticas transmitem uma insegurança para ações educacionais existentes, não firmando estas enquanto um direito, devido à lacuna intensificada pela ausência de articulação do próprio estado pernambucano, que não direciona orçamento para oferta de uma formação profissional continuada e expõe a fragilidade da gestão pública, que não considera as particularidades do cidadão que tenta retornar ao ensino formal depois ter passado pelo sistema penitenciário brasileiro.

Assim, por mais que reconheçamos os esforços do Patronato de Recife em promover ações benéficas voltadas tanto para os encaminhamentos dos reeducandos para o EJA, na tentativa de incentivar o retorno ao espaço escolar, quanto para uma formação profissional que possa capacitá-los para retomada ao mercado de trabalho, os Patronatos de Pernambuco permanecem inseridos na lógica do sistema capitalista, não conseguindo extinguir suas problemáticas estruturantes.

Nessa perspectiva, cria-se uma discrepância entre o que está previsto nos arcabouços legais, considerando que eles não correspondem ao objetivo fim do próprio sistema, que promove desde sua implementação a exclusão das camadas mais pobres e a ampliação da desigualdade social, prática incorporada ao sistema prisional e ao seu processo de encarceramento e não reintegração.

Considerações finais

Este capítulo discutiu a situação das áreas de assistência social e educação dos Patronatos de Pernambuco, evidenciando a realidade dos atendimentos, encaminhamentos e respostas da equipe profissional existente no órgão. Isso, tendo em vista o fato de os aspectos existentes nas políticas sociais deverem ser incorporados ao sistema prisional e considerando que o público inserido nesse processo e sua família, apesar de vivenciarem a exclusão social, serem também detentores dos direitos previstos nas legislações promulgadas.

Entretanto, diante das observações realizadas, pode-se concluir que num contexto social marcado pelo punitivismo, a promoção de políticas educacionais e de assistência social não se realiza como um meio de reinserção da população egressa do sistema prisional. As medidas ofertadas no PPP acabam, na verdade, sendo utilizadas como artifício ideológico para não reafirmar a narrativa de ressocialização e dessa forma perpetuar os estigmas sociais – prática que se fortalece através do não direcionamento dos direitos sociais dentro do PPP e por meio da invisibilidade vivenciada pelo órgão.

Assim, o que tem ocorrido, considerando que as políticas sociais desenvolvidas diretamente pelo Estado não atingem totalmente seus objetivos legais, é que, indiretamente, recursos têm sido direcionados a outros órgãos, para complementar suas ações (LEIRAS, 2015).

Portanto, como proposta de melhoria do atendimento à demanda dos egressos pernambucanos, apresenta-se o modelo de trabalho realizado no Rio de Janeiro como exemplo estratégico - um modelo criado em 2006, que se utiliza de uma Rede de Apoio ao Egresso do Sistema Penitenciário (RAESP), nascida com intuito de contribuir com o processo de inserção social dos egressos e possuindo a responsabilidade social de dar visibilidade às necessidades e demandas desse público, além de contribuir para a redução da reincidência criminal (LEIRAS, 2015).

Os principais resultados apresentados pelo trabalho em rede no caso do Rio de Janeiro, foram: 1) a integração das instituições parceiras; 2) a luta pelo acesso ao direito à educação, à saúde e ao trabalho; 3) a participação em espaços estratégicos para o fomento da temática, como fóruns, reuniões, palestras e reportagens; e 4) o planejamento de ações que articulam cursos, orientações, encaminhamentos, entre outras ações.

Tendo em vista a utilidade desse modelo para o sistema prisional do Rio de Janeiro, propõe-se a criação de uma rede para o estado de Pernambuco, uma vez que os resultados apresentados pelo trabalho em rede no Rio de Janeiro se aproximam daquilo que seria favorável para os egressos das cidades pernambucanas.

No que se refere ao eixo educacional, é necessário fortalecer as articulações já realizadas entre a Secretaria de Educação e Esportes do estado de Pernambuco e o PPP, e, ao mesmo tempo, articular novas alternativas de acompanhamento pedagógico contínuo aos egressos, de maneira que possam tanto concluir o ensino básico quanto ser estimulados para alcançar novos horizontes, como o ingresso na universidade, pois não basta apenas garantir o acesso à matrícula escolar, é necessário ir além, promovendo políticas de permanência escolar e incentivo às pessoas egressas. Ainda é necessária uma maior promoção na oferta de cursos tanto profissionalizantes quanto técnicos por meio de programas já estabelecidos pelo governo como é o caso das Escolas Técnicas do Estado (ETE) que já possuem uma farta gama de cursos.

Diante do exposto, nota-se que inúmeros desafios se apresentam aos egressos do sistema prisional, muitos destes decorrentes da própria lógica do capital que investe intensivamente na repressão à pobreza, ao mesmo tempo em que reduz o acesso das camadas mais pobres aos direitos sociais básicos, a exemplo da educação, saúde, alimentação, moradia, esporte e lazer.

Desse modo, faz-se necessário articular os movimentos sociais voltados aos diretos humanos para juntos reivindicarem alterações nas ações realizadas pelo Estado, bem como incentivar a realização de estudos a respeito da temática e a realização de atividades socioeducativas junto aos egressos, para que eles tenham conhecimento dos seus direitos. Contudo, é importante lembrar que uma mudança significativa desse contexto só seria realmente possível com a superação da ordem capitalista e a promoção da emancipação humana.

Referências

BARATTA, Alessandro. *Princípios do Direito Penal Mínimo* - para uma teoria dos direitos humanos como objeto e limite da lei penal. Tradução de Francisco Bissoli Filho. p. 623-650. Florianópolis, SC, 2003.

BERMUDEZ, Ximena; GOLDBERG, Alejandro; MIRANDA, Raquel. Programas de reinserção social para egressos do sistema prisional no Brasil: há um olhar para o recorte de gênero?. *Revista Ciência e Saúde Coletiva*. Rio de Janeiro, v. 27, n. 12, p 4599-4616, dez, 2022. Disponível em: <https://doi.org/10.1590/1413-812320222712.13012022>. Acesso em: 05 abr. 2023.

BLUME, B. A. Sistemas penitenciários em outros países. *Politize!*, 2017, Disponível em: <https://tempodepolitica.com.br/sistema-prisional-no-mundo/>. Acesso em: 05 abr. 2023.

BRASIL. Senado Federal. *Agência de notícias do Senado Federal*: Sistema S. Brasília, DF. Disponível em:< https://www12.senado.leg.br/noticias/glossario-legislativo/sistema-s>. Acesso em: 04 ago. 2023.

BRASIL. [Constituição (1988)]. *Constituição da República Federativa do Brasil de 1988*. Brasília, DF: Presidência da República. Disponível em: <http://www.planalto.gov.br/ccivil_03/Constituicao/ Constituiçao.htm>. Acesso em: 25 março. 2023.

BRASIL. Conselho Nacional de Justiça. *Calculando custos prisionais*: panorama nacional e avanços necessários. Conselho Nacional de Justiça, Programa das Nações Unidas para o Desenvolvimento, Departamento Penitenciário Nacional; coordenação de Luís Geraldo Sant'Ana Lanfredi [*et al.*]. Brasília: Conselho Nacional de Justiça, 2021.

BRASIL. Conselho Nacional de Justiça. *Política Nacional de Atenção às Pessoas Egressas do Sistema Prisional* - Brasília: Conselho Nacional de Justiça, 2020.

BRASIL. Lei nº 7. 210, de 11 de julho de 1984. *Institui a Lei de Execução Penal*. Brasília, 1984.

CANEO, G. ; TORRES, A. A. O trabalho do/a assistente social e as violações de direitos no sistema prisional. In: *Encontro Nacional de Pesquisadoras/es em Serviço Social,* XVI, Anais, Vitória, 2018.

CARVALHO, E. F. de. *Trajetórias subalternas urbanas*: o cotidiano e o cárcere. 2021. 34 f. Trabalho de Conclusão de Curso (Bacharelado em Economia Doméstica) – Departamento de Ciência do Consumo, Universidade Federal Rural de Pernambuco, Recife, 2021.

DEPEN. Ministério da Justiça/Departamento Penitenciário Nacional. Levantamento Nacional de informações penitenciárias, 2019. Infopen–junho de 2016. Brasília. Disponível em:<http://

depen.gov.br/DEPEN/depen/sisdepen/infopen/relatorios-sinteticos/infopen-jun-2017-rev-12072019-0721.pdf>.Acesso em: 25 maio 2023.

Falta de documentos pessoais dificulta ressocialização de presos, aponta pesquisa. *conjur.com.br*, 2017, Disponível em: <https://www.conjur.com.br/2017-jul-10/falta-documentos-pessoais-dificulta-ressocializacao-presos> Acesso em: 27 de maio de 2023.

FECHINE, A. K. F. da S; ROCHA, M. M. de S; CUNHA, T. H. da C. O Neoliberalismo e a formatação das políticas sociais: Desafios Contemporâneos. *Revista Socializando*, Vale do Jaguaribe, v. 1, n. 2, p. 50-63, 2014.

FERREIRA, M. *Recomeçar Pernambuco completa um ano gerando oportunidades de emprego e educação para egressos.* Instituto Ação Pela Paz. 2021. Disponível em:<https://acaopelapaz.org.br/noticia/recomecar-pernambuco-completa-um-ano-gerando-oportunidades-de-emprego-e-educacao-para-egressos> Acesso em: 09 de jul. de 2023.

FÉRRIZ, A. F. P.; MARTINS, E. B. C. Panorama da Política de educação básica no Brasil. p. 45-59. In: FERRÍZ, A. P. F.; MATINS, E. C. B.; ALMEIDA, N. T. L. (org.). *A sistematização do trabalho de assistentes sociais na educação básica*, 1º ed. Bahia: Editora da Universidade Federal da Bahia, 2020. p. 139-153. Disponível em: <https://repositorio.ufba.br/handle/ri/33282>. Acesso em: 19 out. 2022.

GALVÃO, D. *Projeto mãos na obra reúne reinserção social e preservação da história de Pernambuco.* Blog Companhia Editora de Pernambuco. 2021.

GOMES, L. F. *Noruega como modelo de reabilitação de criminosos.* Jusbrasil, 2013. Disponível em: <https://professorlfg.jusbrasil.com.br/artigos/121932086/noruega-como-modelo-de-reabilitacao-de-criminosos>. Acesso em: 05 abr. 2023.

HAJE, L. Aumentam casos de HIV/aids em unidades prisionais entre 2019 e 2021, informa Depen. *Agência Câmara de Notícias*, 2022, Disponível em: <https://www.camara.leg.br/noticias/885359-aumentam-casos-de-hiv-aids-em-unidades-prisionais-entre-2019-e-2021-informa-depen/>. Acesso em: 29 Mar. 2023.

IBGE. Desigualdades Sociais por Cor ou Raça no Brasil. *Estudos e Pesquisas*. v. 41, p. 1- 12, 2019. Rio de Janeiro. Disponível: <https://biblioteca.ibge.gov.br/visualizacao/livros/liv101681_informativo.pdf>. Acesso: 19 out. 2022.

KILDUFF, F. O controle da pobreza operado através do sistema penal. *Revista Katálysis*, Rio de Janeiro, n.13, v. 2, p. 240-248, 2010.

LEIRAS, M. *Rede socioassistencial para egressos do sistema penitenciário: desafios em sua construção*. Rio de Janeiro, 2015. 123p. Dissertação de Mestrado – Departamento de Serviço Social, Pontifícia Universidade Católica do Rio de Janeiro, 2015.

MENEZES, E. S; *Análise do perfil da população carcerária nos presídios brasileiros*. 2023, 48 f. Monografia (Graduação em Serviço Social) - Pontifícia Universidade Católica de Goiás, Goiás, 2023.

NASCIMENTO, T. K. C. do. *A questão social e o estado penal: uma análise sobre criminalização de mulheres apenadas no sistema prisional*. 2021. 45f. Monografia (Graduação em Serviço Social) - Departamento de Serviço Social, Centro de Ciências Sociais Aplicadas, Universidade Federal do Rio Grande do Norte, Natal, 2021.

PERNAMBUCO. *LEI Nº 14.522*. Cria o Patronato Penitenciário de Pernambuco, e dá outras providências.Recife, PE, 2011. Disponível em: <https://legis.alepe.pe.gov.br/texto.aspx?tiponorma=1&numero=14522&complemento=0&ano=2011&ti-

po=&url> Acesso em: 25 março. 2023.

PERNAMBUCO, Secretaria de Justiça e Direitos Humanos; Secretaria de Educação e Esportes.*Plano Estadual de Educação para Pessoas Privadas de Liberdade e Egressas do Sistema Prisional do Estado de Pernambuco.* Recife, 2021.

RAICHELIS, Raquel,. Gestão Pública e a Questão Social na grande cidade. Lua Nova. *Revista de Cultura e Política*, Uberlândia, v. 69, p. 13-48, 2006.

SANTIAGO, Andréa Maria O. Versiani. O Banco Mundial e a Gestão da Educação Brasileira: Grandes Desafios. *Revista Desenvolvimento Social.* Montes Claros. v.1 n. 6, 2011. Disponível em:<https://www.periodicos.unimontes.br/index.php/rds/article/view/1660>. Acesso em: 02 março 2023.

SANTIAGO, G. A. da S. *A política de ressocialização no Brasil: Instrumento de Reintegração ou de Exclusão Social?.* 2011. 117 f. Dissertação (Mestrado em Educação) - Universidade Federal da Paraíba, João Pessoa, 2011.

WACQUANT, L. O lugar da prisão na nova administração da pobreza. *Dossiê Segurança Pública*, 9-19, Novos estudos. CEBRAP, São Paulo, 2008.

XAVIER, Micarla. *Escritório social de Caruaru realiza 1.140 atendimentos em 2022 e projeto será expandido para Recife e Olinda.* tjpe.jus.br, 2023.

POSFÁCIO
ENCARCERAMENTO E PROTEÇÃO SOCIAL, ENTRE ILUSÕES E PRECONCEITOS

Ana Cristina de Souza Vieira[1]

Este posfácio propõe-se a problematizar o encarceramento crescente de jovens negros/as na realidade pernambucana, frente às condições sociais do estado, em 2023, ano em que Recife, sua capital, ostentava a maior desigualdade entre as capitais brasileiras e em que o estado alcançou altos índices de desemprego.

As manchetes das mídias expõem:

> Pernambuco tem maior superlotação carcerária do Brasil, com quase três presos para cada vaga (ALVES, 2019).
>
> Recife tem maior desigualdade entre capitais em 2019 e PE fica em terceiro no país em concentração de renda (g1, 12 nov. 2020, com base em dados do IBGE).
>
> Grande Recife tem mais pessoas em situação de extrema pobreza entre todas as regiões metropolitanas do Brasil. O que explica esta situação? (JC, 08 ago. 2022, com base no Observatório das Metrópoles).
>
> Grande Recife tem maior percentual de pessoas em extrema pobreza entre as regiões metropolitanas do país (ALVES, AGUIAR, 08 ago. 2022).

---

1 Professora Titular do Departamento de Serviço Social da Universidade Federal de Pernambuco – UFPE.

Crescem questionamentos sobre os porquês e, consequentemente, sobre o que fazer. Desvelar as engrenagens que geram essa realidade, ultrapassar a aparência, vencer a naturalização de seus problemas, assim como mitos e preconceitos, é fundamental para poder pensar sobre o enfrentamento das diversas expressões da questão social que transtornam a vida de seus habitantes que vivem a desigualdade e a pobreza e, também, sobre o acentuado aumento do encarceramento de jovens negros.

Pernambuco, de acordo com a prévia do Censo de 2022 (IBGE, 2023a), tem uma população de 9.058.113 pessoas, o que representa apenas 2,98% de aumento em relação ao Censo de 2010. Os habitantes estão concentrados, principalmente, na capital, Recife (1.494.586 pessoas) e em algumas cidades da Região Metropolitana com mais de 100.000 habitantes – Jaboatão dos Guararapes, Olinda, Paulista, Cabo, Camaragibe, Igarassu, São Lourenço – e, no interior, Petrolina, Caruaru e Garanhuns (IBGE, 2023b).

Sua população vive a desigualdade em suas expressões mais cruéis – nas palafitas que tomam o espaço dos rios que cortam as cidades, nos mangues que Chico Science mostrou em suas músicas:

> "Ô Josué, eu nunca vi tamanha desgraça
> Quanto mais miséria tem, mais urubu ameaça"
> (Da lama ao caos).

Dados do Conselho Nacional de Justiça apontam que "em 15/08/2022, a população carcerária total do Estado de Pernambuco representava 34.590 pessoas, para apenas 13.842 vagas, de modo que a superlotação atual é da ordem de 20.748 vagas ou um excedente de aproximadamente 250%" (CNJ, 2022). O professor de Direito Penitenciário Adeildo Nunes indicava, em matéria para o G1, elaborada por Alves (2019): "Em 2000, o estado tinha 6 mil presos e, em 2010, eles já eram 25 mil" (ALVES, 2019, n.p.), o que destaca o crescimento da população encarcerada - em torno de 316% de aumento. A realidade cotidiana das unidades prisionais - superlotação, desrespeito a direitos básicos, falta de profissionais qualificados - nega a possibilidade das prisões e penitenciárias se tornarem espaços educativos e de ressocialização. Em Pernambuco, Nunes considera que o aumento exponencial de presos tem a ver com as políticas adotadas pelo governo estadual, especialmente, o Pacto pela Vida que, entre outras características, gratifica o policial que prende (ALVES, 2019).

Há muitas ideias falsas, preconceituosas, permeando o universo das prisões: de que as pessoas que infringem leis veem de famílias desestruturadas - as famílias pobres, muitas vezes chefiadas por mulheres, sem espaço no mercado formal de trabalho; que as pessoas pobres não querem trabalhar, preferindo viver dos auxílios que os governos criam para aliviar a fome e a pobreza; que as famílias se multiplicam pensando na possibilidade de acessar esses auxílios e viver no ócio; a concepção de que negros(as) - maioria das pessoas encarceradas - são pessoas inferiores, de índole preguiçosa, com tendências "perigosas";[2] racismos disfarçados numa falsa democracia racial.[3]

2 Gonçalves destaca o que Celso Furtado, importante economista que esteve à frente da criação da SUDENE, em Recife, nos finais dos anos 1950 e início dos anos 1960, considerava sobre os negros: "[...] quase não possuindo hábitos de vida familiar, a ideia de acumulação de riqueza é praticamente estranha. Ademais, seu rudimentar desenvolvimento mental limita extremamente suas 'necessidades'" (GONÇALVES, 2018, p. 517).

3 Gilberto Freyre, pernambucano, criou o mito da democracia racial, considerando que a mestiçagem, no Brasil, levou a uma cordial convivência entre brancos e negros.

Numa outra leitura, precisamos situar esses fatos da realidade atual em outra moldura - no modo de produção capitalista - considerando sua introdução no Brasil, no final do século XIX e início do século XX mas, principalmente, o momento atual, de aprofundamento neoliberal, pensando os interesses que movem o capitalismo e o modificam nesse primeiro quarto do século XXI.

O início do capitalismo brasileiro exigiu o fim da escravidão e constituição do trabalhador assalariado. A abolição da escravatura não pode ser vista de forma idílica, mas contextualizada por interesses do capitalismo nascente em nossas terras. Considerando a formação brasileira, Gonçalves (2018) - de modo instigante, aponta:

> Num País cujo destino era ser branco e capitalista, os(as) trabalhadores(as) negros(as) foram exorcizados(as) da comunidade nacional e viram-se às margens de direitos sociais básicos. E não faltaram homens de ciência a responsabilizarem os(as) próprios(as) negros(as) por este destino miserável... não estamos diante de um problema do negro, tampouco de um problema de natureza psicológica, mas de relações sociais capitalistas que, por meio da discriminação racista, impõem, em determinados setores da população ex-escravizada, o fardo mais pesado (GORENDER, 1990). Manter estas relações implicou para a classe dominante criar uma polícia forte e uma justiça severa com vistas a conter os maus instintos. Egressos(as) das senzalas, foram encurralados(as) nas áreas mais precárias para fincar suas moradias, constituindo as primeiras aglomerações de favelas e compondo a grande franja de marginalizados(as) criada pelo modo de produção que surgia (GONÇALVES, 2018, p. 517).

Para lidar com negros e negras libertos, a história mostra que, ao invés de construir garantias de trabalho e direitos, possibilidades educacionais e de proteção social, a opção dos governos foi de negação de suas crenças e costumes e, o trato de suas demandas e necessidades, como questão de polícia. A população negra escravizada, sequestrada de países africanos para trabalhar na agricultura e no trabalho doméstico no Brasil, quando foi proibido o tráfico de escravos e a própria condição de escravidão, passou a ser tratada como classe perigosa. Ideias eugenistas povoaram o imaginário das classes proprietárias e médias brasileiras, incentivadas por teorias supostamente científicas, que consideravam as pessoas brancas de origem caucasiana, superiores às pessoas de pele negra e aos indígenas. Os governos brasileiros passaram a financiar a imigração de trabalhadores brancos tanto da Europa como do Japão, para trabalhar, principalmente, na agricultura, nos estados mais prósperos, no sul e sudeste. O interesse central pela imigração branca, nem sempre disfarçado, era o branqueamento da população brasileira, se contrapondo aos processos de miscigenação que ocorriam no país. Assim, leis e normas tiveram que ser propostos para impedir a população negra de viver dentro de seus hábitos e costumes e de disseminá-los:

> O Código Penal de 1890 tornou-se um importante instrumento jurídico que transformou em práticas criminais as manifestações da cultura negra (a capoeira, a feitiçaria, o curandeirismo, etc.) e passou a regulamentar e qualificar como delito o ócio, mesmo aquele que resultava da recusa em contratar força de trabalho por causa de seu defeito de cor. Leis, Atos, Decretos, etc. que se seguiram evidenciam a preocupação da administração pública com esta gente, julgada preguiçosa, que perambulava pelas ruas (GONÇALVES, 2018, p. 518).

Naqueles tempos de introdução do capitalismo no país, começa a ser sentida pelos trabalhadores assalariados a realidade desse modo de produção – o crescimento da riqueza de poucos proprietários dos meios de produção e o crescimento da pobreza e da miséria dos proprietários apenas de sua força de trabalho.

Não levou muito tempo para os trabalhadores imigrantes brancos, que vivenciaram movimentos de lutas por direitos sociais e trabalhistas nos países europeus, especialmente os italianos, começarem a arregimentar seus pares para reivindicar melhores condições de trabalho, melhores salários, melhores condições de vida. A chamada questão social visibiliza as demandas e lutas dos trabalhadores rurais e urbanos. Sem nem ao menos condições de enterrar seus mortos, trabalhadores/as lutaram por caixas de assistência, por proteção social e, também, por direitos trabalhistas – regulamentação da carga horária de trabalho, condições diferenciadas de trabalho para crianças, adolescentes e mulheres, acesso a serviços de saúde, auxílios e benefícios para situações de perda de condições de trabalho e apoio às famílias que perdem seus chefes trabalhadores.

A questão social – envolvendo a visibilização de processos de pauperização e as reivindicações de trabalhadores por direitos – se desenvolve exigindo respostas do Estado, com as lutas e greves por direitos trabalhistas e sociais ultrapassando o âmbito privado e ocupando o espaço público. Num primeiro momento, até os anos 1930, são tratadas com repressão a suas lutas e mobilizações. As pessoas egressas do processo de escravização tiveram mais dificuldades para garantir direitos:

> A questão social no Brasil é fruto desse processo de transição para o trabalho livre (ALMEIDA, N. L. T. de, 2016). No entanto, o defeito de cor da população ex-escravizada imputou enormes obstáculos para que esta se constituísse como parte, de fato, da classe trabalhadora, dificultando, inclusive sua constituição como exército industrial de re-

> serva. Comprimidos nos porões da sociedade, os(as) negros(as) ou estavam destinados a morrer, com vidas nuas, supérfluas e, portanto, facilmente descartáveis ou se constituíam como um viveiro de mão-de-obra barata, como reserva da reserva (GORENDER, 1990). Em tais condições, tornaram-se alvo prioritário das caridades (e de certa dose de eugenia) do Estado, especialmente no que compete à Assistência Social (GONÇALVES, 2018, p. 518).

Quando o país redireciona seus interesses, apostando na industrialização e não mais apenas na produção de *commodities*, uma forma de lidar com as demandas dos trabalhadores passa a ser usada alternadamente com a repressão – a elaboração de leis e normas garantidoras de direitos trabalhistas e sociais, voltadas principalmente e, às vezes exclusivamente, para os trabalhadores com vínculos formais e suas famílias. As necessidades e demandas de trabalhadores informais e daquelas pessoas que não exerciam atividades remuneradas, e que não tinham a garantia de um prato de comida diariamente, permaneceram aos cuidados da Igreja Católica e de associações filantrópicas e de caridade. A compreensão dessas necessidades e da impossibilidade de resposta pelos próprios sujeitos que vivenciavam as duras condições de vida, diante da falta de acesso a um trabalho dignamente remunerado, era marcada por suas condições pessoais e morais, sem a reflexão de que, sob a ordem capitalista não há trabalho para todos, não há direitos válidos para sempre, a desigualdade é um padrão. As pessoas passam a ser responsabilizadas pela desigualdade que o capitalismo produz. A população negra, descendente de escravizados, sofre reiteradas dificuldades de inserção no mercado de trabalho e é alvo de investidas governamentais repressivas, pela dificuldade de garantir essa inserção.

O que as pessoas negras e pauperizadas vivenciavam no início do século XX, quando o Brasil se submete ao modo de produção capitalista de forma subordinada aos países centrais, se estendeu por todo o restante do século, intensificando-se nos períodos de crise do capitalismo, em que as medidas adotadas para seu enfrentamento, sempre recaem sobre os trabalhadores, exigindo maiores sacrifícios, com redução de salários e direitos trabalhistas, cortes nas políticas sociais, períodos marcados, desde os anos 70 do século XX, pelo aprofundamento das diretrizes neoliberais.

A Constituição brasileira de 1988 expressa muitos dos anseios dos segmentos da sociedade que ansiavam por democracia, por direitos sociais, por participação na vida política, após muitos anos da ditadura civil-militar iniciada em 1964. O processo de democratização, iniciado na década de 1970, levou à incorporação, na Carta Magna, de uma concepção de seguridade social que descortinou o Sistema Único de Saúde, universal, gratuito, independente de contribuição mensal de cidadãs e cidadãos, na perspectiva de integralidade de acesso a serviços básicos e a tratamentos de alta complexidade para todos, como dever do Estado. Propôs a garantia de direitos trabalhistas e sociais, protegendo o trabalhador de problemas relacionados a seu ciclo de vida. Levou a idosos e pessoas com deficiência, através da Lei Orgânica da Assistência Social, em 1993, a garantia ao acesso a uma renda básica, no valor de um salário mínimo, através do Benefício de Prestação Continuada. A participação social em conselhos de políticas sociais de caráter deliberativo, com a presença de usuários dos serviços sociais, trouxe um caráter democratizante às políticas sociais.

Em relação ao racismo, a Constituição de 1988 indica em seu Art. 4º, inciso VIII, que o princípio de repúdio ao terrorismo e ao racismo rege as relações internacionais. O Art. 5º indica que: "Todos são iguais perante a lei, sem distinção de qualquer natureza, garantindo-se aos brasileiros e aos estrangeiros residentes no País a inviolabilidade do direito à vida, à liberdade, à igualdade, à segurança e à propriedade" e que, de acordo com o inciso XLII, "a prática do racismo constitui crime inafiançável e imprescritível, sujeito à pena de reclusão, nos termos da lei".

Ao mesmo tempo em que a Constituição brasileira é promulgada, gerando expectativas de direitos sociais, internacionalmente se expande a lógica neoliberal. Em resposta às sucessivas e recorrentes crises capitalistas vividas no final do século XX e primeiro quartel do século XXI, as estratégias de restauração do capitalismo se fortalecem, incorporando cortes profundos nas políticas sociais, contrarreformas trabalhistas e previdenciárias, retrocessos nos direitos sociais.

Os governos brasileiros no período pós constitucional incorporaram a orientação neoliberal, apesar de diferenças e nuances. O Plano Diretor da Reforma do Estado promovido pelo Governo de Fernando Henrique Cardoso (1995-2002) delimitou funções próprias e exclusivas do Estado, e deixou saúde, educação, ciência e tecnologia como ações a serem financiadas com recursos públicos, mas desenvolvidas por organizações sociais, abrindo espaço para o setor privado não lucrativo prestar serviços nessas áreas com acesso ao fundo público. Esse modelo permaneceu nos Governos de Luís Inácio Lula da Silva (2003-2010) e Dilma Rousseff (2011-2016), em que a saúde e a educação vivenciaram processos de mercantilização. O setor privado de saúde encontrou uma forma de acesso ao fundo público, através do gerenciamento de hospitais e unidades de saúde de pronto atendimento, da venda de serviços privados ao setor público, em áreas em que a saúde pública não se expandiu na medida das necessidades da população. Na educação, o acesso de instituições privadas ao fundo público foi viabilizado, entre outras medidas, através do financiamento de alunos para realização de cursos de nível superior em instituições privadas, num processo contraditório de ampliação do acesso ao ensino superior. Diferentes frações da sociedade esperavam pela ampliação da proteção social, mas os cortes nas políticas sociais minaram a garantia da saúde, previdência, assistência social, o direito à habitação, à segurança alimentar, ao lazer. A criação da Desvinculação de Receitas da União (DRU), no Governo FHC, tomando 20% das receitas da seguridade social para uso no pagamento dos juros da dívida pública, reduziu significativamente os recursos para pagamento da saúde, assistência social e previdência, percentual ampliado para 30% no Governo Michel Temer, através da Emenda Constitucional 93/2016 (BRASIL, 2016b).

O Governo de Michel Temer (2016-2018), que como vice-presidente assumiu a presidência após o golpe que levou ao impeachment de Rousseff, realizou mais reformas – trabalhista e previdenciária, e deu um golpe quase mortal nas políticas sociais, ao aprovar a Emenda Constitucional 95 em dezembro de 2016 (BRASIL, 2016c), instituindo um teto de gastos por 20 anos, nos quais só poderia haver aumento de recursos na proporção do aumento da inflação do ano anterior. Para haver aumento real em alguma área social, os recursos teriam que ser subtraídos de outras áreas. É unânime a afirmação de redução de grandes percentuais de recursos e da impossibilidade de manter os direitos sociais constitucionalmente garantidos, com essa emenda.

O Governo Bolsonaro (2019-2022) aprofundou cortes em políticas sociais, mas teve que pedir autorização ao Congresso para ultrapassar o teto de gastos no período da pandemia de covid-19, apesar de negar a doença, das resistências à vacina, do uso de medicamentos inadequados para a doença, do privilegiamento dos interesses econômicos em detrimento da vida da população brasileira. Cortou várias ações nas áreas de saúde, assistência social, habitação, entre outras, privilegiando o Auxílio Brasil, auxílio emergencial oferecido à população de baixa renda, o qual substituiu o Bolsa Família dos governos petistas. Este recurso, inicialmente proposto pelo presidente para ser de R$200,00, acabou sendo definido em R$600,00 pelo Congresso.

Luís Inácio Lula da Silva, ao assumir a presidência em 2023, vem retomando certas ações extintas pelo presidente anterior, mas o governo de coalizão não escapa da orientação neoliberal, apesar de adotar algumas políticas que se diferenciam dos dois governos anteriores, principalmente relacionadas aos direitos sociais.

As diretrizes neoliberais marcam, portanto, ainda que com diferentes ênfases, os governos brasileiros no período pós-Constituição de 1988, colocando em risco a proteção social, garantida pelo Estado. Com os processos de reestruturação do mundo do trabalho em curso, em resposta às crises do capital, o crescimento do desemprego estrutural e a redução das políticas de proteção social, a classe trabalhadora vê abortadas as chances de ascensão social de seus filhos, que não conseguem ingressar no mundo do trabalho, ou o fazem de formas precárias, informais, sem vínculos trabalhistas e sem garantia de acesso a direitos sociais.

Camila Pereira (2016) aponta sobre a proteção social, que:

> É possível afirmar que coexistem, na atualidade, visões discrepantes sobre proteção social que competem entre si pela conquista de espaço hegemônico nas universidades, nas instituições gestoras e executoras de políticas sociais e nas esferas mais básicas da sociedade, em busca de legitimação. Para alguns – especialmente os residualistas –, a proteção social não passa de uma ferramenta, uma estratégia indesejável, mas eficaz, de controle e integração social. Para outros – como os social-democratas –, ela constitui quase uma instituição essencial, embora pragmática, capaz de manter, reproduzir e melhorar a vida humana no capitalismo. Outros, ainda – os socialistas democrá-

> ticos –, a entendem como meio, caminho a ser obrigatoriamente trilhado para o alcance de uma nova sociedade, fraterna, equânime e livre (PEREIRA, 2016, p. 338).

A autora expõe a dificuldade de "apreender o significado e o alcance do termo proteção social" (p. 333), pois, na prática, as propostas sobre esta proteção têm configurações que mesclam modelos distintos. Considera ser possível representar três amplos entendimentos diferenciados de proteção social:

> A matriz residual traduz a proteção social relutante, admitida desde que seja pontual, emergencial, focalizada e mínima, a fim de garantir a coesão, a ordem e a harmonia sociais indispensáveis para o bom funcionamento da sociedade capitalista. O mercado e outras instituições privadas não mercantis (como a família, as associações de vizinhos e as ONGs, entre outras) assumem papel primordial na oferta de proteção social, legitimados pela suposta valorização dos princípios liberais de direito à escolha, liberdade negativa e do mérito associado à competição (PEREIRA, 2016, p. 334).

Essa matriz é defendida pelo pensamento positivista/funcionalista, pelos neodireitistas, pelos neoliberais. Pereira (2016) traz reflexões de Ramesh Mishra, a qual considera que: "o Estado-Providência [Estado de Bem-Estar Social] está *de fato* a revelar-se reversível. E mais: a reversibilidade parece ser perfeitamente compatível com a democracia liberal e, além disso, com a continuidade eleitoral da Nova Direita!" (MISHRA, 1995, p. 43 *apud* PEREIRA, 2016, p. 339). As duas últimas eleições presidencialistas para o Brasil mostraram que, mesmo candidatos com propostas neoliberais, conseguem arregimentar votos de grande parte da população, inclusive entre as pessoas de baixa renda, que dependem das políticas sociais de educação, saúde, previdência, assistência social, segurança alimentar, habitação, lazer e outras. Em 2018, Jair Bolsonaro se elegeu com propostas de privilegiamento do capital, nem sempre decifradas por eleitores da classe trabalhadora. Em 2021 não conseguiu se eleger, mas obteve 49,1% de votos, o que indica que os cortes nas políticas sociais não abalaram os segmentos que precisam dessas políticas de proteção social, mas se colocam com um caráter conservador. O desemprego aumentou, mas o Auxílio Brasil foi estendido até a data da eleição, e houve a disseminação de *fake news* que apontavam que o candidato Luís Inácio Lula da Silva iria acabar com a transferência de renda, levando eleitores a preferir apoiar o candidato conservador, mesmo com a permanência de medidas neoliberais contundentes.

A Matriz Social-Democrata de proteção social vai além da lógica residualista, mas não propõe garantias universais. Compreende que o Estado deve partilhar os encargos das ações protetivas com a família, as igrejas, com organizações não governamentais, não lucrativas, que atuam na perspectiva caritativa:

> A Matriz Social-Democrata [...] avança ao reconhecer a proteção social como direito a ser reconhecido ampliadamente. A universalidade, para essa matriz, ainda não é inteiramente bem-vinda, mas já é compreendida como estratégia segura a ser adotada na prevenção de crises [...] o Estado assume papel essencial, não obstante compartilhe a gestão e a provisão social com o mercado e com outras instâncias sociais privadas não mercantis (PEREIRA, 2016, p. 334-5).

Esse partilhamento da proteção social com instituições privadas tem se consolidado principalmente através de organizações não-governamentais (ongs) que se ampliaram a partir dos anos 1990 e das organizações sociais, legalmente existentes desde o governo de Fernando Henrique Cardoso, que acessam recursos públicos para gerenciar unidades de saúde, escolas, ampliando seu leque de atuação. São favorecidas por legislações aprovadas no Congresso, permeado por interesses privatistas.

A proteção social mais ampla, para todos, está contemplada na Matriz Socialista que:

> Apresenta a defesa da proteção social pública, gratuita e universal, comprometida com a satisfação de necessidades humanas e a resolução (ou, ao menos, alívio) dos males sociais causados e perpetuados pelo capitalismo. No entanto, por ser constituída por duas correntes diversas entre si, a Matriz Socialista comporta duas visões de proteção social. A primeira, afinada com a ideologia do socialismo democrático encara as medidas protetivas como sendo sempre benéficas à sociedade como um todo [...]. Para o marxismo, contudo, a proteção social é contraditória e pode [...] tanto ser vantajosa às classes oprimidas e contribuir para o alcance da emancipação humana, quanto, ao mesmo tempo, ser útil ao capital e sua reprodução (PEREIRA, 2016, p. 335).

De acordo com Pereira (2016), as duas correntes da Matriz Socialista consideram que uma proteção social universal, que responda às necessidades humanas, não se concretiza no capitalismo, que tem como um de seus elementos constitutivos, a desigualdade social. Somente uma ordem social que não se apoie na exploração de trabalhadores pode construir uma proteção plena: "E, até o estabelecimento de uma nova ordem mundial (comunista, para os marxistas), o Estado deve se responsabilizar pela sua gestão e execução" (PEREIRA, 2016, p. 335).

A autora considera que há uma incompatibilidade do capitalismo com o bem-estar humano, com a proteção social plena e universal e, especialmente, com a democracia, o que mostra o impedimento de garantir respostas às necessidades de massas populacionais sem acesso a trabalho, a rendimentos dignos, e que não consegue sobreviver por sua própria conta. Mostra-se necessário reivindicar do Estado ações de cuidados – não só para os segmentos em pobreza extrema, mas para todas as situações de risco. No Brasil do século XXI, é essencial cuidar das pessoas negras, que vivem majoritariamente em áreas onde se processa uma intensa segregação racial, discriminações de várias ordens, pois as áreas nobres das cidades, sob dominação branca, não vivem os mesmos riscos de sobrevivência.

Em Pernambuco, nas chuvas torrenciais caídas em maio de 2022, mais de 100 pessoas morreram, com deslizamentos de terra em áreas de morros, ficando sem abrigo, perdendo todos os seus pertences; no litoral norte de São Paulo, especialmente em São Sebastião, em fevereiro de 2023, morros desabaram matando mais de 60 pessoas, destruindo casas e esperanças. E as famílias ainda ouvem a pergunta – por que moravam nessas áreas de encostas perigosas? Como se pudessem escolher onde morar, sem risco de morte por chuvas, desabamentos, enchentes, como se a questão fosse apenas da ordem da natureza.

Assim é, sob o capitalismo, a forma de pensar e lidar com a proteção social à população que não ocupa postos centrais no mercado de trabalho, que vive do trabalho informal, de pequenos biscates, de "bicos", sem trabalho sistemático que lhe garanta renda e mesmo aquela inserida nas atividades de baixa remuneração – leia-se, aquelas pessoas atingidas pelas contrarreformas trabalhistas que têm trabalho intermitente, sem vínculo permanente e com remuneração restrita, quando há trabalho, pessoas que precisam de políticas sociais, de ações de proteção social, sem as quais nem a sobrevivência está garantida.

O sistema de proteção social brasileiro, até 1988, não se aproximava do Estado de Bem-Estar Social dos países desenvolvidos. A Constituição Federal construiu uma proposta de proteção social articulando assistência social, saúde e previdência, mas esta proposição não se concretizou, pois não teve suporte de recursos para se consolidar, nem teve a aceitação dos governos, que não são neutros, mas se colocam como representantes dos interesses burgueses.

A regulamentação da Constituição Federal para a saúde, foi aprovada em 1990 (Leis 8080 e 8142), mas somente 12 anos depois foi regulamentado o financiamento para essa área, que vem sofrendo mudanças que retiram recursos, desde então. Essa dificuldade em viabilizar o financiamento do Sistema Único de Saúde responde pelo subfinanciamento e, desde a Emenda Constitucional Nº 95 (BRASIL, 2016b), pelo seu desfinanciamento, abrindo espaço para o setor privado vender serviços ao Estado e ao povo.

A previdência social é exclusivamente para quem contribui mensalmente para garantir sua aposentadoria, auxílio para situações de impedimento do trabalho e em algumas situações específicas, como o caso do auxílio reclusão, para pessoas que são presas. O acesso à previdência e seus benefícios vem sendo submetido a um longo processo de análise para aprovação, que atrasa o acesso aos direitos.

A assistência social teve sua regulamentação vetada por Fernando Collor de Melo em 1990, sendo aprovada apenas em 1993, no governo de Itamar Franco, criando o Benefício de Prestação Continuada (BPC), voltado para o enfrentamento da pobreza entre idosos e pessoas com deficiência. Este benefício tem caráter de direito, mas não tem caráter universal – é focalizado nas pessoas extremamente pobres, com idade acima de 65 anos e nas pessoas com deficiências graves que a impedem de trabalhar e garantir seu sustento.

Outros benefícios criados e recompostos nos governos posteriores à Constituição Federal, por não terem caráter de direito, se tornam dependentes dos governantes e suas concepções de proteção social. Apesar de predominar uma perspectiva próxima da proteção social-democrata, assumem também características da lógica liberal, que privilegia o ajuste fiscal em detrimento da proteção social para cidadãos e cidadãs, especialmente após a Reforma do Estado, promovida no governo de Fernando Henrique Cardoso. Neste governo, foram criados vários benefícios para as pessoas de baixa renda, focalizados – Bolsa Escola, Auxílio Gás, entre outros. O acesso aos benefícios por uma família estava vinculado a uma renda mínima per capita e envolvia condicionalidades – o auxílio pago, preferencialmente, a mulheres, exigia que as crianças frequentassem regularmente a escola, que a mulher grávida fizesse pré-natal. A inscrição para acesso aos vários benefícios era feita através da inscrição no Cadastro Único (CadÚnico), que exigia informações detalhadas dos membros da família, seu acesso a trabalho, renda e muitas outras.

Posteriormente, no governo de Luís Inácio Lula da Silva, os vários benefícios focalizados foram unificados no Bolsa Família que, também, não teve caráter de universalidade e manteve as condicionalidades, assim como o acesso via CadÚnico. Entretanto, o programa de transferência de renda, pelo qual uma grande parte das famílias em situação de pobreza tinha acesso a uma renda mínima, sempre foi alvo de inúmeras críticas, pelos liberais, que apontam para a responsabilidade individual de garantia de condições de sobrevivência.

O governo de Jair Bolsonaro extinguiu o Bolsa Família, criando, em seu lugar, o Auxílio Brasil. O retorno da utilização do termo Auxílio demarca a posição dominante de não tratar como direito de cidadania o programa de transferência de renda, mas como um ato de benemerência do governante em relação aos pobres e necessitados, considerados incapazes de prover sua subsistência.

A proteção social no país, portanto, nunca se aproximou de uma perspectiva universalista, garantidora de direitos, predominando uma perspectiva liberal, até a Constituição de 1988 (BRASIL, 2016a), deixando com as igrejas o auxílio à população pobre. Após sua promulgação, começou a se construir uma proteção social não universalista, mas garantindo alguns benefícios como direito, a exemplo do BPC, mas outros como caridade governamental, sujeitos a mudanças ou extinção, usados até mesmo como moeda de troca em eleições.

Esta proteção social, de caráter focalizado, temporário, tem sido insuficiente para garantir condições dignas de vida, especialmente para crianças e mulheres fora dos critérios garantidos pelo Benefício de Prestação Continuada, que tem caráter permanente, como um direito. Trabalhadores e trabalhadoras que ganham salários insuficientes para seu sustento, assim como quem trabalha sem direitos trabalhistas, reduzidos nas reformas ocorridas, não conseguem garantir o sustento das famílias e precisam das políticas sociais que vêm sendo reduzidas, minimizadas.

Mas e a população jovem e negra, que vem ampliando o contingente de encarcerados?

O que fazer, então, em relação aos jovens, principalmente negros, que vivenciam o encarceramento em massa, a partir dos anos 1990? É preciso pensar no que gerou esse processo, para pensar no seu enfrentamento.

Torcato (2014), em artigo sobre a história da proibição das drogas no Brasil, traz alguns elementos que apontam para os motivos do crescimento da população carcerária no Brasil, a partir dos anos 1990.

Algumas legislações contribuíram para essa questão, conforme Torcato: a "Lei n° 6.368, de 21 de outubro de 1976 que definiu regras extremamente repressivas - igualava traficante e usuários com penas altíssimas - ao crime de tráfico de entorpecentes" (2014, p. 156).

Além disso,

> o Decreto nº 85.110, de 2 de setembro de 1980 retirou da Comissão Nacional de Fiscalização de Entorpecentes (CNFE) a gerência sobre a política de drogas no país e passou para o Conselho Federal de Entorpecentes (CFE), composto por membros de vários ministérios e coordenado pelo Ministério da Justiça. A mudança de endereço do escritório central do controle do narcotráfico do Ministério das Relações Exteriores para o Ministério da Justiça não significa apenas a maior centralidade que essa questão terá na agenda política a partir de então (TORCATO, 2014, p. 156-7).

Torcato indica que, com a transição democrática que marcou o final do período da ditadura civil-militar iniciada em 1964, houve uma mudança no aparato de segurança pública para preservar a estrutura de poder civil-militar:

> Isso foi devidamente possível com a mudança de foco do inimigo interno, que deixou de ser o jovem, branco, militante da classe média para o negro, pobre e favelado, recrutado pelo tráfico de drogas (CARVALHO, 2007, p. 31-60). O Mapa da Violência, que aborda os homicídios no Brasil desde os anos 1980, é bastante claro sobre o impacto da abertura política: foi ampliada a letalidade do Estado e iniciado o genocídio da população jovem e negra. O combate ao narcotráfico continua justificando essa barbárie até hoje (TORCATO, 2014, p. 157).

O autor destaca ainda a aprovação, em 25 de julho de 1990, da Lei nº 8.072, conhecida como Lei dos Crimes Hediondos:

> O tráfico de entorpecentes foi um dos delitos enquadrados nessa nova tipologia penal, fato que teve consequências desastrosas para o sistema carcerário brasileiro – pulamos para a terceira maior população carcerária do mundo (perdendo apenas para os EUA e a China). Os baixos investimentos no setor e a superlotação dos presídios ampliaram a violência em torno dos condenados e suas famílias e fortaleceram o crime organizado. Hoje, estamos vivendo o quase colapso desse sistema (TORCATO, 2014, p. 158).

A população negra, com baixa escolaridade, sem acesso a trabalho com remuneração suficiente para sua sobrevivência e de sua família, vive um dia de cada vez, submetendo-se a diversas formas de conseguir recursos para se alimentar e viver, em precaríssimas condições.

Essa população, em muitas situações, acaba por infringir leis criadas muito mais para controlar sua existência, que para garantir-lhe proteção. O crescimento do encarceramento, com ampla maioria de jovens negros é um sinal desse processo. Um dos elementos promotores do crescimento do encarceramento é a política de guerra às drogas, promovida pelos Estados Unidos e adotada por alguns governos. No Brasil, ela perdeu protagonismo no Governo Federal nos governos de Luís Inácio Lula da Silva e Dilma Rousseff, mas não deixou de ser praticada por governos estaduais. A guerra às drogas disputa lugar com a política de redução de danos, a discussão da não criminalização do uso de substâncias como a maconha, e o foco no tráfico de drogas.

Nos governos de Temer e Bolsonaro, a redução de danos foi substituída pela guerra às drogas, que ganhou novamente destaque, inclusive com apoio a políticas de segregação de usuários, com o estímulo ao financiamento das chamadas comunidades terapêuticas mantidas por segmentos religiosos, na contramão do direcionamento da reforma psiquiátrica, que estabelece diretrizes para a política de saúde mental no país.

O Instituto de Pesquisas Econômicas Aplicadas (IPEA) publicou estudo em junho de 2023 – Custo do Bem-Estar, apontando em matéria no site que:

> Em valores de 2017, a perda de bem-estar econômico devido a mortalidade associada à violência nas dinâmicas que envolvem drogas ilícitas no Rio de Janeiro, São Paulo e Brasil foi de R$ 7,6 bilhões, R$ 3,3 bilhões e R$ 50,9 bilhões, respectivamente. Tais valores equivaleriam a um imposto intangível que cada fluminense, paulista e brasileiro pagaria anualmente de R$ 457, R$ 73 e R$ 269,5. Para o pesquisador Daniel Ricardo de Castro Cerqueira, a sociedade, *policy makers* e academia devem passar a debater seriamente alternativas ao problema das drogas (JABUR, IPEA, 2023, n.p.).

De acordo com Torcato:

> O crescente poder do tráfico de drogas, a corrupção policial, os altos índices de homicídio e o genocídio da população pobre e negra gera dúvidas sobre a viabilidade do modelo proibicionista. A superlotação carcerária, em grande parte, existente por causa das leis de drogas, é a evidência mais latente do colapso do sistema de justiça criminal do país. Não existe nem mesmo uma justificativa plausível, do ponto de vista farmacêutico, da proibição de algumas substâncias e outras não (TORCATO, 2014, p. 159).

O autor considera que a permanência da política proibicionista está sendo questionada e que haverá uma intensificação do debate sobre o tema nos próximos anos. Mas essa discussão desperta também reações conservadoras:

> Essa articulação política levou a uma reação dos setores conservadores, principalmente, àqueles ligados ao fundamentalismo religioso evangélico, que passaram a defender a retomada dos princípios punitivos da lei e liberação de recursos para propostas terapêuticas baseadas na doutrinação religiosa. Infelizmente, o peso da bancada evangélica no Congresso e o controle que ela exerce sobre parte dos meios de comunicação de massa impedem uma ação efetivamente progressista do governo nesse campo (TORCATO, 2014, p. 159-160).

Relatório elaborado pela Iniciativa Negra por uma Nova Política sobre Drogas – primeira organização negra da sociedade civil, que atua desde 2015, com o compromisso de construir propostas para a mudança da política sobre drogas a partir da perspectiva racial – aponta que a chamada "guerra às drogas" opera na perspectiva de opressão racial sobre a população negra.

A política institucional de guerra às drogas é considerada como base das injustiças criminais cometidas contra pessoas negras (INICIATIVA, 2023, p. 11): "projetos voltados para usuários de drogas estão associados a narrativas em torno do acolhimento, da atenção multiprofissional, da ressocialização e da redução de danos. No entanto, é possível perceber uma atuação contrária a esses princípios na prática" (p. 12).

A ONG Iniciativa Negra por uma Nova Política sobre Drogas considera que o estímulo às comunidades terapêuticas, como fizeram principalmente os governos de Temer e Bolsonaro, assim como as ações de repressão policial em lugar das políticas de redução de danos, "têm distanciado cada vez mais o debate sobre o uso de drogas de uma perspectiva interdisciplinar de diálogo com outras políticas públicas, reforçando o estigma preexistente de criminalização e encarceramento" (p. 12).

Fortaleceu-se, portanto, no país, uma forma de lidar com a questão das drogas que vulnerabilizou ainda mais os jovens negros pobres, com baixa escolaridade, moradores de favelas e periferias, pela dificuldade de acesso ao trabalho e pela crescente redução das políticas públicas, que deixa famílias ao desamparo, sem esperanças, aproximando os jovens do tráfico de drogas, que aparece como única alternativa de garantir acesso a algum rendimento.

A mudança desse processo implica pensar em diferentes ações, não podendo ser feita com soluções provisórias ou unilaterais; exige que se tirem importantes lições da realidade e que sejam promovidas políticas públicas de várias ordens.

Como enfrentar a pobreza e reduzir a desigualdade no Brasil?

Na contemporaneidade, o Estado não garante a proteção social às famílias, deixando que elas mesmas arquem com as respostas a suas necessidades sociais, sem que estejam garantidas as condições de trabalho digno para que obtenham habitação, alimentação, acessem serviços de saúde e educacionais, lazer, o que reforça o círculo vicioso que deixa pessoas pobres, negras, moradoras das periferias a sua própria sorte – ou azar. Em relação às pessoas que passaram pelo sistema prisional, ainda as submete a preconceitos e as estigmatiza.

A adoção de diretrizes neoliberais coloca o Estado em oposição às pessoas nessa situação, enquanto a falta de um enfrentamento aos preconceitos contra as pessoas que infringem a lei, as marginaliza.

Em relação à proteção social necessária, Pereira (2003, p. 1) indica que:

> O princípio da universalidade é o que melhor contempla e exige a relação entre políticas públicas e direitos sociais, sem descartar naturalmente os direitos individuais (civis e políticos). Uma razão histórica fundamental para a adoção desse princípio foi o objetivo democrático de não discriminar cidadãos no seu acesso a bens e serviços que, por serem públicos, são indivisíveis e devem estar à disposição de todos. Não discriminar, na perspectiva desse princípio, significa não estabelecer critérios desiguais de elegibilidade, que humilhem, envergonhem, estigmatizem e rebaixem o status de cidadania de quem precisa de proteção social pública. Significa também não encarar a política pública (especialmente a política social e dentro desta a assistência) como um fardo governamental ou um desperdício a ser cortado a todo custo. Além disso, uma outra justificação histórica importante para a adoção do princípio da universalidade decorreu da descoberta feita por várias forças sociais em pugna pela democracia, da ideia de prevenção nele contida.

O enfrentamento da pobreza exige políticas públicas que garantam a todas as pessoas a resposta a suas necessidades sociais – não por uma suposta incapacidade, mas porque o capitalismo se constrói sobre as desigualdades, impedindo uma grande parte das pessoas de obter trabalho que assegure a resposta a suas necessidades, inclusive de sobrevivência. Sob a ordem capitalista, há um impedimento estrutural de superação de desigualdades, que somente podem ser eliminadas com a ultrapassagem desse modo de produção.

No capitalismo neoliberal, se considera que a proteção social é um fardo, um desperdício a ser eliminado. Mas sob essa ordem social, há possibilidade de reduzir a pobreza e a miséria, através de políticas sociais. Pereira aponta, inclusive, o caráter preventivo que tem essa proteção. Essa possibilidade deve ser considerada pelos formuladores de políticas públicas – priorizada em detrimento de medidas punitivas e da ampliação do encarceramento. Governos neoliberais e governos pragmáticos permanecem no nível do senso comum, estimulam preconceitos contra a pobreza, disseminam ideias de reforço ao controle social, ao extermínio de quem ousa ir contra uma ordem supostamente natural, que considera normal e próprio da humanidade, a pobreza e a desigualdade.

Acabar com a desigualdade não cabe, realmente, na ordem capitalista. A desigualdade pode, entretanto, ser reduzida, assim como a pobreza pode ser mitigada, enfrentada.

Alguns direcionamentos podem ser apontados para serem considerados nas ações do Estado:

1. Conhecer, além da aparência, as condições da pobreza dos segmentos sociais que não conseguem garantir sua sobrevivência, de forma a entender suas reais necessidades. A pesquisa não só sobre as condições de vida, mas sobre as mediações que aprofundam a pobreza, exige passar da singularidade de cada sujeito para, à luz das determinações universais, entender as particularidades. Em Pernambuco, os dados mostram que a desigualdade é maior que nos demais estados do país. O Índice de Gini, um indicador da desigualdade usado pelo Instituto Brasileiro de Geografia e Estatística (IBGE), apontava em 2021 que Pernambuco apresentava o maior Índice de Gini (quanto mais próximo de um, maior a desigualdade) entre todos os estados: 0, 579. O estado com menor desigualdade, Santa Catarina, tinha o índice de 0,424 (SCHIOCHET, 2023). Por que ocorre essa maior desigualdade em Pernambuco?

Não basta conhecer as condições de pobreza, mas entender por que a desigualdade tem maior intensidade num estado que não é o mais pobre do país, em que vêm ocorrendo projetos de desenvolvimento. O que está sendo feito para mudar esse quadro? A desigualdade pernambucana atinge principalmente mulheres negras chefes de família, mães de jovens negros desempregados, de crianças e adolescentes que chegarão à juventude com defasagens escolares, alvos do tráfico de drogas. O que está sendo feito no estado e seus municípios para interromper esse círculo vicioso? Pernambuco não é só o estado com maior índice de desigualdade, mas também tem as maiores taxas de desemprego. O que pode ser feito pelo Estado para mudar esse quadro? Ou então, para apoiar as pessoas que não têm garantido o acesso ao trabalho formal remunerado? O ex-governador Miguel Arraes, por exemplo, criou um projeto de trabalho na entressafra da cana, para garantir a sobrevivência de trabalhadores rurais em todo o ano, especialmente quando o trabalho na cana parava nesses períodos, o Programa Chapéu de Palha. Que ações poderiam ser desenvolvidas de forma mais ampla, mas com o *ethos* do Programa criado por Arraes?

A pobreza na Região Metropolitana do Recife, analisada a partir do Boletim das Desigualdades nas Metrópoles, coloca a capital com a pior situação do país. Em matéria assinada por Adriana Guarda, em agosto de 2022, é apontado que:

> O *Grande Recife* aparece, mais uma vez, posicionado na *pior situação do Brasil* quando o assunto é *pobreza*. O *Boletim Desigualdade nas Metrópoles*, divulgado nesta segunda-feira (8), mostra que *13%* da população da RMR vive em *extrema pobreza* (com renda menor que R$ 160/mês) e que 39,7% vivem em situação de *pobreza*, vivendo com R$ 465 por mês. Isso quer dizer que mais da *metade das pessoas* (52,7%) vive na pobreza (grifos da jornalista) (GUARDA, 2022).

O Boletim Desigualdade nas Metrópoles trabalha com dados da Pesquisa Nacional por Amostra de Domicílios (Pnad) Contínua trimestral, do Instituto Brasileiro de Geografia e Estatística (IBGE). Segundo a matéria, o pesquisador André Salata, da PUC/RS, considera que todas as metrópoles foram impactadas pela crise econômica entre 2014 e 2017, pela pandemia e pelos índices inflacionários, mas, além disso, o Recife tem alto nível de informalidade e está situado na Região Nordeste, com o rendimento médio mais baixo do país e, também, uma distribuição de renda pior, com maior desigualdade.

2. Implementar políticas que garantam direitos de cidadania. O governo estadual não dispõe de programas de transferência de renda para quem reside em seu território, nem mesmo desenvolve políticas sociais de apoio aos segmentos sociais que vivem maiores riscos de extrema pobreza. As medidas desse tipo são deixadas a cargo dos municípios. Mas que municípios contam com medidas desse tipo? Os municípios com maiores concentrações de pobreza dispõem de políticas de renda de cidadania? Um antigo deputado estadual pernambucano, que inclusive foi prefeito do município de Jaboatão dos Guararapes, um dos maiores PIBs do estado, criou sua própria "política" – distribuía urnas funerárias para seus eleitores que precisavam: não cuidava dos vivos, mas dos mortos. O pátio da Assembleia Legislativa vivia repleto de caixões à espera de necessitados. Espera-se que os representantes do Estado cuidem dos vivos, que desenvolvam políticas públicas como direito.

Sobre as políticas de proteção social, Potyara Pereira (2003) aponta que há anos vem se fortalecendo a perspectiva de focalização, em posição antagônica à universalização de políticas. A focalização foi adotada por governos conservadores na Europa, principalmente por Margareth Thatcher:

> que concebem a pobreza como um fenômeno absoluto, e não relativo, com todas as implicações políticas que tal concepção acarreta, dentre as quais ressaltam: a restrição do papel do Estado na proteção social; o apelo à generosidade dos ricos e afortunados para ajudarem os mais pobres; a ênfase na família e no mercado, como principais agentes de provisão de bem-estar; a proclamação da desigualdade social como um fato natural. E mais: significa desviar a atenção pública da satisfação das necessidades sociais – dado o seu caráter complexo e multideterminado – para a adoção de soluções técnicas focalizadas, tidas como inovadoras, neutras e facilmente controláveis (2003, p. 2-3).

De acordo com a citada autora, "os vexatórios testes de meios (comprovação de pobreza), a fraudemania (ideia de que os pobres querem fraudar o Estado), condicionalidades ou contrapartidas, [...] e o estigma" (s/d, p. 3) servem para limitar/restringir o uso do fundo público com despesas de proteção social, consideradas improdutivas.

Na perspectiva de Pereira (2003), é necessário "criar uma infraestrutura de serviços universais (saúde, educação, emprego, por exemplo) para servir de base fecunda ao desenvolvimento de políticas sociais particulares, que não estigmatizem os seus destinatários e não rebaixem o seu status de cidadania" (p. 4).

3. Para enfrentar as desigualdades não só econômicas, mas de gênero, raciais, que políticas o estado e seus municípios dispõem?

As políticas de saúde e de educação têm garantido o acesso a usuários, com qualidade? Os salários pagos a profissionais de saúde e educadores são condizentes com a dimensão de suas responsabilidades? Trabalhadoras e trabalhadores têm acesso à capacitação permanente?

Processos de capacitação de profissionais atuantes nas políticas sociais são necessários para que as pessoas não sofram, nas instituições que devem prestar serviços públicos. Matéria publicada no UOL (PREITE SOBRINHO, 2023), em 07 de julho de 2023, apontava que uma paciente que procurou os serviços de saúde na Santa Casa de Misericórdia de Araguari (MG), após ter realizado aborto e sofrido complicações clínicas, foi denunciada pelo médico que a atendeu e foi algemada ao leito, tanto na UTI, como na enfermaria. A mídia destaca a ilegalidade da denúncia, pois a legislação protege a usuária do SUS, o que não impediu o profissional de saúde de perpetrar o ato. É fundamental, portanto, refletir com profissionais atuantes nas políticas sociais sobre o neoconservadorismo e os direitos sociais, discutir sobre preconceitos e estigmas, para que cidadãos e cidadãs sejam respeitados em suas condições.

É preciso discutir capacitismo, racismo, LGTBfobia, etarismo, preparando-se para enfrentar e superar preconceitos e estigmas. É preciso levar essa discussão às escolas para todas as faixas etárias, envolvendo a orientação de profissionais que saibam lidar com essas questões. É preciso rejeitar o negacionismo, superar posições moralistas e discutir o respeito a todas as pessoas, inscrito na Constituição do país. São necessárias ações educativas cientificamente orientadas, para desconstruir preconceitos das mais diversas ordens e respeitar a diversidade, promover valores culturais sem vieses religiosos.

É necessário que se entendam os entrecruzamentos entre as dimensões de classe, raça e gênero, para que se façam presentes nas políticas sociais, investindo para extinguir preconceitos racializados, relacionados à diversidade, perspectivas machistas. É preciso desconstruir mitos e preconceitos, enfrentar as várias desigualdades que se intercruzam para desqualificar pessoas.

4. Em relação ao crescimento exponencial do aprisionamento de jovens negros, é fundamental romper com o que está gerando o encarceramento em massa, enfrentar a falta de perspectivas de trabalho e de melhoria de condições de vida de jovens pobres e negros. Romper também com mitos, com ideias falsas, como a que considera a prisão um espaço educativo, de ressocialização. As prisões brasileiras, marcadas pela superlotação, em que as pessoas ficam como objetos, como coisas que são esquecidas ou, quando lembradas, são consideradas seres inferiores, que merecem sofrimento, não podem levar as pessoas a refletirem sobre suas ações.

Nosso sistema de penalidades é percebido no senso comum, como se fosse condescendente com as pessoas que cometem delitos, crimes, como se as penas fossem insuficientes para impedir a ocorrência da criminalidade. Se considera que a punição é leve, e não desestimula a criminalidade. A ideia de que as penas deveriam ser maiores, mais duras, que as pessoas deveriam passar a vida na prisão, permeia o imaginário social, principalmente de quem já foi vitimizado, em algum momento. A rejeição sofrida pelo auxílio reclusão, por exemplo, apresenta uma crítica à existência de um benefício que é concedido à família de uma pessoa presa, apesar de só ter acesso a esse benefício quem pagou a previdência social por vinte e quatro meses – não é um benefício universal.

Adeildo Nunes, que durante 15 anos atuou como juiz de execução penal em Pernambuco afirma, em matéria do G1:

> O estado e as sociedade querem mais que a restrição de liberdade e, se possível, o uso dos castigos físico, moral e mental. 'Bandido bom é bandido morto", dizem os analfabetos sociais. Este pensamento desumano faz com que queiramos antecipar a pena com o uso abusivo das pri-

> sões preventivas, que se eternizam. O Congresso só aprova novos crimes, aumenta penas, quer reduzir a maioridade penal, sem se preocupar com a classe prisional, que já atingiu 800 mil reclusos (ALVES, 2019).

O que espera uma pessoa sentenciada, no final de seu período de reclusão? A inexistência de ações reais para o momento de libertação da prisão, ao fim do cumprimento da pena, não permite que se pense em superar as condições que levaram as pessoas a infringirem a lei.

É, portanto, imprescindível rever a política nacional e estadual em relação às drogas – predominam ações típicas de guerra às drogas ou de redução de danos? Como são tratados usuários de álcool e outras drogas – na perspectiva de saúde pública ou na ótica punitiva? Tem viabilizado suporte à desospitalização, no caso de unidades de saúde para longos internamentos? O estado tem apoiado a Rede de Atenção Psicossocial ou as comunidades terapêuticas que lidam de forma religiosa, sem cientificidade, com a adicção? Os equipamentos como CAPs AD, residências terapêuticas e suporte a serviços de apoio a usuários de drogas têm pessoal suficiente e qualificado, tem havido ampliação desses equipamentos, para garantia de cuidado de quem precisa, ou são marcadas por filas de espera, não conseguindo atender à sua demanda? Como os municípios têm agido em relação a esses processos?

O Governo de Jair Bolsonaro desincentivou a redução de danos, estimulando a hospitalização na área de saúde mental, representando um retrocesso em relação à reforma psiquiátrica. Estimulou a segregação de pessoas com transtornos mentais e com uso abusivo de álcool e outras drogas nas comunidades terapêuticas, ampliando recursos financeiros para seu funcionamento, aumentando o valor do pagamento por leitos psiquiátricos, desativando processos de fechamento de hospitais psiquiátricos marcados por histórico de longas hospitalizações, muitas vezes, por toda uma vida.

Pernambuco não se alinhou a essas diretrizes de forma plena, mas abriu espaços para contradições que representaram fissuras em relação à reforma psiquiátrica, principalmente através do Legislativo, em apoio a comunidades terapêuticas. É necessário repensar a guerra às drogas em seu território e fortalecer a redução de danos, o tratamento de pessoas com abuso de álcool e outras drogas sem criminalizá-las, na perspectiva de saúde pública. É fundamental pensar na possibilidade de penas alternativas, nas situações cabíveis, ao invés de estimular o encarceramento.

Segundo Cerqueira (2023, p. 34):

> Já passa do momento de a sociedade, *policy makers* e academia deixarem de lado as visões preconcebidas e tabus e passarem a debater seriamente alternativas ao problema das drogas, como outros países, inclusive os Estados Unidos, vêm fazendo, em que a violência é abandonada e substituída por ações mais inteligentes de natureza educacional, por políticas de redução de danos e por regulação e legalização dos mercados.

Considerações finais

O enfrentamento da pobreza e da desigualdade na realidade pernambucana exige a implementação de políticas públicas que protejam o trabalho e garantam proteção social, que ultrapassem a lógica caritativa, tratando a proteção social como política pública e garantia de direitos de cidadania, não como favor de governantes. Políticas que não se limitem à lógica residualista, penalizando aqueles que já são castigados pela impossibilidade estrutural do capitalismo em garantir pleno emprego e direitos trabalhistas. Há que se investir em políticas sociais ampliadas, como direito, para minimizar a pobreza e a desigualdade de renda.

É preciso garantir o direito à cidade, à moradia digna – a morte de 14 pessoas num prédio que desabou em meio a chuvas na cidade de Paulista, na Região Metropolitana do Recife, no dia 07 de julho de 2023, expressa o que significa morar em condições precárias –, é necessário garantir segurança alimentar, educação de qualidade, com professores qualificados.

Há que enfrentar preconceitos e mitos que reforçam características punitivas em detrimento de ações afirmativas, educativas, que tratam as pessoas negras e indígenas como seres inferiores.

É preciso ultrapassar a proposta de guerra às drogas, investir para acessar e punir os responsáveis reais pelo tráfico de drogas, que movimenta milhões de recursos, que não chegam à grande maioria dos jovens aprisionados. O aprisionamento de pessoas nas condições de superlotação de unidades prisionais, sem garantia de direitos humanos, não tem qualquer possibilidade de ressocialização, apenas de castigo, punição, de morte em vida, de segregação racial.

É preciso garantir que pessoas não fiquem presas sem sentenças transitadas em julgado, em casos que a lei estabeleça essa possibilidade. Mas, antes de tudo, é preciso rever programas e políticas que ampliem o aprisionamento de jovens negros, retirando-os do convívio social, aproximando-os do crime organizado.

Há muito a ser feito para superar as marcas de Pernambuco e de sua capital – de maior desigualdade, maior pobreza, maior índice de encarceramento. As políticas sociais podem contribuir efetivamente para a mudança desse quadro.

Não há, entretanto, que ter ilusões sobre o capitalismo – sob sua ordem, sempre haverá desigualdades, necessárias, indispensáveis a sua reprodução. O problema prisional atualmente existente, desconsidera essa realidade e mascara as condições de sua criação e ampliação.

Referências

ALVES, Pedro. Pernambuco tem maior superlotação carcerária do Brasil, com quase três presos para cada vaga. G1 PE, publicado em 26 abr. 2019. Disponível em: https://g1.globo.com/pe/pernambuco/noticia/2019/04/26/pernambuco-tem-maior-superlotacao-carceraria-do-brasil-com-quase-tres-presos-para-cada-vaga.ghtml. Acesso em 02 jul. 2023.

ALVES, Pedro, AGUIAR, Priscilla. Grande Recife tem maior percentual de pessoas em extrema pobreza entre as regiões metropolitanas do país, diz estudo. G1 PE, 2022.

BRASIL. Constituição (1988). *Constituição da República Federativa do Brasil*. Brasília, DF: Senado Federal, 2016a. Disponível em: https://www2.senado.leg.br/bdsf/bitstream/handle/id/518231/CF88_Livro_EC91_2016.pdf. Acesso em 28 jul. 2023.

BRASIL, Constituição (1988). *Emenda Constitucional No 93*, de 08 set. 2016. Brasília: DOU, 2016b. Disponível em: https://legis.senado.leg.br/norma/540696/publicacao/15661984. Acesso em 28 jul. 2023.

BRASIL, Constituição (1988). *Emenda Constitucional No 95*, de 15 dez. 2016. Brasília: DOU, 2016c. Disponível em: https://legis.senado.leg.br/norma/540698/publicacao/15655553. Acesso em 28 jul. 2023.

CERQUEIRA, Daniel. *Custo de Bem-Estar Social dos Homicídios Relacionados ao Proibicionismo das Drogas no Brasil*. Texto para discussão. Publicação preliminar. Brasília: IPEA, 2023.

CONSELHO NACIONAL DE JUSTIÇA (CNJ). *Diagnóstico da crise prisional de PE aponta urgências na atuação do Sistema de*

Justiça. Brasília: CNJ, 2022. Disponível em: https://www.cnj.jus.br/diagnostico-da-crise-prisional-de-pernambuco-aponta-urgencias-na-atuacao-do-sistema-de-justica/. Acesso em 02 jul. 2023.

G1PE. *Recife tem maior desigualdade entre capitais em 2019 e PE fica em terceiro no país em concentração de renda, diz IBGE. Recife: G1 PE, 2020. Disponível em:* https://g1.globo.com/pe/pernambuco/noticia/2020/11/12/recife-tem-maior-desigualdade-entre-capitais-em-2019-e-pe-fica-em-terceiro-no-pais-em-concentracao-de-renda-diz-ibge.ghtml. *Acesso em 28 jul. 2023.*

GONÇALVES, Renata. Quando a questão racial é o nó da questão social. *Katálysis*, Florianópolis, v. 21, n. 3, p. 514-522, set./dez. 2018.

GUARDA, Adriana. *Grande Recife tem mais pessoas em situação de extrema pobreza entre todas as regiões metropolitanas do Brasil.* O que explica esta situação? Recife: Jornal do Commércio, 2022. Disponível em: https://jc.ne10.uol.com.br/economia/2022/08/15059295-grande-recife-tem-mais-pessoas-em-situacao-de-extrema-pobreza-entre-todas-as-regioes-metropolitanas-do-brasil-o-que-explica-esta-situacao.html. Acesso em 09 ago. 2022.

IBGE. Diretoria de Pesquisas - DPE - Coordenação Técnica do Censo Demográfico – CTD. *Prévia da população calculada com base nos resultados do Censo Demográfico 2022 até 25 dez. 2022*. Brasília: IBGE, 2023a.

IBGE. Diretoria de Pesquisas - DPE - Coordenação Técnica do Censo Demográfico – CTD. *Prévia da População dos Municípios com base nos dados do Censo Demográfico 2022 coletados até 25 dez. 2022.* Brasília: IBGE, 2023b

INICIATIVA NEGRA POR UMA NOVA POLÍTICA SOBRE DROGAS. I*niciativa negra por direitos, reparação e justiça.* Sumário Executivo. São Paulo: Iniciativa Negra, 2023.

JABUR, Gabriel. *Custo de bem-estar da guerra às drogas corresponde a R$50 bilhões por ano, revela estudo do Ipea*. Brasília: IPEA, 2023. Disponível em:

PEREIRA, Camila Potyara. *Proteção social no capitalismo.* São Paulo: Cortez Editora, 2016.

PEREIRA, Potyara Pereira. *Porque também sou contra a focalização das políticas sociais.* Brasília: NEPPOS, 2003. Disponível em: http://www.neppos.unb.br/publicacoes/contra_focal.pdf. Acesso em 26 jun. 2023.

SCHIOCHET, Gabriel Augusto. Índice de Gini: um indicador de desigualdade. *Politize*, 2023. Disponível em: https://www.politize.com.br/indice-de-gini/. Acesso em 25 jun. 2023.

PREITE SOBRINHO, Wanderley. *Algemada no hospital: médicos ignoram lei e denunciam mulheres que abortam.* São Paulo: UOL, 07 de julho de 2023. Disponível em: https://noticias.uol.com.br/saude/ultimas-noticias/redacao/2023/07/07/aborto-mulher-algemada-medicos-quebram-sigilo-medico.htm. Acesso em 10 jul. 2023.

TORCATO, Carlos Eduardo. Breve história da proibição das drogas no Brasil: uma revisão. *Revista Inter-Legere*, [S. l.], n. 15, p. 138–162, 2014. Disponível em: https://periodicos.ufrn.br/interlegere/article/view/6390. Acesso em: 1 jul. 2023. Acesso em 01 jul. 2023.

APÊNDICE A – DICIONÁRIO DE VARIÁVEIS

Ord.	Nome	Tipo	Nível de Mensuração	Descrição		
				Rótulo	Categorias	
1	Situação	Sequência	Nominal	Situação no Patronato	1	Ativo
					2	Inativo
2	Data da Situação	Data	Nominal	Data da atualização no sistema	–	
5	Modalidade	Sequência	Nominal	Modalidade da pena ou benefício	1	Livramento Condicional
					2	Regime Aberto
7	Data Nascimento	Data	Nominal	Data de nascimento (formato DD-MM-AAAA)	–	
8	Nacionalidade	Sequência	Nominal	Nacionalidade	–	
9	CTN	Sequência	Nominal	CTN	1	Sim
					2	Não
10	RG	Sequência	Nominal	Possui Registro Geral?	1	Sim
					2	Não
11	CPF	Sequência	Nominal	Possui Cadastro de Pessoa Física?	1	Sim
					2	Não
12	CTPS	Sequência	Nominal	Possui Carteira de Trabalho e Previdência Social?	1	Sim
					2	Não
13	Título	Sequência	Nominal	Possui Título Eleitoral?	1	Sim
					2	Não
14	CNH	Sequência	Nominal	Possui Carteira Nacional de Habilitação?	1	Sim
					2	Não
18	Bairro	Sequência	Nominal	Nome do bairro em que reside	–	
19	Município	Sequência	Nominal	Nome do município em que reside	–	

20	AIS	Sequência	Nominal	Área Integrada de Segurança (se residente em Pernambuco)	1	Santo Amaro
					2	Espinheiro
					3	Boa Viagem
					4	Várzea
					5	Apipucos
					6	Jaboatão dos Guararapes
					7	Olinda
					8	Paulista
					9	São Lourenço da Mata
					10	Cabo de Santo Agostinho
					11	Nazaré da Mara
					12	Vitória de Santo Antão
					13	Palmares
					14	Caruaru
					15	Belo Jardim
					16	Limoeiro
					17	Santa Cruz do Capibaribe
					18	Garanhuns
					19	Arcoverde
					20	Afogados da Ingazeira
					21	Serra Talhada
					22	Floresta
					23	Salgueiro
					24	Ouricuri
					25	Cabrobó
					26	Petrolina

21	Estado	Sequência	Nominal	Estado da federação	–	
23	Estado Civil	Sequência	Nominal	Estado civil	1	Solteiro
					2	Casado
					3	União Estável
					4	Separado
					5	Divorciado
					6	Viúvo
24	Etnia	Sequência	Nominal	Etnia	1	Branco
					2	Pardo
					3	Negro
					4	Indígena
					4	Não declarado
	Descendentes	Sequência	Nominal	Tem filhos ou filhas?	1	Sim
					2	Não
	Filhos Total	Numérica	Escalar de Razão	Número de filhos e filhas no total (somados)	–	
25	Quant. Filhos Masc.	Numérica	Escalar de Razão	Número de filhos homens	–	
26	Quant. Filhos Fem.	Numérica	Escalar de Razão	Número de filhas mulheres	–	
27	Orientação Sexual	Sequência	Nominal	Orientação sexual	1	Heterossexual
					2	Homossexual
					3	Bissexual
28	Gênero	Sequência	Nominal	Identidade de Gênero	1	Cisgênero
					2	Transgênero
29	SEXO	Sequência	Nominal	Sexo	1	Feminino
					2	Masculino

30	Data Entrada	Data	Nominal	Data de entrada	–	
30	UP de Origem	Sequência	Nominal	Unidade prisional de origem	–	
31	Processo	Sequência	Nominal	Número do processo	–	
32	Nº do Artigo	Sequência	Nominal	Número do artigo penal	–	
33	Fim da Pena	Data	Nominal	Data de fim da pena	–	
34	Pessoa com Deficiência	Sequência	Nominal	É PCD?	1	Sim
					2	Não
35	Descrição da Deficiência	Sequência	Nominal	Tipo de deficiência	–	
36	Status do Trabalho	Sequência	Nominal	Status de ocupação	1	Trabalho Formal
					2	Trabalho Informal
					3	Desempregado
					4	Pensionista
					5	Beneficiário
					6	Aposentado
					88	Não Informado
37	Ocupação atual	Sequência	Nominal	Nome da ocupação (cargo ou função)	–	
38	Empresa	Sequência	Nominal	Nome da empresa em que trabalha	–	
39	Aptidão Profissional	Sequência	Nominal	Aptidão profissional	–	

40	Formação Escolar	Sequência	Nominal	Nível de escolaridade	1	Analfabeto
					2	Ensino Fundamental Completo
					3	Ensino Fundamental Incompleto
					4	Ensino Médio Completo
					5	Ensino Médio Incompleto
					6	Ensino Superior Incompleto
					7	Ensino Superior Completo
					8	Ensino Técnico Incompleto
					9	Ensino Técnico Incompleto
					10	Pós-Graduação
					11	Supletivo
					12	Não sabe informar
					88	Não informou
41	Observações	Sequência	Nominal	Observações	–	

APÊNDICE B – CONSTRUÇÃO DOS INDICADORES INSTITUCIONAIS

loco	Dado	Descrição
idadania e ulnerabilidade ocial	Coeficiente ou taxa de acesso à documentação.	Razão: Total de documentos básicos possuídos por reeducando(a) / Total de documentos básicos existentes na ficha cadastral.
	Coeficiente ou taxa de desligamento por óbito.	Razão entre o total de reeducandos(as) desligados(as) por motivo de morte / Total de reeducandos(as) desligados(as).
mpregabilidade	Coeficiente ou taxa de empregabilidade total.	Razão: Total de reeducandos(as) empregados(as) / Total de reeducandos(as) atendidos(as).
	Coeficiente de empregabilidade formal.	Razão: Total de trabalhadores(as) formais / Total de trabalhadores(as).
ducação e rofissionalização	Média de turmas profissionalizantes oferecidas anualmente.	Total de turmas profissionalizantes oferecidas nos últimos anos dividido pelo total de anos analisados.
	Somatório de vagas nos cursos profissionalizantes.	Total de vagas ofertadas nos cursos profissionalizantes.
	Coeficiente de assistidos(as) matriculados(as) na rede de ensino formal.	Razão: Total de assistidos(as) matriculados(as) na rede de ensino formal / Total de assistidos(as) atendidos(as).
eincidência	Coeficiente de desligamento por reincidência.	Razão: Total de assistidos(as) desligados(as) por motivo de reincidência / Total de assistidos(as) desligados(as).
iscalização	Coeficiente de assistidos(as) faltosos(as).	Razão: Total de assistidos(as) faltosos(as) (assinatura) / Total de assistidos(as) pelo PPP.

APÊNDICE C – ORÇAMENTO ANUAL DA SECRETARIA DE JUSTIÇA E DIREITOS HUMANOS E DA SECRETARIA EXECUTIVA DE RESSOCIALIZAÇÃO

Ano	Secretaria Executiva de Ressocialização		
	Orçamento		
	Despesa Empenhada	Despesa Liquidada	Pago + RP Pago
2016	R$ 276.300.000,00	R$ 276.300.000,00	R$ 274.390.000,00
2017	R$ 321.290.000,00	R$ 321.290.000,00	R$ 316.000.000,00
2018	R$ 364.860.000,00	R$ 364.860.000,00	R$ 360.030.000,00
2019	R$ 397.390.000,00	R$ 397.390.000,00	R$ 416.850.000,00
2020	R$ 388.920.000,00	R$ 388.920.000,00	R$ 391.410.000,00
2021	R$ 419.950.000,00	R$ 419.950.000,00	R$ 422.020.000,00
2022	R$ 482.310.000,00	R$ 482.310.000,00	R$ 493.820.000,00
2023	R$ 411.450.000,00	R$ 247.400.000,00	R$ 246.250.000,00
Total	R$3.062.470.000,00	R$ 2.898.420.000,00	R$ 2.920.770.000,00
	Média Anual Empenhada	Média Anual Liquidada	Média Anual Pago + RP Pago
	R$382.808.750,00	R$ 362.302.500,00	R$ 365.096.250,00

Ano	Secretaria de Justiça e Direitos Humanos		
	Orçamento		
	Despesa Empenhada	Despesa Liquidada	Pago + RP Pago
2016	R$ 31.420.000,00	R$ 31.420.000,00	R$ 23.590.000,00
2017	R$ 21.850.000,00	R$ 21.850.000,00	R$ 23.710.000,00
2018	R$ 19.080.000,00	R$ 19.080.000,00	R$ 22.880.000,00
2019	R$ 18.390.000,00	R$ 18.390.000,00	R$ 20.510.000,00

2020	R$ 18.900.000,00	R$ 18.900.000,00	R$ 20.300.000,00
2021	R$ 20.580.000,00	R$ 20.580.000,00	R$ 20.660.000,00
2022	R$ 23.380.000,00	R$ 23.380.000,00	R$ 23.450.000,00
2023	R$ 14.200.000,00	R$ 5.320.000,00	R$ 4.510.000,00
Total	R$167.800.000,00	R$ 158.920.000,00	R$ 159.610.000,00
	Média Anual Empenhada	Média Anual Liquidada	Média Anual Pago + Rp Pago
	R$20.975.000,00	R$19.865.000,00	R$19.951.250,00

ANEXO 1 – TABELAS DISPONIBILIZADAS PELO PPP: CURSOS OFERTADOS ANUALMENTE E QUANTITATIVO DE VAGAS

2017						
Cursos		Quantidade de Turmas	Vagas Ofertadas	Reeducandos(as) Formados(as)		Total
				M	F	
1	Gesseiro	2	50	28	1	29
2	Mecânica de Motos	10	250	164	21	185
3	Eletricista Geral	5	125	92	0	92
4	Eletricista Predial	4	100	87	3	90
5	Doces e Salgados	3	75	18	9	27
6	Encanador	3	75	45	3	48
7	Pedreiro geral	4	100	34	8	42
8	Pedreiro Revestidor	3	75	50	5	55
Subtotal:		34	850	518	50	568
Total de 8 cursos ofertados em 2017						
2018						
Cursos		Quantidade de Turmas	Vagas Ofertadas	Reeducandos(as) Formados(as)		Total
				M	F	
1	Gesseiro	4	100	77	9	86
2	Eletricista Geral	7	175	152	14	166
3	Eletricista Predial	6	150	96	1	97
4	Doces e Salgados	6	150	79	37	116
5	Encanador	5	125	82	2	84
6	Pedreiro Geral	6	150	100	13	113

7	Pedreiro Revestidor	8	200	141	7	148
Subtotal:		42	1.050	727	83	833
Total de 7 cursos ofertados em 2018						
2019						
Cursos		Quantidade de Turmas	Vagas Ofertadas	Reeducandos(as) Formados(as)		Total
				M	F	
1	Aula prática de impermeabilização			2	0	2
2	Aprendendo a isolar e a impermeabilizar			3	0	3
3	Técnicas de impermeabilização.			2	0	2
4	Preparação de superfície e NovacorPisos			1	0	1
5	Soluções Norton para pintura			2	0	2
6	Barbeiro			0	3	3
7	Design de Sobrancelhas			0	2	2
8	Eletricista			41	1	42
9	Encanador			26	0	26
10	Mecânica de Bicicletas			78	2	80
11	Mecânica de Motos			106	4	110
12	Refrigeração			19	0	19
Subtotal:				280	12	292
Total de 12 cursos ofertados em 2019						

2020						
Cursos		Quantidade de Turmas	Vagas Ofertadas	Reeducandos(as) Formados(as)		Total
				M	F	
1	Eletricista Predial			40	0	40
2	Pintor Predial			31	3	34
Subtotal:				71	3	74
Total de 2 cursos ofertados em 2020						
2021						
Cursos		Quantidade de Turmas	Vagas Ofertadas	Reeducandos(as) Formados(as)		Total
				M	F	
1	Eletricista Predial			86	3	89
2	Pintor Predial			59	4	63
3	Encanador			47	0	47
4	Mecânica de Motos			38	5	43
5	Doces e Salgados			32	5	37
Subtotal:				262	17	279
Total de 5 cursos ofertados em 2021						
2022						
Cursos		Quantidade de Turmas	Vagas Ofertadas	Reeducandos(as) Formados(as)		Total
				M	F	
1	Eletricista			68	6	74
2	Encanador			47	3	50
3	Mecânica de Motos			66	4	70
4	Bolos e Tortas			20	10	30
Subtotal:				201	23	224
Total de 4 cursos ofertados em 2022						

Alameda nas redes sociais:

Site: www.alamedaeditorial.com.br
Facebook.com/alamedaeditorial/
Twitter.com/editoraalameda
Instagram.com/editora_alameda/

Esta obra foi impressa em São Paulo no verão de 2024. No texto foi utilizada a fonte Minion Pro em corpo 10,5 e entrelinha de 14,7 pontos.